KB083706

보편적 부패
평균적 무능

내 / 부 / 고 / 발 / 자 / 이 / 야 / 기

보편적 부패 평균적 무능 – 내부고발자 이야기

초판인쇄 2022년 7월 1일 **초판발행** 2022년 7월 10일
지은이 김미덕 **펴낸이** 박성모 **펴낸곳** 소명출판 **출판등록** 제13-522호
주소 06641 서울시 서초구 사임당로14길 15, 2층
전화 02-585-7840 **팩스** 02-585-7848 **전자우편** somyungbooks@daum.net **홈페이지** www.somyong.co.kr

값 20,000원 ⓒ 김미덕, 2022
ISBN 979-11-5905-683-3 93300

(재)한국연구원은 학술지원사업의 일환으로 연구비를 지급, 그 성과를 한국연구총서로 출간하고 있음.

한국연구총서 106

김미덕 지음

보편적
부패

내 / 부 / 고 / 발 / 자 / 이 / 야 / 기

평균적
무능

PERVASIVE CORRUPTION AND THE NORMALCY OF INCOMPETENCE
: THE STORIES OF WHISTLEBLOWERS

일러두기

● 이 책의 3장과 5장은 본래 아래의 학술저널에 실렸다.

3장 : 「내부고발(자)의 근본적 특징 : 파레시아, 진실 말하기 혹은 비판」, 『민주주의와 인권』 19(4), 2019, 125~158면. 한국간호윤리학회 추계학술대회(2021.11.20, 온라인 화상회의)에서 "현 시대 진실 말하기의 함의 : 공익제보와 푸코의 파레시아"라는 제목으로 기조 강연을 하였다.

5장 : 「내부고발에 대한 조직의 부정적 대응, 그리고 가려진 행위자들 : 근본적 불신, 관료주의, 법률주의」, 『한국문화인류학』 54(1), 2021, 3~42면. 이 장의 일부는 한국문화인류학회 가을학술대회(2020.11.6, 온라인 화상회의)에서 "내부고발 이후 조직의 보복 : 법적 공방을 중심으로"라는 제목으로 발표되었다. 그리고 서울특별시교육청 주최 "'공익제보자 보호방안' 논의를 위한 공개토론회"(2020.11.10, 서울특별시교육청 본청)와 국제반부패회의 워크숍(2020.12.4, 서울특별시교육청 본청)에서 "공익제보에 대한 조직의 대응, 그리고 가려진 행위자들"이라는 제목으로 발표되었다. 또 The World Congress for Korean Politics and Society 2021(2021.8.20, 온라인 화상회의)에서도 "The Negative Reponses of Organization to Whistleblowing and the Hidden Actors"라는 제목으로 발표되었다.

책으로 보완하는 과정에서 문장과 표현을 일부 수정했지만 내용과 주장에는 변함이 없으며, 이 책의 내용은 모두 저자의 책임이다.

● 인명 표기는 국립국어원 외래어표기법을 원칙으로 하되 통용되는 인명은 관행을 따르기도 했다.

감사의 말씀

2013년 5월부터 8월, 2015년 2월과 3월, 그리고 2019년 3월과 4월에 제보자들을 만났다. 그분들의 시간·지혜·파레시아가 없었다면 이 책은 나올 수 없었다. 그 시간들을 말로 다 표현할 수 없다.

나부대지 않으면서 자신의 행동이 인내와 동정인 줄도 모른 채 실천하는 사람들이 사회를 지탱한다고 믿는다. 그들은 대부분 잘 드러나지 않는다. 이 책은 그 믿음의 작은 결과다.

도덕적 행위를 파괴하는 가장 좋은 방법은 그것을 말하지 않는 것이고, 그것을 말하지 않는다는 것을 또 말하지 않는 것이다. 그러면 도덕적 행위가 존재하지 않는다. 그렇지 않은가?

－C. 프레드 앨포드

나는 오랫동안 이런 생각을 해왔다. 만약 인류의 파괴기술이 점점 더 발달해서 언젠가 인류가 이 지구상에서 사라진다면, 그 멸종의 원인은 인간의 잔인성 때문이 아니다. 그 잔혹함이 일으킨 분노, 그 분노가 가져올 보복 때문은 더욱 아니다. 그것은 일반 대중의 온순함과 책임감의 결여, 모든 부당한 명령에 대한 비굴한 순종 때문이다. 우리가 지금까지 보아온 끔찍한 일들, 또 앞으로 일어날 더욱 전율할만한 사건의 원인은 이 세상 여러 곳에서 반항적이고 길들여지지 않은 사람의 수가 늘어나기 때문이 아니라, 오히려 온순하고 순종적인 사람의 수가 계속 늘어나고 있다는 데 있다.

－조르주 베르나노스

놀라지 말라니까. 너 그렇게 과장되게 놀라면 꼭 너는 아무 잘못 없다는 발뺌 같아서 꼴도 보기 싫어. 몸은 떠나도 정이라도 쪼매 남기고 싶으면 제발 그 싸구려 분노의 포즈 좀 그만 잡아. 구역질나니까. 알았지?

－박완서

차례

감사의 말씀   3

제1장 **안데르센의 「벌거벗은 임금님」과 조정래의 「어떤 솔거의 죽음」** — 9

1. "임금님은 벌거벗었어요!"   11
2. "자신의 능력에 비해 과분한 지위에 있는 사람들은
그 옷이 보이지 않는다"   21
3. 「어떤 솔거의 죽음」   23
4. 법에 대한 단상   27
5. 방법과 구성에 대하여   32

제2장 **내부고발을 둘러싼 일반 서사, 배신자 대 영웅**
　　　 －다큐멘터리 연극 〈검군전劍君傳, 후後〉를 중심으로 ─────── 41

1. 2013년 6월 한 인터뷰에서   43
2. 전반적인 연구 경향과 대중매체의 희생의 서사   46
3. 〈검군전, 후〉에 나오는 일반 서사   49
연극의 줄거리   50
'공정한 인격'이라는 호명에 관하여   57
4. 요약   67

제3장 **내부고발의 근본적 특징**
　　　 －파레시아parrhesia, 진실 말하기 혹은 비판 ─────────── 71

1. 고발이라는 행위의 속성   73
2. 내부고발 개념에 대한 기존 연구   76
전반적 상황   76
개념에 대한 이해   79

3. 파레시아스트와 내부고발자   83
미셸 푸코와 파레시아   83
내부고발자   85
4. '신뢰성의 위계'와 지행합일의 문제   97

제4장   **그들은 왜 제보하는가?** —————————— 103

1. 오래된 질문   105
2. 도덕적 동기에 대하여   107
3. 여러 결의 동기와 복잡성   111
"공무원에게 부정행위 신고는 법적 의무다. 이것이 왜 내부고발인가"   111
"내가 불법에 더 이상 연루될 수 없었다, 내 일이었다", "내가 한 일에
대해서는 책임을 지겠다"   118
"부도덕과 비리가 해도 해도 너무했다", "임계점을 넘겼다"   123
"타인의 고통을 목전에서 보았다"   130
"부끄럽고 싶지 않았다"   134
4. 요약   142

제5장   **내부고발에 대한 조직의 부정적 대응, 그리고 가려진 행위자들**
   –근본적 불신, 관료주의, 법률주의 —————————— 147

1. 또 다른 뜻밖의 발견   149
2. 익숙한 이야기, 조직의 보복   152
3. 조직의 부정적 대응–법적 절차와 그에 대한 제보자의 대응   154
뜻밖의 반응들 : "제보를 하면 잘 해결될 줄 알았다, 너무 명백한 불법이니까",
"어떻게 저렇게까지 거짓말을 할 수 있을까"   156
절차에 따른 불이익조치와 괴롭힘   159
고소하거나 고소당하거나   162

4. 가려진 행위자들 − 조사 · 수사 · 소송을 진행하는 국가기관 담당자들의

　　관료주의적 업무 방식과 태도　　　　　　　　　　　　　　165

　　제보사건의 축소와 은폐　　　　　　　　　　　　　　　　167

　　제보자의 공로功勞를 가로채기도　　　　　　　　　　　　172

　　인권행정의 부재와 기계적인 업무 태도　　　　　　　　　180

5. 요약　　　　　　　　　　　　　　　　　　　　　　　　188

제6장　**삶의 변곡점으로서의 내부고발과 제보자들의 정치화** ─────── 191

1. "내부고발은 어찌 되었든 삶의 변곡점을 맞게 한다"　　　　193

2. 제보자의 희생이 아닌 정치화?　　　　　　　　　　　　　195

3. 제보자들의 다양한 정치화　　　　　　　　　　　　　　　199

　　제구실하기　　　　　　　　　　　　　　　　　　　　　202

　　시련을 감사하게, 늘 사회 변화에 힘쓰기　　　　　　　　208

　　무괴아심無愧我心, 내 마음에 부끄러움이 없도록 어질고 의롭고 바르고

　　착하게 살라　　　　　　　　　　　　　　　　　　　　213

4. 부분적 진실partial truths　　　　　　　　　　　　　　　224

후기 ─────────────────────────── 231

1. 수치심을 배울 수 있을까?　　　　　　　　　　　　　　　233

2. 나르시시스트적 분노를 가늠하며　　　　　　　　　　　　238

참고문헌　　　　　　　　　　　　　　　　　　　　　　　245

찾아보기　　　　　　　　　　　　　　　　　　　　　　　252

제1장

안데르센의 「벌거벗은 임금님」과
조정래의 「어떤 솔거의 죽음」

1. "임금님은 벌거벗었어요!" | 2. "자신의 능력에 비해 과분한 지위에 있는 사람들은 그 옷이 보이지 않는다" | 3. 「어떤 솔거의 죽음」 | 4. 법에 대한 단상 | 5. 방법과 구성에 대하여

내부고발자 아니면요, 이 썩은 거 드러나지 않아요. 어떻게 합니까. 겉으로는 '다 멀쩡하잖아요', 잘 돌아가는 것 같아요. 그런데 하나하나 들여다보면요, 그 안에는 어떤 기득권과 이득 집단들이 모든 걸 장악하고 있어요.

— 강신일(가명), 공익제보자

1. "임금님은 벌거벗었어요!"

어렸을 때 읽은 덴마크의 작가 한스 크리스티안 안데르센Hans Christian Andersen, 1805~1875이 1837년에 쓴 동화 「벌거벗은 임금님」의 주제는 당연히 어린아이의 정직과 순수함이다. 사기꾼들에게 속아 화려한 옷을 입었다고 생각하지만 실은 벌거벗은 채로 행진하고 있는 임금, 그 모습을 보고도 너무 아름다운 옷이라 찬사를 하는 주변 관료들과 군중 속에서 "임금님은 벌거벗었어요!"라고 외친, 한 어린아이의 순진무구함은 이 동화가 한국사회에 소개된 이래로 변함없는 주제이다.

그런데 안데르센이 말하고 싶었던 것이 정말 어린아이의 순수함이었을까? 몇 년 전 조카들이 읽고 있던 세계명작동화 시리즈에서 그 동화를 다시 읽었을 때, 안데르센이 정작 말하고 싶었던 것은 다른 내용이라는 생각이 들었다. 그는 어린아이의 순수함이 아니라 임금이라는 지배력을 행사하는 이에게 거짓말을 통해 환심을 잃지 않고 자신들의 지위를 지키고자 한 관료들을 비판하고자 했던 것이 아닐까.

이후 나는 그 동화의 영어 제목은 「황제의 새 옷The Emperor's New Clothes」이며 한국에서는 일본 번역에 영향을 받아 「벌거벗은 임금님」으로 안착되었고, 그 동화가 안데르센의 순수 창작품이 아니라 14세기 스페인 작가 돈 후안 마누엘Don Juan Manuel, 1282~1348의 작품에서 변형된 것임을 알게 되었다Juan Manuel 2014.[1] 그리고 한국어 번역본의 결말이 원본과 다르다Van

---

[1] 주요 맥락만 언급하면 후안 마누엘의 작품에도 사기꾼 직공들과 임금이 나온다. 그런데 옷을 볼 수 있는 기준이 사생아가 아닌 적자라는 것이고, 임금이 벌거벗고 있음을 밝힌 사람은 어린아이가 아니고 흑인 노예다(Baena 2016; Juan Manuel 2014).

Coillie 2008는 것도 알게 되었다.

'무지無知, ignorance' 개념을 살펴본 내 연구 논문에서, 상식과 객관적 지식이라고 알려진 것들이 실은 매우 다른 배경과 진실을 가질 수 있다는 사실, 따라서 무지 상태가 체계적으로 진행되고 있음을 보여주는 사례로 이 동화를 결론 부분에 언급한 적이 있다김미덕 2017b : 180. 무엇보다도 그 동화가 여러 언어로 번역되는 과정에서 어린이 독자를 염두에 두어 마지막 장면에서 임금이 어린아이의 정직한 말에 부끄러워하는 것으로 그려지지만 Van Coillie 2008, 원 작품에서 임금은 자신의 상태를 자각하지만 체면을 고려해 더욱 위풍당당하게 행진하는 것이 결말임을 확인했다.[2] 안데르센은 비굴, 아첨, 이익 추구로 점철한 관료들뿐만 아니라 사실을 인지하여도 행진을 마친 그 임금의 곰발바닥만큼 두꺼운 얼굴, 염치없음을 말하고 싶었던 것이라는 확신이 들었다.

이 책의 제목인 '보편적 부패 평균적 무능'은 한국사회를 '막연하게' 기술하고 추상적으로 비판하고자 한 것이 아니다. 이 제목을 지은 데는 몇 가지 구체적인 이유가 있다. 그것들 중 하나가 예를 들면 2018년 참여연대에서 발표한 의인상 목록에 나온 제보자들의 근무지가 한국의 거의 모든 조직을 망라하고 있을 만큼 부패가 드물지 않다는 사실 때문이다. 실제 내 참여관찰과 인터뷰를 통해서도 내부고발이 이례적인 행위가 될 수 없을 만큼, 불법·비리·부정의가 만연한다는 사실을 상기하지 않을 수 없었다. 제보자들이 일한 곳은 군대, 국가기관(사법기관, 행정조직), 학계, 민간기업, 국가보조금을 받는 사립학교 어느 한 곳도 비켜난 곳이 없었다. 그리

---

2 최근에는 아동용이 아닌 경우 결론이 그대로 실린 번역본도 있다. 예컨대 안데르센(2011a; b) 등이 있다.

고 그 제목은 제보 분야의 다양성뿐만이 아니라 제보가 전개되는 과정에서 나타나는 부패의 깊이와 범위도 포함한다.

학계 비리에 관한 제보 사례를 예로 들어보자. 한 지방 국립대학교의 교수로 일하는 유화영(가명)은 같은 학과 동료의 연구실적 부풀리기를 문제제기했다. 주변 교수들 및 다른 지역의 교수자들과 학생들로부터 비리 의혹 교수의 논문에 대한 질문이 쏟아져, 그녀의 논문을 일일이 찾아 점검을 했다. 비리 의혹 교수는 1년 사이에 짜깁기를 한 여러 편의 논문 게재를 통해 교내 연구지원금을 독식하고, 자신이 심사위원으로 들어가 전시 심사를 평가해왔다고 한다. 유화영은 고민 끝에 교내 연구진실성조사위원회에 이를 제보한다. 그런데 교내 조사위원회에서 제보를 무마하려 하고 되레 자신에게 행정적 불이익을 주려는 움직임이 일어, 그녀는 이를 감독하는 국가기관에도 제보를 하였다. 이어서 그 기관의 담당자가 이런 제보가 들어왔으니 내부에서 해결하라고 학교 측에 전했음을 알게 되었다. 결국 그녀는 부패신고 기관인 K위원회에 신고를 하기에 이르렀다. 유화영은 전체 구성원과 학교의 명예가 달린 문제라고 생각해 사안을 외부로 알리기 전, 일의 상황과 자신의 입장을 학교 게시판에 올리기도 했다. 그녀의 복잡한 심경을 조금 더 들여다보자.

교수사회에서 표절을 건드린다는 거는 (…중략…) 아예 본부에서 표적을 삼아서 해 버리면 괜찮은데, 어떤 사람이 그걸 문제제기한다는 것은 쉽지가 않은 싸움이죠. 너는 깨끗하냐 이렇게 나오거든요. 그러니까 제가 뭐라 그랬냐면 (…중략…) 사람이라는 건 완전한 사람이 없다, 실수 다 할 수 있다, 문제는 고의적이냐 악의적이냐 반복적이냐 그거를 판단을 해야 되는 부분이고, 그리고 인간이

(일을) 하는 데 (다) 겨가 묻었겠죠. 많이 묻었느냐 조금 묻었느냐의 차이겠죠. 그런데 겨 묻은 개는 똥 묻은 개를 나무랄 수 있어야 이 사회가 깨끗하게 가고, 똥 묻은 개는 겨 묻은 개를 못 나무랍니다. 그런 상식으로 가야지, 너는 깨끗하냐 이런 식으로 하면 이 사회가 올바르게 가겠습니까? 내가 그 소리를 했고, 쟤(비리 의혹 교수)는 똥 묻은 개입니다. 오죽했으면 제가 걔한테 똥 묻은 개라고, 어디 또 다른 교수 거(논문)를 내놓으라 하냐고 야단을 쳤어요. 그러면서 "네가 어떻게 겨 묻은 개를 나무랄 수 있느냐, 겨 묻은 개는 널 나무랄 수 있어, 왜? 똥을 여기저기 못 묻히게 하기 위해서. 그리고 더 적게 묻은 개가 많이 묻은 개를 나무랄 수 있어야 돼, 그래야 사회가 깨끗해질 수 있는 거야" (그리 말했어요). 우리는 지금 잘못 생각하고 있어요. 어떤 사람은 크리스천은 뭐 죄를 용서(해야 한다고), 내가 그 얘기 듣고 어이가 없어서, 그런 걸로 커버하지 말라고 그랬어요. 내가 (비리 의혹 교수를) 미워해서 그런 짓 할 거 같으냐고, 죄를 지금 미워하는 거라고. 재발이 되면 안 되지 않겠냐고 이 사회에서.

2015년 인터뷰 당시 비리 의혹 교수는 연구비 횡령으로 고발이 된 상태로, 제보자가 원한 재발 방지와 사과는 이뤄지지 않고 제보 1년이 지난 후에도 그녀는 계속해서 동일한 방법으로 논문을 발표했다고 한다. 논문 표절 의혹을 받았던 인물이 결국 총장으로 임명된 그 대학교의 상황, 사태 악화의 두려움으로 여러 편의 논문이 게재된 학회지 측에서도 아무런 조치가 없고, 동료 교수들도 유화영이 옳은 일을 하는 것을 알지만 자신들도 논문 표절에서 자유롭지 못해 도울 수 없다는 정서가, 비리 의혹 교수가 계속 그런 일을 할 수 있게 만들었다. 이렇게 제보가 이뤄진 이후에 드러나는, 비리 행위자 일개인의 문제에 국한되지 않고 관련 기관과 사람들의 연쇄적인 부패의 깊이는 많은 내부고발자가 제보 시 원하는 결과가 나오지 않고 예상 밖의 어려움을 겪는 이유 중 하나다.

'평균적 무능'은 연구 과정에서 목격한 또 다른 중요 사안이다. 이는 참으로 무거운 표현이다. 조직 내부에서 제보가 다뤄지는 부정적인 과정뿐만 아니라, 제보가 공익신고로 인정을 받는 여부에서부터 조사·수사·소송으로 진행되는 과정에서 제보자가 목도·경험하는 여러 국가기관 담당자들의 업무 처리에 대한 전반적인 평가를 가리킨다. 이때 무능이라는 말은 단순히 일의 서투름만을 뜻하지 않는다.

제보 내용을 가장 잘 알고 있는 이는 제보자 당사자와 비리 의혹을 받는 행위자들, 그리고 양측을 모두 알고 있는 조직 내 사람들이다. 그런데 문서화된 증거를 통한 징확싱과 그것을 통해 에긴대 공익신고자로시의 인정 여부, 사법기관에서의 기소와 불기소, 제보자 신변보호 등을 판단하는 이들은 다른 사람들, 즉 사안을 '제보자보다 잘 모르지만' 전문 자격증 소지자(대개 법률 업무 종사자)이거나 직위와 권위가 결합되어 있다고 생각되는 사람들, 여러 유관 기관의 담당 공무원들이다. 그런데 외부에서의 예측·기대와 달리 제보자가 문서로 내용을 잘 표현하든 하지 못하든, 그들은 제보자보다 제보 내용을 더 잘 알 수가 없다. 이때 나타나는 담당자들의 평균적 무능, 자신의 조직에서 그들이 수행해온 습관적 태도(기능적인 업무 처리와 지위가 높은 이를 편들고 싶은 심정적 동조, 잠재적 이득을 누리고자 하는 선택, 법조항의 편의적 해석 등)가 보편적 부패를 재생산하고 있다는 것이, 내가 2013년부터 수행한 공익제보 연구에서 마주한 뜻밖의 발견이었다. 보편적으로 일어나는 일이지만 그들의 전문성이나 그 제보를 다룰 수 있는 합법적 지위라는 최소이자 최대한의 조건 때문에, 그 행위자들의 평균적 무능은 외부에서 잘 보이지 않고 알아채기도 무척 어렵다.

한 사안의 지배적인 담론을 바꾸는 데는 여러 힘이 필요하지만 연구자에게 중요한 것은, 주제를 외피적으로 다루는 것보다 핵심을 정곡으로 파악하여 본질적 질문을 회피하거나 간과하지 않고 바로 보는 것이다. 입장(나는 누구의 편인가), 관찰·안목(무엇이 사실이고 진실인가), 자신과 사회에 대한 역사적 판단(혼자만의 진실을 어느 정도까지 공유할 것인가)이 필요하다. 누가 자기편이고 누가 적인지를 분명히 명시하는 것이 참 앎의 출발인데, 대개 그런 과정은 누락되어 있다. 연구자는 누구의 편이 아니라 과학적 지식을 생산하는 중립적 위치여야 하는, 객관성의 신화 때문이기도 하고 지식의 정치적 속성으로 인한 두려움과 이해관계가 달려있기 때문이기도 하다 김미덕 2016.

우리는 안데르센의 「벌거벗은 임금님」이 주는 교훈을 아무런 이물감 없이 받아들인다. 그 이야기가 아이들을 위한 동화로 여겨지는 데다 주인공이 정치적 색깔이 없는 어린아이기 때문이다. 따라서 한국사회에서는 그 동화에 전제된 임금의 어리석음과 뻔뻔함, 주변 관료들의 비굴함과 합리화 및 그것을 통한 이익 추구보다 어린아이의 순수함과 정직이 '끊임없이' 강조되어 왔다. 그런데 만약 그 어린아이가 성인이라면 어떤 일이 벌어질까? 공익제보자와 관련된 일련의 담론을 그 동화에 빗대어보면 이러한 이야기들이 떠돌 것이다.

가장 대중적인 질문과 정서는 다음과 같다.

"뭘 그렇다고 저렇게 여러 사람 앞에서 말까지 하나? 누구는 눈이 없나? 그래도 임금이니까 참은 거지, 제가 뭐 그리 대단하다고 그걸 말을 해? 참 별스러운 애야", "본래 얌전하지 않고 되바라진 아이가 아니었을까? 아이 부모는 무슨 일을 하는 사람들이지? 조손 가정이 아닐까? 가정 형편은 어때? 도대체 어떤 앤 거야?", "멋모르고 한 것이 아니라 다른 의도가 있어서 한 걸 거야", "아냐, 아냐, 혼자서는 그런 솔직한 말을 할 수가 없어, 아마 배후조종 세력이 분명 있을 거야!", "요즘에 쉽게 볼 수 있는 아이는 아니니 일단 정신 감정을 받게 하는 것이 좋지 않을까? 요즘 정신의학과 검진은 그리 흠도 아니잖아?"

"실은 나도 얼핏 우리 임금이 옷을 안 입은 것 같기는 하더라고, 백 번 양보해서 그 의도야 어찌 되었든 이해를 해줄 수도 있긴 한데 그래도 만인 앞에서 일국의 왕의 체면을 손상시켰으니 일단 벌은 받아야 마땅하지, 지금 단속하지 않으면 앞으로 이런 일이 계속 생길 테고 그러면 우리 왕국, 우리 모두의 체면이 손상되고 결국 와해되고 말 거야! 그게 공동체지, 이럴 때 본때를 보여줘야 한다고", "일단 경찰이 내막을 조사토록 해야 돼. 객관적이겠지, 우리보다 법을 잘 아니까 분명 객관적인 결과가 나올 거야!", "법, 법이 최고잖아, 아니 최고는 아니더라도 기준이 그것밖에 없잖아!", "우리나라에는 사실을 적시했더라도 명예훼손으로 고소할 수 있는 법조항이 있잖아, 그걸 한번 활용해 보자고!", "참, 막 떠올랐는데 지난번에 말이야, 그 애가 우리 집 담벼락에 오줌을 누던데 그것부터 일단 짚고 넘어가야지, 저렇게 입바른 소리를 하는 앤데 제가 한 잘못부터 책임지고 가야지 않아?"

「벌거벗은 임금님」에서는 어린아이가 사실을 밝히자 그 내용이 입에서 입으로 퍼져나가 주변 사람들도 마침내 소리를 친다. 그런데 현실에서는 어린아이의 말을 직접 듣거나 아이의 행위를 옆에서 목격한 이들의 반응은 대체로 이와 같다.

"못 들은 척 해야 돼, 나중에 탐문 조사 나오거나 증인 서라고 하면 귀찮아진다고, 아니 그 꼬마랑 같은 편이라고 몰아붙일지도 몰라. 그 애 말을 아예 못 들은 척해야지, 아니 '기억나지 않는다'고 해야겠다, 그래 지금부터 단단히 연습을 해서 기억나지 않는다고 해야겠어. 아예 그 자리에 없었다고 잡아떼면 더 큰 사달이 날 수도 있으니, 일단 근처에 있었다고는 해야겠지? 그런데 무슨 말이었는지 정확하게 듣지도 못했고 '기억나지 않는다'고 하는 게 제일 안전해. 일단 휘말리지 않는 게 중요하니까. 내가 들었다는 걸 아무도 모르잖아! 아이고, 아까 그 애랑 눈이 마주치긴 했구나, 그래도 뭐 보잘것없는 앤데 그 쪼그만 애가 뭘 할 수 있겠어? 아무튼 그냥 우연히 눈이 마주친 거라 하고 기억에 없다고 하면 돼, 그래그래 내가 이리 생각하는 걸 누가 알겠느냐고!"

한편 동정 어린 시선을 포함한 정반대의 입장은 이렇다.

"솔직히 맞는 말이긴 한데 그래도 임금인데 좀 참지, 어쩌나 아이 앞날이 깜깜하겠는걸, 안됐네. 임금이 그 앨 가만두겠어? 그 전에도 비슷한 일이 많았잖아, 다 소리 소문 없이 사라졌어, 부모가 좀 잘 말리지 어떡한대 이제. 애 불쌍해서 어쩌냐고", "예사롭지 않은 인물이 나왔는걸, 영웅이야 영웅! 본래 그 애가 어려도 여간 반듯하지 않았어. 지난번에 내가 봤는데 폐지 줍는 할머니 리어카를 밀어주더라고, 고사리손으로 끙끙거리면서 말이야. 그 애가 틀림없어, 어쩌나 심성이 고운지……", "거참 애가 아주 싹수가 보이는군, 적당한 나이가 되면 시민단체 실행위원도 시키고 공익제보센터 센터장도 맡기고 경험을 차근차근 쌓게 해서 큰 정치인을 한번 만들어보자고. 어려운 일을 했는데 반드시 큰 보상을 해 줘야 해, 암 그래야 하고말고. 보통 도덕적인 인물이 아니야."

그리고 이 책에서 주목하고 있는 부분으로서 가장 최악의 경우는 드물지 않게 목격되는 이 같은 상황이다.

"절대 권력을 가진 우리 임금님이 애당초 그럴 리가 없지, 주위에 보좌하는 사람이 몇 명이냐고. 설마 우리 임금님이 그만한 것을 분별하지 못했겠어? 아니야, 그 천둥벌거숭이가 한 말이 틀린 거야. 다시 한번 잘 보자고, 암 그렇지, 우리 임금님은 정말 멋진 옷을 입고 있지 않은가! 그러니까 저리 위풍당당하게 행진을 하시는 거겠지!" 진위 여부를 가리기 위해 수사가 진행되고 급기야 법적 논쟁에서 발화(제보) 내용이 맞는다는 결과가 나오면 주변 관료들의 한순간의 실수나 착각, 임금의 부주의로 치부되어 마치 아무런 일이 없었던 것처럼 지나간다. 그리고 그 내용이 틀렸다고 결정 나면 "암, 그렇지, 그런 놈팡이가 한 말이 옳을 턱이 없지. 수사관은 얼마나 수사를 열심히 하고 그 어려운 법문을 공부한 판사님은 또 얼마나 공정하게 판결을 내렸겠어, 그렇고말고. 우리가 본 게 틀림없어, 틀림없다고! 우리 임금님은 정말 멋진 옷을 입고 있다고! 자, 아무리 봐도 너무 훌륭한 옷이네!" 그렇게 대중적인 무지가 지속된다.

이와 같은 대중적인 무지는 「벌거벗은 임금님」과 맥을 같이하는 미겔 데 세르반테스(사베드라)Miguel de Cervantes Saavedra, 1547~1616가 1615년에 발표한 막간극 〈기적의 인형극The Puppet Show of Wonders〉에 잘 나와 있다.

한 사기꾼 부부가 (극에서 기적 같은 일이 벌어지고 보이기 때문에) '기적의 인형극'이라고 이름 붙인 가짜 극을 들고 한 마을에 당도한다. 그리고는 「벌거벗은 임금님」의 천을 짜는 사기꾼들이 옷을 보는 자격을 내세운 것과 마찬가지로, 기독교로 개종한 유대인의 피가 조금이라도 흐르거나 합법적 결혼을 한 부모에게서 출생하지 않은 사생아의 눈에는 인형극에서 연출되는 기적이 보이지 않을 것이라고 말한다. 그 마을에는 마침 시의원의 딸 약혼식이 열릴 예정이었고 그때 흥을 돋우기 위해 사기꾼 부부가 초대를 받는다. 부부는 사전에 공연비 받는 것을 잊지 않는다. 그들이 무대에 형상들(용감무쌍한 삼손, 황소, 쥐떼 등)이 나타난다고 하자 마을 사람들은 그에 맞춰 이런저런 행동을 취한다. 모두 자신은 기독교이고 적자嫡子이므로 사기꾼 부부가 등장했다고 말한 형상들이 보인다는 것이다. 이때 상황을 아무것도 모르는 한 군부대 장교가 마을에 들어선다. 그는 마을의 지사에게 서른 명의 기병대가 곧 도착할 예정이니 숙박 준비를 해 달라 하고 퇴장을 한다. 나중에 장교가 돌아오자, 마을 사람들은 장교가 환영인지 진짜인지 설왕설래한다. 한 사람이 무대 위 등장인물 중 하나였던 (춤을 추면 기적을 보게 한다는) 아가씨를 다시 불러와 장교와 만나게 해 그를 떠나게 만들자고 제안을 한다. 시장은 자신의 조카로 하여금 존재하지 않는 그 아가씨와 춤을 추라 하고, 조카는 마치 그녀가 눈앞에 있는 것처럼 지시를 따른다. 그가 지금 한 여성과 춤을 추고 있다는 황당한 상황에, 장교는 이 사람들이 미친 게 틀림없다며 무엇이 보이느냐고 소리를 친다. 사람들은 장교가 아무것도 안 보인다고 하자 그가 개종한 유대인이거나 사생아임에 틀림없다고 아우성친다. 보다 못한 장교는 "이런 무지렁이 같은 것들!"이라며 칼을 들고 마구 휘둘러댄다. 부부는 인형극이 오늘은 좀 이상하게 꼬였지만 극의 효험만은 변함없을 것이라며, 내일 다시 사람들을 통해 확인할 수 있을 것이라 말하고 이야기가 끝난다.

2. "자신의 능력에 비해 과분한 지위에 있는 사람들은 그 옷이 보이지 않는다"

나는 내부고발 문제에 대해 제보를 하는 사람뿐만 아니라 제보가 일어나는 조직과 그곳에서 불법·비리·부정의를 행하거나 그것을 돕고 관조하는 이들에게도 초점을 맞출 때, 더욱 사실적이고 풍부한 논의가 나올 것이라고 주장한다. 「벌거벗은 임금님」에서 어린아이가 아니라 임금의 사치와 무능력한 국정 운영과 자신의 무능을 가리기 위해 거짓을 고했던 관료들이 전제된 조건이자 비판 지점이라는 것이다. 그 동화에서 마법 같은 새 옷을 볼 수 없는 사람은 어리석은 사람뿐만이 아니라 능력에 비해 과분한 지위에 있는 사람이었다는 것도 의미심장하다.

관련하여 내부고발자가 제보 행위에 만족을 느끼는 경우는 두 요건이 충족되었을 때다. 2019년 3월에 만난 한 인터뷰이interviewee의 표현으로, 제보 이후 제보자에게 아무런 불이익이나 해가 없고 문제제기한 사안이 교정되었을 때다. 우리가 제보 내용에 보다 초점을 맞추고 내부고발자의 제보 행위 이후의 삶에 더욱 주목해야 할 필요가 여기에 있다.

그럼에도 임금의 허황된 체면, 권한 과시나 부정직한 관료들의 가식에 눈을 돌리기보다, 왜 그렇게 어린아이의 순수함, 현실에서는 바른 말을 하는 발화자에게 초점을 두는 것일까? 대부분은 사안의 초점이 그렇게 변화가능하다는 생각조차 하지 못한다. 「벌거벗은 임금님」의 주제가 번역 과정의 이해관계와 피상적 글읽기 습관으로 인해 어린아이의 순수함으로 인식되어 온 것처럼, 이 사안에 대한 주류 담론인 배신자 대 영웅이라는 이분법과 제보자의 피해자화가 '압도적이기' 때문이다. 그러면 왜 그와 같은 패턴화된 지식이 압도적일까? 두말할 것 없이 지식의 불균형 때문이다. 사회정의를 염두에 둔 모든 인권 담론에서 피해자의 고통이 가해자의 특권과 폭력에 대한 지식보다 만연하고 수월하다. 특권을 가진 사람과 가해자의 가해 행위를 직접적으로 다루는 비판적 지식은, 그것을 쓰거나 주창한 이들에게 어떤 부정적인 비판이 돌아올지 짐작하기 어렵다김미덕 2017a. 따라서 권한이 많은 이들의 불법·비리·부정의 자체보다 제보하는 사람의 피해와 희생에 초점을 맞춤으로써, 그 행위가 갖는 사회 비판적 기능과 저항·전복의 가능성을 희박하게 만드는 것이다.

나는 피해자에게 노출된 피해를 중심으로 한 서술이 그것을 접하는 이로 하여금 공감과 감정이입을 '저절로' 불러일으킨다는 믿음과 기대가 얼마나 허술하고 비현실적인가를 「공감, 정체성, 그리고 탈동일시」김미덕 2016, 6장라는 논문에서 밝힌 적이 있다. 타인의 피해와 어려움을 듣거나 볼 때 막연하게 예상되는 것만큼 그리 쉽게 사람들의 공감은 일어나지 않는다. 예를 들어 젠더 위계 문제를 다룰 때 여성의 고통이 아닌 남성의 특권이 조명되고, 약자가 자원 배분에서 어떻게 배제되는가가 아니라 특권을 누리는 이들이 어떻게 그것을 가치중립적으로 만들고 순수하게 노력한 덕분이라고 합리화하는가를 보아야 함에도김미덕 2017a, 약자의 고통과 피억압 담론에 매몰되어 안전한 거리에 있는 타자들이 피해자에 대한 관음증적 시선을 강화하고 있다. 이런 방식으로 많은 인권 담론이 그렇지 않아도 기울어진 운동장에서 열세인 약자에게 초점을 맞춘, 일관적인 패턴의 지식을 만들고 결국 그 운동장을 더욱 기우는 데 기꺼이 혹은 무의식적으로 공모한다김미덕 2016; 2017a.

이런 맥락에서 나는 제보자들이 제기하는 사안과 제보 과정뿐만 아니라 과연 그들 스스로가 그 과정을 거치면서 무엇을 느끼고 무엇을 배워 어떤 세계관 및 자아 정체성의 변화를 겪는지 보임으로써, 어려운 일을 거치는 이들을 희생자, 피해자로 등치시키는 거친 인식과 담론을 비판하고자 한다.

한편 제보자들은 영웅인가? 누구에게, 누구를 위해서 영웅이어야 할까? 아니면 내부고발자들이 스스로를 영웅으로 인식하는가? 보편적 행위에서 벗어나 일탈이라고 불리는 이 행위가 영웅적이라고 표현되는 것의 의미는 무엇일까? 나는 제보자를 영웅으로 칭하는 일면 호의적인 그 평가는 배신자나 조직 부적응자와 같은 부정적인 평가만큼이나 위험하다고 주장한다. 그 호칭은 자신이 감내하지는 않기에 타인을 영웅이라 인정해줄 수 있지만 정작 자신이 선택해야 할 때 회피하는 죄책감을 덜어내는 방편이자, 결국 비극적이라 제보자 혼자만이 고통을 감내하는 것은 어쩔 수 없다는 방관자 심리가 전제되어 있기 때문이다. 내부고발은 제보자 혼자만의 문제라기보다 그 상황을 촉진·유지하는 조직과 공동체 전 구성원의 문제라는 것이 이 책의 중요한 전제다.

3. 「어떤 솔거의 죽음」

나는 내부고발과 조직 문제를 2013년 이래 공부하기 시작했다. 평등하고 민주적인 관계가 원활할 것이라 여겼던 연구조직에서 학생의 미래에 절대적 영향을 끼치는 선생들과 그것을 체감한 학생들 간의 내면화된 상명하복을 목격하고 공간 침입자space invader 2017의 감각, 출신 학부·학벌의 인맥으로 정리되는 조직의 질서와 구성원의 이익 재생산에 대한 질문과 내부고발이 문제의식으로 자리 잡았다.

2013년 한 시민단체에 연구 의도와 자원봉사의 뜻을 밝혔는데, 마침 그 단체에서 제보자를 만나는 서베이를 준비하고 있어 그 활동에 참여하게 되었다. 이 연구의 본격적인 시작이었다.

그런데 나는 이 주제의 문제의식을 훨씬 오래 전부터 갖고 있었다. 정확한 말을 하는 사람, 그 말을 이해하지 않는·않으려는·못하는 대다수의 사람, 권한이 많은 이들에 의해 조롱당하고 죽임을 당하는 바른 말을 하는 사람에 대한 고민이었다. 그 계기는 관련 전문 서적들이 아니라 한 짧은 소설을 통해서였다. 2003년 미국에서 공부하는 한국인 대학생들과 함께 문학을 공부하는 강좌에서 수업 교재로 읽은, 조정래의 「어떤 솔거의 죽음」1999이라는 소설이다. 다음 내용은 인용 페이지를 일일이 적지 않은 경우라도 모두 저자의 표현을 재구성한 것으로서, 줄거리는 이렇다.

한 성주가 태평성세를 누리는 것에 대한 답례로 자신의 영정을 현치문 앞에 걸도록 했다. 이에 신기神氣를 지녔다는 한 환쟁이가 불려 왔다. 그는 평상시대로 활동하는 성주를 관찰하면서 약속한 만 열흘 만에 초상화를 완성했다. 성주는 그 그림을 보고 불같이 화를 내고 화가는 추호의 거짓 없이 그렸다고 말했다. 족자에 묘사된 성주의 모습은 "실물 크기의 세 배에 가까운 좌상이 있었는데 탐욕스러운 그의 얼굴상이 그대로 있었다(팽팽하게 살이 쪄오른 볼, 살에 밀려 거의 닫힐 위기에 몰려 있는 가느다란 눈, 뚱뚱한 몸집의 체면을 손상하기에 제격인 채신머리없이 달라붙은 염소 수염, 몸집을 닮아 하늘 높은 줄을 모르고 세상 넓은 줄만 아는 펑퍼짐하게 퍼져버린 코, 그 장대한 육신을 먹여 살리기에 안성맞춤인 두껍고도 큰 입)"307면.

성주는 신하들에게 그림에 대한 느낌을 말하라 하고 모두 성주와 전혀 닮은 데가 없다고 했다. 화가는 여전히 당경은 거짓을 하지 않으리라 했지만 성주는 그를 감옥으로 보낸다. 다음 날 화가가 성주에게 불려 갔을 때 그와 동문수학한 지루가 서 있었다. 지루는 화가가 그린 좌상이 성주의 모습을 왜곡하고 있다 말하고, 성주는 그렇다면 그림을 대신 그릴 수 있느냐고 묻는다. 지루는 닷새 만에 영정을 그릴 수 있다고 했다. 지루와 화가는 끝내 눈길을 마주치지 않았다.

화가는 그들 스승의 모습을 떠올렸다. 스승은 배울 만큼 배운 제자들에게, 재주 위에 피와 혼이 담긴 그림을 그리는 방법을 터득시키기 위해 한 달 동안 지역마다 자신이 지정한 풍경을 찾아 열 점의 작품을 완성해야 하는 과제를 내주었다. 그와 시투는 짝이 되었고 낙산에서 일출을 그리라는 지시가 떨어졌다. 그들은 보름에 걸쳐 낙산에 도착했는데 계속 구름이 끼어 맑은 해를 볼 수 없었고, 결국 여장을 챙겨 떠나올 수밖에 없었다. 스승은 과제를 마친 제자들의 그림들을 살피고 마침내 지루와 화가의 그림을 검사할 차례가 되었다. 스승이 지시한 지루의 그림이 펼쳐졌을 때 장관을 이룬 일출에 모두 감탄을 금치 못했다. 그리고 화가의 일출 그림에는 백지가 그대로 드러났고 스승의 눈에는 노여움, 실망, 의혹이 뒤엉켜 있었다. 그는 스승이 일러준 청명한 일출을 보지 못했다고 말했다. 그는 침식을 잊고 앓아누웠다. 사흘째 되는 날 스승이 그의 집을 찾아와 이렇게 말한다. "난 네가 내놓은 백지에서 지루의 것보다 몇 배 훌륭한 일출을 보았느니라. 넌 크게 될 것이야, 꺾일망정 휘어지지 않는 심성을 지녔으니까. 네가 원한다면 앞으로도 내 문하에 남도록 해라, 내 힘에 겨웁기는 하다만"313면. 그는 스승 앞에 엎드려 오열했다.

옥에 갇힌 그는 침식을 끊고 미동도 하지 않았다. 한편 지루는 성주의 영정을 완성했다. 성주는 신하들에게 의견을 물었고 그들은 이제야 인자함과 후덕함이 생광을 얻은 것이라며 입을 모아 칭찬했다. 족자에 그려진 그림은 흡사 부처님이 의관 정제한 것이 아닌가 착각할 지경에 이를 만큼 한없이 후덕한 기운의 그림이었다.

화가는 간수에게 물 한 통을 갖다 달라고 요청했다. 그는 물로 얼굴과 손발, 머리카락을 가지런히 손질했다. 그가 산 사십 평생은 오로지 그림에만 몰두한 세월이었으며 "했다는 것도, 딱히 더할 것도 없는, 그림 그리기에는 끝도 한도 없는 세상이었다. 그 깨달음의 소중함 앞에 목숨은 한낱 가랑잎이었다"316면. 그는 성주 앞에 불려나가고 성주는 그를 형장으로 끌고 가라고 명령한다. 화가의 차가운 눈빛은 지루와 마주쳤지만 지루는 그의 눈길을 외면했다. 그는 끝내 성 밖 형장으로 끌려갔다.

그 소설을 읽었을 때 두 가지 사항이 눈에 띄었다. 하나는 자신의 능력을 넘어선 제자를 있는 그대로 인정하고 자신의 역량을 확인하는, 현실에서는 보기 드문 스승·선학先學의 상이고, 다른 하나는 당연히 바른 말을 하는 사람이 처한 상황이었다. 당시 학생들과 만약 나라면 어떻게 했겠는가라는 질문으로 의견을 나누었다. 현실적으로 주인공 화가처럼 할 수는 없겠다라는 의견이 대세였고, 주인공이 그리 행동한 이유는 무엇이라고 생각하는가라는 질문에는 침묵이 돌았다. 나 또한 답이 없어 다 함께 강구해보자는 의도였다. 그때 수업에서 왕 역할을 맡아 소설을 읽은 여학생이 '어쩔 수 없음'이라고 운을 뗐다. 그 학생은 "너무 좋아하다 보니 권력에 대한 어떠한 계산도 없이 그저 죽음을 어쩔 수 없이 맞을 수밖에 없었을 것"이라고 하며, 대학생이 시험기간에는 아파서도 안 된다는 예를 부연했다. 대학생과 시험이라는 비유가, 초점이 정확하게 일치한다고 생각하지 않았지만 정확한·바른 말을 하는 데는 어떤 수위에서든 그 학생이 표현한 어쩔 수 없음이라는 요소가 있음에 배움의 순간을 가졌다. 그리고 수십 년이 흘러 내부고발을 연구하는 과정에서 그 학생의 답이 실제 제보자들의 인터뷰와 여러 모습에 비추어있음을 발견했다. 그것이 제보자 개인의 도덕관에서든, 자신의 삶에 대한 일관성에서든, 조직 부패의 정도에서든, 아니면 말 그대로 타인과 공동체의 피해를 용납키 어려운 공익의 이유였든, 그들의 '어쩔 수 없음'의 정서는 제보 과정과 제보자 행위의 여러 면에 녹아있었다. 그 학생의 답이 내 문제의식의 한 자락이 되었다.

4. 법에 대한 단상

2019년 4월 인터뷰를 위해 제주도에 갔다. 공항에서 숙소로 향하는 버스를 기다리고 있었는데, 노선이 안내된 키오스크 아래편 광고 난에 공익제보가 있었다. 제주도에 머무는 며칠간 타고 다닌 버스들에서 동일 광고를 계속 보았다. 광고에는 아래 설명과 함께 그림도 같이 있어서 요점이 쉽게 파악되었는데, 글로만 정리하면 이렇다.

공익제보란? (공익신고 + 부패신고)
제주특별자치도는 '18. 7월 「공익제보 보호 및 지원 조례」를 제정함.

3　법령을 부연하면 다음과 같다. 제2조 제4항의 내용이다. "부패행위"란 다음 각 목의 어느 하나에 해당하는 행위를 말한다. "가. 공직자가 직무와 관련하여 그 지위 또는 권한을 남용하거

공익신고 민간분야 공익침해 행위 신고			부패신고 공공분야 부패행위 신고[3]		
건강	안전	환경	사익 도모	재산상 가하는 손해	은폐 · 강요 · 권고 · 유인
소비자 이익	공정 경쟁	공공 이익			

공익제보 어디에, 어떻게?

▶ 신고처 : 감사위원회. 제주특별자치도청(행정시 및 출자·출연기관 포함)

　국민권익위원회, 수사기관에 직접 신고 가능

▶ 제보방법 : 제보자 인적사항, 위법행위를 하는 자, 공익제보 내용, 공익제

　보 취지 및 이유를 제보한다.

공익제보와 직접 관련된 법은 두 가지이다. 「공익신고자 보호법」과 「부패방지 및 국민권익위원회의 설치와 운영에 관한 법률」[4]이다. 공공분야는 부패방지 권익위법으로, 민간분야의 신고자에 대한 보호는 공익신고자 보호법을 통해 이뤄진다박기묵·임진희 2019.

공익제보 문제를 주관하는 기관과 관련자들은 법률 개정의 노력을 계속하고 있다. 예컨대 2019년 4월 22일 서울시청에서 호루라기재단이 주관하는 제5회 '물푸레기금 수여식'이 있던 날 안민석, 오영훈, 소병훈 더불어민주당 국회의원, 추혜선 정의당 의원이 '공익신고자 보호법 일부개

나 법령을 위반하여 자기 또는 제3자의 이익을 도모하는 행위, 나. 공공기관의 예산사용, 공공기관 재산의 취득·관리·처분 또는 공공기관을 당사자로 하는 계약의 체결 및 그 이행에 있어서 법령에 위반하여 공공기관에 대하여 재산상 손해를 가하는 행위, 다. 가목과 나목에 따른 행위나 그 은폐를 강요, 권고, 제의, 유인하는 행위." http://www.law.go.kr/법령/부패방지및국민권익위원회의설치와운영에관한법률(접속일 : 2022.1.31)

4 　법조항 명기 시에는 낫표 속에 전체 법명을 표기하고, 제보자들의 인터뷰에서는 부패방지 권익위법이라 줄여서 일컬으며 낫표로 표기하지 않았다. 마찬가지로 공익신고자 보호법의 경우에도 법조항 명기 시에만 낫표로 표기하였다.

정법률안'을 발의하였다. 그 안은 "공익에 성폭력 관련 내용을 포함하고 신고자에 대한 보호를 강화하는 내용을 골자로 하는데, 공익제보자에 불이익을 가한 경우 처벌을 5년 이하 징역 또는 5,000만 원 이하 벌금으로 강화하는 내용"을 담고 있다김영택·최승원 2019.

실제 법률의 가시적인 변화로서 2018년 4월 제보자의 신원 보장을 목적으로 대리인(변호사)의 고발을 가능케 한 비실명대리신고(제8조의2) 조항이 공익신고자 보호법에 신설되었다.[5] 또 2020년 5월 제보의 공익성 판단을 가름하는, 제2조 제1항에 해당하는 공익침해 대상 법률 284개가 467개로 확대되어 그해 11월 20일부터 시행되었다.[6] 그리고 2021년 7월에는 국민권익위원회가 신고자만을 상대로 사실관계 확인을 하고 수사기관이나 감사원, 해당 기관에 수사나 조사를 이첩하던 그동안의 방식에서, 부패신고 대상자에게도 사실관계 확인을 요청할 수 있는 규정이 부패방지권익위법에 신설되었다.[7]

우리는 공익제보에 대한 정책과 법의 변화를, 그 법을 추동하는 여론

---

5 제8조(공익신고의 방법)의 제1항 제1호의 내용이 "공익신고자의 이름, 주민등록번호, 주소 및 연락처 등 인적사항을 기재한 신고서를" 제출하는 것이다. 이러한 "제8조 제1항에도 불구하고 공익신고자는 자신의 인적사항을 밝히지 아니하고 변호사로 하여금 공익신고를 대리하도록 할 수 있다. 이 경우 제8조 제1항 제1호에 따른 공익신고자의 인적사항은 변호사의 인적사항으로 갈음"하게 되었다. http://www.law.go.kr/법령/공익신고자보호법(접속일 : 2022.1.31)

6 https://m.lawtimes.co.kr/Content/Info?serial=161466&kind=AF01(접속일 : 2020.12. 20)

7 제59조(신고처리) 제4항이다. "위원회는 신고자를 상대로 제1항에 따라 사실관계를 확인하였음에도 불구하고 제3항에 따른 이첩 여부를 결정할 수 없는 경우에는 그 결정에 필요한 범위에서 피신고자의 의사에 반하지 아니하는 때에 한정하여 피신고자에게 의견 또는 자료 제출 기회를 부여할 수 있다." 〈신설 2021.8.17〉, http://www.law.go.kr/법령/부패방지및국민권익위원회의설치와운영에관한법률(접속일 : 2022. 1. 31); https://www.news1.kr/articles/?4383357(접속일 : 2022.1.31)

의 변화를 바탕으로 확연하게 목도하고 있다. 이를 내부고발의 '적법화 담론legitimation discourse' Contu 2014이라고 부른다. 기존 연구에서 공익제보에 대한 법률 논의가 가장 많은 것도 그러한 경향의 방증이고, 그 의도는 누구를 어떤 기준으로 공익신고자로 규정할 것인가, 제보 이후 그들을 어떻게 보호할 것인가이다.

2019년 7월 24일 국민권익위원회가 주최한 공익신고자 보호제도 토론회가 열렸다. 주관기관의 담당자가 법률에서 공익제보자의 보호범위의 문제와 비실명대리신고 제도의 보완을 발표하고, 이에 기자와 공익제보자를 포함한 전문가 6명의 토론이 이어졌다. 비실명대리신고의 현실적 문제점이 발표된 후 그에 대한 공익제보자의 입장이 인상적이었다. 아무리 법적으로 변호사가 대리로 담당한다고 할지라도 현실적으로 낯선 변호사에게 제보자 자신의 모든 정보와 심정을 담아 전달하기는 어려운 일이라서, 예컨대 시민단체 또한 제보 창구로 기능케 하자는 의견이었다.

발제와 토론을 다 마치고 청중 몇 사람이 질문을 하고 그에 따라 발표자들이 답변을 했다. 그때 청중석에서 일어선 한 남성의 질문이 내 주의를 끌었다. 그는 이 자리에 용기를 내서 왔다는 말로 발언을 시작했다. 그는 공공기관에 넣는 민원조차 윗단계로 넘어가지 않는데 내부고발이 잘 되겠느냐고 하면서, 주관기관의 장에게 직원들의 정신교육을 잘 시켜주길 바란다는 말을 하고 싶었다고, 긴장된 목소리로 말했다. 발제와 토론 내용에서 벗어난 그 질문은 누구에게서도 답변을 얻을 수 없었다. 당일 논의에서 벗어난 논평이었다는 것이 그 무반응에 대한 합당한 해석일 것이다.

그의 이야기가 계속 귓전을 맴돌았는데, 그 이유는 나 또한 연구 과정에서 그 익명의 남성이 제기한 비판 지점과 동일한 문제의식을 가졌기 때문이었다. 한 인터뷰이의 표현으로 "(내부고발자를 보호하기 위해) 있는 법이나 잘 지키라고 해"라며 법률이 잘 운용되지 않는 것에 대한 비아냥조의 한탄이 빈번하게 나왔는데, 그러한 법률 실행의 문제점이 내 연구 결과에 훨씬 더 가까웠기 때문이다. 앞으로 사례들을 통해 직·간접적으로 설명할 텐데, 관련법의 외관상의 발전과 내용(행위자들의 구체적인 법 해석, 적용과 실행)에서의 발전 간에는 상당한 괴리가 있었다. 이것은 법조항 자체의 문제에서만 비롯된 것이 아니다. 흔히 논의되는 열거주의 문제 ― 해당 법률에 속하는 행위만 공익침해 행위로 규정되어 새로운 사안이 생길 때마다 법률 조항을 하나씩 늘리는 한계 ― 뿐만 아니라 무엇보다도 제보가 이뤄지고 사안이 진행되는 동안에, 그 법률을 운용하는 담당자들이 어떻게 일을 하느냐에 따라 그 결과가 내부고발자가 기대한 바와 다른 결과가 나오거나, 제보 규명이 중단되거나 아니면 제보 자체가 무용지물이 되는 경우도 있기 때문이다.

두말할 것 없이 법률이 제보 진행 과정과 결과에 핵심 기준이자 본질적 역할을 한다. 요약컨대 공익신고자로서의 지위 인정 문제부터 보호법에 따른 법적 구제 등 모든 관련 행위의 판단 기준이 법이다. 그런데 많은 경우 제보자가 법을 긍정적이고 효과적으로 활용할 때는 멀리 있고, 자신에게 불리하게 작용할 때는 엄청 가까이 와 있다는 느낌 또한 지울 수 없었다. 언급했듯이, 그 이유는 부패방지 권익위법과 공익신고자 보호법 자체가 문제라기보다 제보가 진행되는 과정에서 개입되는 관련자들(증언하는 동료들, 조사하는 공무원, 수사관, 경찰관, 검사, 법관 등)의 능력과 판단이 중요한 역할을 하기 때문이다.

내부고발에서 법의 역할이 두드러진 또 다른 국면은 조직이 제보자에 대한 불이익조치를 무작위로 하는 것이 아니라, 법적 근거와 행정적·법적 절차를 통해 진행할 때이다. 이에 제보자가 더 이상 일을 진행하지 않는 경우도 있으며, 맞대응으로 대처를 하는 경우 제보자 또한 행정적·법적 절차를 거친다. 이 과정에서 이해의 충돌을 가장 '합리적으로', '보편적으로' 해결하는 국가의 방법인 '법'의 운용, 즉 사안 진행이 자신의 예측과 달리 법적 투쟁으로 전환되는 것이 제보자들이 겪는 큰 어려움 중의 하나로 등장하게 된다. 오랫동안 잊고 있던 질문, 소크라테스Socrates가 당시 국가의 법의 구속을 조율하지 않고 독미나리즙을 마신 이유가 바로 이것이 아니었을까. 불법이라도 지켜야 할 법의 준수, 관습과 전통의 존경이라기보다 법률의 역설적인 무용無用 때문이 아니었을까 새삼스럽게 고민하지 않을 수 없었다.

5. 방법과 구성에 대하여

이 책은 내부고발자의 인터뷰를 분석하면서 그들을 둘러싼 사회적 담론, 어찌 되었든 공익제보가 부정적인 고자질쯤으로 인식되면서 발생하는 제도적 어려움, 그 어려움을 가중시키는 사회 곳곳의 관련자들의 무사유, 무능력, 방관을 통한 이해 추구에 주목한다. 제보의 도덕적 당위성을 벗어나 제보의 조사·수사·소송 과정과 조직 내 구성원들이 구체적으로 지지하고 재생산하는 불법·비리·부정의를 간과하지 않음으로써, 기존 연구에서 사소한 것처럼 인식되지만 실제 강력하게 내부고발의 어려움을 가중시키는 상황을 살펴보고자 한다. 또한 제보자들이 제보 과정을 어떻게 전개하고 그 속에서 어떤 인식의 변화를 갖는가도 주목한다.

활용 자료는 2013년, 2015년, 2019년에 수행한 제보자들과의 인터뷰와 학술논문, 영상자료, 연극 등이다. 2013년 5월부터 11월까지 한 시민단체에서 서베이를 하면서 전체 참여자 42명 중 10명을 만났다. 당시 1명은 설문지로 받았고 9명을 직접 만날 수 있었다. 설문지의 내용은 공익신고를 한 이유, 진행 현황과 결과, 공익신고 전후의 심리적·신체적 스트레스, 제도적 보완에 관한 질문이었다. 당시 인터뷰 결과는 이후 호루라기재단에서 발간된 자료집에 포함되었다호루라기재단 2013.

2015년에는 2013년에 만난 2명과 시민단체 활동가 1명이 포함된 총 11명을 반구조화된 질문지로 인터뷰했다. 인터뷰이 모두는 인터뷰 경험이 풍부하고 자신들의 입장이 분명했기 때문에 내부고발의 계기, 과정, 현상황, 앞으로의 계획 등 다양한 주제를 자연스럽게 공유할 수 있었다. 그리고 2019년 3월과 4월 기존 인적 네트워크를 바탕으로 18명을 인터뷰했다. 그중에는 2015년에 인터뷰를 했던 1명이 겹치고 시민단체 활동가 2명이 포함되었다.

주로 활용한 자료는 2015년과 2019년에 수행한 인터뷰로서 활동가 3인을 포함한 28명의 사례다. 2013년의 서베이를 위한 인터뷰 또한 이 연구의 첫 계기로서 중요하지만, 질문지가 이미 구성된 상태였고 보고서로 결과가 발표되었기 때문에 인터뷰 서사 분석에서 크게 활용하지는 않았다.

인터뷰이의 이름은 모두 가명이다. 그들 중에는 양심선언자라는 표현이 통용되던 시절의 제보자들도 있고, 국가기관으로부터 정식으로 공익신고자로서 보호를 받지 않은·못한 경우도 있고 보호를 받은 경우도 있다. 연령대는 30대 중반부터 최고령자는 80대로서 40~60대가 가장 많다.

인터뷰이들의 제보 내용은 이러했다. 2015년에 만난 이들의 제보 내용은 군납비리, 사립 고등학교 재단 비리(3명), 구제역 피해 정부보조금 수급을 위한 허위보고, 국립대학 교수자 연구실적 비리, 사기업 법인카드 오남용, 정보기관 민간인 사찰, 군대 민주화, 공무원 비리였다. 2019년에 만난 이들의 제보 내용은 군대 내 부정선거, 산업재해 은폐, 국가사업 시 토지보상 비리, 사립 고등학교 재단 비리(2명, 1명은 2015년 인터뷰이와 동일), 사기업 불법기름 유통, 정부보조금 수급을 위한 버스회사의 운임 조작, 2010년대 중반 시국사건, 공무원 비리(초과수당 비리, 전임자 비리, 기관장의 인사 및 개인 비리 모두 3명), 의료제도, 사기업 부정의약품 제조·유통·사용 등이다. 사안이 널리 알려졌든 그렇지 않든 사건 발생의 시기는 기록하지 않거나 불분명하게 정리했다.

모든 인터뷰이는 자신의 제보 사안을 자세하게 설명하고 나는 이를 충실히 반영하려고 했다. 두 이유가 있다. 하나는 제보자 스스로가 일을 매우 상세하게 설명하여 당사자의 목소리만으로도 사건을 전달할 수 있기 때문이다. 다른 하나는 개별 사건 설명 시 전문 용어들과 내용이 나오는데, 나는 제보자'만'이 알고 있는 내용, 다시 말해 그들의 '전문적 지식'을 그대로 싣고 싶었다. 즉 조사·수사·소송 단계에서 문서화되는, 생략되고 평면화되는 내용이 제보자 입장에서 얼마나 큰 차이가 있고 중요한가를 강조하고 싶었다. 요컨대 언어 전달력, 문서 작성 능력, 법률 지식의 숙달 여부와 상관없이, 다름 아닌 그들이 제보 사안을 '가장 잘 아는 사람'이라는 점을 환기하고 싶었기 때문이다. 따라서 몇몇 장에서 긴 인용문을 그대로 두었다. 인용문은 발화 내용 그대로 옮기는 것을 원칙으로 하였다. 반복되는 단어나 문장만 최소한으로 수정하거나 생략했으며, 내용 이해를

돕기 위해 작은 괄호 안에 부가 단어나 문장을 넣기도 했다.[8]

한편 이 책은 그들에게 무슨 일이 일어났는가에 대한 서술을 넘어서서 그들의 이야기를 분석하려는 뚜렷한 목적도 있다. 내부고발의 개념 정의와 특징, 조직과 내부고발의 관계, 희생자 담론, 영웅 담론, 합법적으로 장기간에 걸쳐 일어나는 조직의 부정적 대응과 그에 대한 제보자들의 대처, 제보 과정을 이끄는 동력과 정체성 문제를 다룰 것이다.

이 책은 6장으로 구성되어 있다. 장별로 내부고발(자)에 대한 개념 정의, 내부고발의 동기, 내부고발을 용이하게 만드는 조건 혹은 실패하게 만드는 조건, 비리 의혹의 조직이나 비리 행위자의 대응, 내부고발 과정을 (오랜 기간) 겪으면서 갖게 되는 긍정적·부정적 혹은 복잡한 성찰을 통한 인식의 변화를 설명하고 있다. 그런데 기본적으로 사안이 모두 연결되어 있기 때문에, 각 장에서 특정 쟁점에 초점을 두더라도 다른 장들의 쟁점이 전제되어 있거나 배경으로 서술됨을 일러둔다. 또 각 장의 주제에 따라 인터뷰 내용이 해석되면서 한 인터뷰이가 여러 장에 중복해 등장하기도 한다.

2장에서는 내부고발에 대한 대표적인 일반 서사common narrative인 희생과 영웅 담론을 살펴본다. 국가는 민주주의 운영의 투명성과 청렴을 강조하고 그것을 위한 중요한 수단으로 공익신고, 부패 제보가 활성화되도록 홍보한다. 그럼에도 험난한 제보의 결과가 대중적으로 인식되면서 비극적 영웅 담론이 자연스럽게 팽배해있다. 이 담론은 타인의 영웅적 행위에 경의를 보내면서 공익제보를 독려하는 것처럼 보이지만, 장기적으로 내부고발에 대한 부정적 인식과 제보에 대한 두려움을 재강화한다. 이를

---

8 이 규칙은 문헌 자료 인용 시에도 동일하게 적용했다.

다큐멘터리 연극 〈검군전劍君傳, 後後〉를 통해 살핀다.

3장에서는 내부고발(자)에 대한 개념 정의를 시도하면서 그 특징을 살펴보려고 한다. 휘슬블로잉whistleblowing이 내부고발, 공익제보로 번역되면서 한국에서의 고유한 특징을 갖게 되었다. 나는 휘슬블로어whistleblower의 근본적 속성을 '사실을 말하는·드러내는' 사람으로 파악한다. 미셸 푸코Michel Foucault, 1926~1984로 인해 영어권에서 1980년대 재논의가 시작된, 파레시아parrhesia 개념과 휘슬블로잉이 그 본질적 속성을 공유한다고 보고 내부고발자를 현대의 파레시아스트로 규정한다. 파레시아는 고대 그리스어로 '용기 있는', '모든 것을 말하는', '솔직한 발언'을 가리키며, 자신이 진실이라고 믿는 바를 솔직하게 말하는 행위다. 이때 모든 발언이 파레시아가 되는 것은 아니며 권한이 적은 이가 권한이 많은 이를 상대로 하는 발언으로서, 불공평한 권한으로 인해 파레시아스트에게 생명 손실을 포함한 위험 등을 불러일으키는 행위를 가리킨다. 두 개념은 시대적 배경과 내용에서 차이가 있지만, 사실을 드러내어 보편의 흐름을 거슬러 자신보다 권한이 많은 이의 부정을 비판한다는 공통점이 있다.

4장에서는 내부고발의 상황, 복잡한 동기에 주목한다. 내부고발의 동기를 양심·정의·용기·이타심 등의 도덕적인 언술로 접근하는 방식을 비판하고자 한다. 제보자들의 이야기는 그보다 훨씬 복잡하고 여러 결의 동기가 작용한다. 물론 소위 말하는 도덕적 동기가 부재하다는 의미가 아니다. 제보자들은 도덕적 신념, 말 그대로의 이타심, 비리 가담의 수치심, 부정에 연루하고 싶지 않은 마음, 고통에 처한 사람들과의 직접적인 교류와 마음쓰임이라는 어쩔 수 없는 상황에서 고민 끝에 제보를 한다. 그러나 그러한 도덕적 동기는 예를 들면 기존의 객관적 노동조건의 열악함과 부당한 처우, 자신만이 그 정보를 아는 특권적 지위, 오랫동안 지속된 내부에서의 투쟁, 자신의 불법에의 연루 등 외적 조건이 종합적으로 작동한 결과이다. 제보의 동기를 도덕적으로 접근하는 이해의 한계와 비현실성을 설명할 것이다.

5장에서는 내부고발자의 제보 이후 조직이 어떤 반응을 보이는지 살펴본다. 많은 내부고발자가 맞게 되는 위협과 직장 내 불이익 외에도 조직이 어떻게 '행정과 법률'을 통해 장기적으로 부정적 대응을 하는가를 살핀다. 또 제보자가 그 과정에서 만나는 조사·수사·소송을 하는 국가기관 담당자들의 관료주의적 업무 방식, 간결하고 기능적인 언어로 쓰인 공문서, 전문가들의 비전문가적 해석·업무 처리가 제보자들이 마주하는 큰 어려움 중 하나라는 것을 설명한다. 흥미롭게도 이 부분은 기존 연구에서 거의 언급되지 않는다. 언급되더라도 한두 줄로 요약되면서 내부고발자의 성격·특성·어려움에만 초점을 맞추어 훨씬 더 많은 사회 구성원의 개입과 관계로 제보 해결이 어렵다는 사실이 너무 쉽게 간과된다. 나는 내부고발 문제를 내부고발자가 아니라, 제보 내용과 내부고발자를 "머뭇거리는 비순응자reluctant dissenters에서 끈질긴 윤리적 저항자persistent ethical resisters" Tran 2011로 만드는 '연결고리들'이 관건임을 보일 것이다.

6장은 내부고발자의 정치화politicization와 정체성 문제를 다룬다. 이 장은 한 인터뷰이의 "그걸 안 했다면 지금 이런 경험과 느낌을 못 가졌겠지요"라는 소회에서 그 단초를 읽을 수 있다. 현재 내부고발자를 둘러싼 긍정적인 담론은 피해자 프레임에서 크게 벗어나 있지 않다. 당연히 일개인이 사회와 조직으로부터 (부당한) 희생을 요구받으니 피해자가 아닌가라는 반문을 할 수 있다. 희생을 바탕으로 한 비극은 그들의 경험이자 서사의 일부다Haglunds 2010; Alford 2001. 그러나 그들의 정체성이 희생자와 등치되는 것은 아니다. 많은 사회정의와 인권 담론에서 빈번하게 빠지는 함정 중 하나가 피해자의 힘들고 어려운 특정 시기와 순간을 그 사람의 전 생애로 확장하거나, 그 상황을 고착 및 과장하여 정체성과 동일시하는 것이다Kim 2009.

많은 경우 제보자는 조직의 부정적 대응, 폭력에 노출되지만 '동시에' 그로 인해 자기 자신을 포함한 인간·조직·사회·세계에 대한 안목과 시선의 변화를 겪는다. 이를 정치화라는 개념으로 집약한다. 제보자들은 어쩔 수 없는 여러 상황에서 고심 끝에 제보를 하고, 그 순간부터 관료주의와 부패를 재확인하며 대응하는 과정에서 자아성찰, 한국사회에 대한 전반적 평가, 그로 인한 (비)가시적인 활동(다른 제보자를 돕고 시민단체 활동을 하거나 공익제보 개선을 위한 활동 등)에 참여한다. 당연히 이 과정은 개인의 성향, 관료주의 시스템과 문서 작업의 능숙함의 차이, 사회적 지지 여부, 제보 이후 직업의 유무 등의 변수에 따라 그 강도와 결이 달라진다.

사람들의 아주 사소한 생각과 일상의 언어가 중요한 것은 그것이 의도하든 의도하지 않든 어떤 담론을 만들어내기 때문이다. 내부고발, 내부고발자에 대한 기존 담론과 사회적 대우는 의인 대 배신자 이분법 틀 속에서, 법적 개선 문제를 중심으로 진행되고 있다. 이런 양상은 많은 사람이 멀리 떨어져서 안타까워하고 심적으로 지지하기는 하지만, 직접 목격자가 되는 경우에는 자신의 이익을 위해 못 들은 척, 기억이 나지 않는 척, 생계를 위해 어쩔 수 없다거나 모두들 그렇게 산다는 합리화를 내재화하는 데 기여한다.

그리고 많은 제보자뿐만 아니라 민원을 넣어 답을 기다리는 사람, 정보공개청구를 하는 사람, 고소를 위해 경찰이나 검찰에 서류를 제출하거나 신문을 받는 사람은 법조항 자체뿐만 아니라 법조항을 해석하는 사람이 얼마나 중요한가를 절감하게 된다. 즉 (한나 아렌트Hannah Arendt, 1906~1975가 악의 평범성의 원인으로 지적한) '생각없음'2006, 크고 작은 물리적 이득을 얻기 위한 언행의 불일치, 비리 행위자의 조력자들의 어쩔 수 없다는 합리화, 불기소라는 결론을 위해 판례를 무의식적으로 인용하고 재생산하는 수사관·검사의 행위 등을 드물지 않게 목격하곤 한다. 현 사회에서 관료주의적 양상은 보편적이지만 내부고발의 경우, 제보자에게만 집중되면서 여러 단계에서 업무를 맡은 담당자의 판단과 그 결과인 문서가 내부고발 전체 과정에 얼마나 큰 영향을 끼치는지 거의 조명되지 않는다.

이 책은 내부고발자의 특별하거나 독특한 성격이 아니라 그들이 제기하는 문제를 들여다보고, 내부고발자를 어떻게 보호할 것인가라는 법률 정비 자체가 아니라 제보가 있을 때 문제제기와 부패를 지속시키는 조직 구성원들의 반응과 합리화를 염두에 둔다. 내부고발자를 희생자로 만드는 메커니즘에 조직이라는 추상적 제도가 아닌 조직의 리더leader와 리더 주변에서 비리를 지속시키는 구성원들의 행태를 생각지 않을 수 없다. 또한 제보에 대한 '조사·수사·소송 및 제보자 보호조치에 관련된 조사·소송'9을 담당하는 공무원들의 업무 방식에 주목한다. 재차 강조하지만 모두 내부고발의 성패成敗에 큰 역할을 하기 때문이다. 끝으로 언어로 설명하지 못

---

9 이 표현은 「공익신고자 보호법」 제2조(정의) 제3항에 나와 있다. "'공익신고등'이란 공익신고와 공익신고에 대한 '조사·수사·소송 및 제보자 보호조치에 관련된 조사·소송 등에서 진술·증언하거나 자료를 제공하는 것을 말한다." https://www.law.go.kr/법령/공익신고자보호법(접속일 : 2020.7.30)

할 제보자의 어려움과 희생이 아니라 제보자가 그 어려움을 어떻게 대처하고 희생을 통해 어떤 인식의 변화를 갖는지 살피고자 한다. 내부고발자를 피해자로 인식하거나 도덕적 순결로 점철한 영웅으로의 인식이 얼마나 피상적인가를 살필 것이다.

덧붙여 사용하는 용어들을 정리하면 먼저 공익제보, 공익신고, 내부고발은 혼용해 쓰였다. 영어로 내부고발자는 '호루라기를 부는 사람'이라는 뜻의 휘슬블로어다. 맥락상 법적 의미가 전제된 경우에는 공익제보, 공익신고, 제보자를, 그리고 단어에 담긴 부정적 편견을 알고 있지만 많은 이에게 익숙한 내부고발도 사용한다.[10] 또 제보 이후 조직이 제보자에게 가하는 어려움을 표현한 단어인 보복retaliation은 조직의 부정적 대응, 폭력과 혼용해서 쓴다. 이에 대한 자세한 이유는 5장에서 기술한다.

궁극적으로 나는 이 책에서 내부고발을 둘러싼 기존 담론, 인터뷰 서사 분석, 그리고 내부고발을 할 수밖에 없는 사람들의 '어쩔 수 없음'을 설명함으로써, 내부고발이 본래 갖는 비판critique의 성격과 사회적 인간으로서의 존엄의 의미를 재고하는 데 기여하고자 한다.

---

10 이에 대한 구체적인 내용과 용어에서 생긴 문제의식을 통한 내부고발의 재규정, 파레시아로의 이해를 3장에서 설명한다.

제2장

내부고발을 둘러싼 일반 서사,
배신자 대 영웅

다큐멘터리 연극 〈검군전(劍君傳), 후(後)〉를 중심으로

1. 2013년 6월 한 인터뷰에서 | 2. 전반적인 연구 경향과 대
중매체의 희생의 서사 | 3. 〈검군전, 후〉에 나오는 일반 서사
| 4. 요약

사회 전체적으로는 내부고발에 대해서 부정적으로 보는 경우가 많죠. 그니까 집단에 편입하지 못하고 불평불만을 가진 특이한 사람, 저 혼자 잘났다고 하는 사람, 튀는 사람, 직장에 적응하지 못하는 사람, 성격이 튀는 사람, 독불장군, 배은망덕까지 들어봤어요, 저는요. 그러한 인식이 내부고발한 사람한테는 내부고발을 못하게 만드는 거죠. 주눅 들게 만들고 사회에 편입하게 만들고 (…중략…) 양심을 저버리게 만들고.

- 현지원(가명), 공익제보자

내가 이것을 몰랐을 때는 솔직히 순응하지 뭘, 이런 생각이었어요. 괜히 지 잘난 척하는 그런 거 아닌가 생각했어요, 몰랐으니까. 하지만 (내부고발) 경험을 하고 보니 대단하다고 생각하고 나도 다른 경우에 대해서는 높게 평가를 합니다. 하지만 사회적으로 아직은 부정적인 인식이 팽배해 있다고 생각해요, 우리 사회는 순응적인 사람을 양성하는 사회인 것 같아요.

- 장기옥(가명), 공익제보자

일반인이 봤을 때 내부고발은 차이가 있죠. 타 기관에서의 내부고발은 박수를 치지만 우리 기관에서의 내부고발은 반갑지 않아. 내 심정이 이해가 가는가? (연구자 당신의) 질문 자체를 평가절하한 것 같아 미안하지만 정말이지 이런 질문을 더 이상 받고 싶지 않아. 이거 해도 달라질 것이 없어요. 그냥 가만히, 중간만 가주는 게 좋을 것 같아.

- 이태민(가명), 공익제보자

1. 2013년 6월 한 인터뷰에서

내부고발에 관한 내 첫 질문은 '왜 그들은 내부고발을 하는가?'였다. 나는 기존에 수행해온 다른 현장조사 연구들 때와 마찬가지로 어떤 구체적인 이론이나 틀을 정해두고 참여관찰과 인터뷰를 시작한 것은 아니었다. 그렇지만 '왜 어떤 사람은 그런 어려운 일을 할까?'라는 질문은 무의식 중에 갖고 있었다. 가장 널리 알려져 있고 누구라도 선뜻 하게 되는 자연스러운 물음이기 때문이었을 것이다. 그런데 인터뷰를 몇 차례 진행하면서 그 대중적인 질문이 외부자의 타자화된 질문이라는 것을 바로 알 수 있었다.

2013년 6월에 만난 한 인터뷰이는 근무 연수가 19년차인 노동조합 소속 철도 노동자였다. 그는 일상 업무를 하던 중 문제를 발견하여 보고하였고, 그것이 공익제보의 성격을 띤다는 것을(띠게 된 것을) 나중에 알게 되었다. 그의 이야기다.

제가 철도 정비 업무를 하다 보니까 (…중략…) 불량 생기는 것에 대한 관심들도 되게 많았고요. 그래서 이것을(사고 원인을) 알아보는 과정에서 그때 당시 제가 지부장이었는데 조합에서 연락이 온 거죠. 이런 사건이 있는데 원인이 어떤 건지 알아봤으면 좋겠다고 해서…… 그래서 제가 일하러 가서 바로 분해를 해서 그것을 확인해 봤던 거죠. 견인변동기가 심하게 손상되어 있어서 그것을 저는 노동조합에 보고를 한 거죠. 이제 그 사고 보고를 하면서 (그것이 공익제보의 성격을 띤 것인지 혹은 띠게 될 것인지) 잘 모르잖아요. 사진과 함께 사고 보고를 한 건데 그거를 조합 측에서 언론에 준 거죠. 그러면서 이게 사건이 생긴 거죠. (···중략···) (그러니까) 제가 직접 이거를 제보할까 말까에 대한 고민이라든가 이런 거 전혀 없이 그냥 (노동조합에) 사진을 줬는데, 어? 제보를 해버렸어요. 원인 제공자가 저이기 때문에 그렇게 된 거였어요.

(보고를) 하고 나서는 모진 탄압을 받았죠. 제일 처음 이제 감사원 출두 요구하고, 징계위 회부, 2차 징계까지 해가지고 어쨌든 해고를 받았죠. (···중략···) 다른 경우에는 (제보자들이) 힘들게 생활하셨을 것 같은데······ 저는 좀 덜했던 것 같고요. 어쨌든 노동조합에서 지부장이라는 직위체계를 가지고 있고······ 그때 당시 또 ○○ 민영화 건이 있다 보니 제 복직권보다는 어쨌든 그것으로 해서 시간을 더 많이 보내다 보니까, 저의 복직에 대해서는 고민해 볼 시간이 별로 없었어요. 7개월 만에 복직을 했거든요. (···중략···) 노동조합에서도 많은 역할을 했죠. (당시에는) 공익제보 시행이 되지 않은 상황이었잖아요. 근데 (노동조합에서) 이건 무조건 공익제보로 가야 된다, 그렇게 계속 이끌어 가고 하면서 (일이 진행됐어요).

사안이 제보로 전환되면서 그는 해고라는 어려움이 있었고 담당 국가기관에 지원을 요청하고 대중매체에 보도되는 등 복잡한 과정을 거쳤지만, 노동조합원이었기 때문에 더욱 어려운 상황에 놓인 제보자들에 비해 무리 없이 일을 진행할 수 있었다.

공익제보자 모임이 또 있잖아요. (···중략···) 제가 너무 미안해져서 가기가 되게 힘들어요. 왜냐면 거기에 계신 분들은 복직이 아직 안 돼가지고 힘들게 생활하시고 계신 분들이잖아요. 근데 저는 케이스가 되게 좋아서 지금 복직하게 됐지만, 그분들을 볼 때마다 되게 미안하죠. 그래서 좀 죄스러울 정도로……

그의 이야기는 결연한 의지와 계획으로 제보를 단행했으리라는 내 무의식적 예상을 첫 번째로, 가장 선명하게 벗어난 경우였다. 인터뷰를 계속 진행하면서, 이러한 과정이 결코 그에게만 일어나는 것이 아닌 많은 제보자가 경험하는 반복적인 패턴이라는 것을 알 수 있었다. 달리 말해 내부고발자로서의 정체성을 가진 이들의 결정은 위 사례처럼 단순히 업무 수행을 했을 뿐인 경우도 있으며, 많은 경우 외부로의 제보 전에 내부에서 해결하려고 노력하고, 제보는 조직의 부정적 대응을 포함한 장기적인 과정이라는 것을 바로 알 수 있었다Bjørkelo et al. 2008; Bjørkelo 2013; Near and Miceli 1985; Soeken 1986; Tran 2011; Uys and Smit 2016; Vandekerckhove and Phillips 2019.

그런데 그 장기적 과정에서 내부고발을 둘러싼 담론은 대체로 고발 이후 조직에서 제보자가 겪는 어려움과 고통에만 초점이 맞춰지면서 내부고발'자'의 희생과 피해자화로 귀결되는 경향이 있다. 이 담론에서 내부고발자는 용기 있는 의인과 껄끄러운 밀고자나 배신자라는 이분법의 틈바구니에 놓인다.

나는 이 장에서 기존 대중매체의 커다란 영향 속에서 내부고발자 당사자에게는 제보 행위가 '무척 상식적이지만' 그것이 외현될 때나 분석될 때 너무나 쉽게 양심·정의·용기·이타심과 같은 도덕적 동기만 부각되고 그들의 피해자화만 강조되면서, 제보자가 한편에서는 고통에 대한 타자화된 관음증적 시선에 놓이고 다른 한편에서는 영웅으로 다뤄지는 경향을 살펴보고자 한다. 개인적으로 마음 속 깊은 곳에 내부고발에 대한 저항·불편함·두려움·아니꼬움이 있더라도, 공익제보의 법제화와 부패방지 및 청렴문화에 대한 사회적 합의가 이뤄짐에 따라 적어도 부정적인 인식을 겉으로 드러내는 경향은 감소되고 있는 듯하다.

그러한 저변의 인식이 반영되어 학계에서는 원칙적으로 내부고발을 민주사회에서 추구해야 할 '현대의 저항 양식'De Maria 2008; Elliston 1982, '비폭력 저항운동', '시민 불복종'Santoro and Kumar 2018; Scheuerman 2014, '약한 자의 무기'Mansbach 2009로 평가해왔다. 그렇지만 막상 내부고발을 적극 찬동하거나 내부고발자를 지지하는 양상이 드문 것도 사실이다. 그러한 모순적이고 복잡한 심정과 상황은 모두 내부고발을 하면 받게 되는 불이익을 막연하게라도 알고 있기 때문일 것이다.

나는 이러한 내부고발을 둘러싼 일반 서사, 즉 내부고발에 대한 대중적인 담론의 전제와 내용을 살펴보려고 한다. 이를 극단 유랑단이 2015년 6월 28에서 7월 2일까지 대학로의 한 소극장에서 공연한 다큐멘터리 연극 〈검군전劍君傳, 後後〉를 통해 살펴보려고 한다. 2016년 연극에 참여한 배우가 이 극을 분석한 석사학위 논문을 발표했다차병호 2016. 그 안에 작가 김진이 쓴 연극 대사가 그대로 나와 있어서 대사 인용 시에 그것을 활용했다.

2. 전반적인 연구 경향과 대중매체의 희생의 서사

현재 이 주제에 대한 기존 연구는 내가 처음 조직과 내부고발 문제에 대한 연구를 시작한 2013년과 비교했을 때 약간의 발전·차이가 있다. 학계와 사회 전반적으로 공익제보에 대한 관심은 급속도로 급증했다. 그 이유는 부정부패에 대한 관심과 공익제보의 증가, 그에 따른 연구자들의 관심도 늘었기 때문이다. 연구 또한 질적·양적 면에서 점진적인 변화를 볼수 있다.

한국 인문사회과학계와 영어권 학계에서의 논의를 살펴보면, 전자의 경우 논의가 늘고 있지만 다양성과 방법 면에서의 변화는 상대적으로 더딘 편이고, 후자의 경우 내용상의 큰 변화를 확인할 수 있다.

한국 학계에서 관심이 집중된 분야는 법적 수위의 논의로서, 제보의 합법적 절차와 제보자를 어떻게 보호할 것인가라는 문제다국민권익위원회 2019; 한국형사정책연구원 2016. 학술논문은 정량적 연구가 많은데 내용상의 경향은 이와 같다. "고발 행위를 추동하는 개인·조직·제도·문화적 요인, 내부고발의 가이드라인, 내부고발자의 실질적인 보호와 안전을 도모하는 제도적 수위에 집중되어왔다. 다른 한편에서 윤리와 노력의 측면에서 내부고발의 원인을 규명하는 경향도 드물게 있다. (…중략…) 후자 윤리와 개인 수위에서 이를 접근하는 연구는 상대적으로 드문 편이고 전자의 연구 경향이 보편적이다"김미덕 2014 : 157. 지속적으로 이 연구를 수행해 온 박흥식의 작업이 눈에 띄고박흥식 1991·1999; 박흥식 외 2014, 공익신고자 보호를 위한 제도적 보완책들에 대한 논의가 급증하였다.

그리고 대중매체(신문이나 보도 프로그램들)에서 공익제보에 대한 논의를 꾸준히 다루어왔다. MBC 〈시사매거진 2580〉 "고발은 짧고 고통은 길다?"2017.2.6, JTBC 〈탐사플러스〉 "침묵하지 않았단 이유로… 공익 제보자, 그 이후의 삶"2015.12.29, EBS 〈다큐시선〉 "용기 있는 고백, 내부고발"2017. 11.10, YTN 뉴스 〈국민신문고〉 "침묵하는 대한민국… 내부 고발, 그 후"2016. 12.16, 뉴스타파 〈목격자들〉 "'배신자'라는 주홍글씨-공익제보자 이야기"2017.11.8 등이 있다. 모두 2010년대 중반 이후의 프로그램인데, 이 프로그램들은 당사자의 심정을 직접 표명하는 인터뷰가 대거 등장한다는 점에서 과거의 프로그램과 다르다.

보도 프로그램들의 핵심적인 특징은 누가 어떤 사안을 제보했는가라는 사실을 배경으로, 내부고발을 한 후 당사자가 얼마나 어려움을 겪는가로 집약된다. 대중매체임을 감안하더라도 매체가 활용한 프레임이 어떤 효과를 낳는가를 생각하지 않을 수 없는데, '용기 있는 고백', '악몽이 된 공익제보' 등의 표현에서 사안을 바라보는 전제를 바로 알 수 있다. 일단 그들의 제보는 용기로 인한 것이며 대가는 혹독하다는 것이다. 사건 설명을 당사자로부터 듣는 생생함과 더불어, 그 초점이 내부고발의 어려움에 맞춰져 내부고발자의 피해자화가 동시에 극대화된다.

한편 영어권에서는 2010년대 이래 양적·질적 변화가 두드러진다. 역사적으로 영어권에서도 제보자 일개인의 특징과 동기, 조직 윤리와 제보 행위와의 관계, 조직의 보복 행태, 법 제도에 초점을 두었고 이러한 관심은 현재도 지속되고 있지만, 내가 보기에 중요한 질적 전환을 이루고 있다. 오랜 논의를 기반으로 내부고발을 어떻게 이론화할 것인가, 과연 주류 담론과 인터뷰나 관찰, 혹은 당사자가 겪은 경험을 통한 현실은 어떤 차이가 있는가, 제보자들은 자신의 경험을 어떻게 해석하는가 등에 주목하기 시작했다는 것이다Alford 2001; Santoro and Kumar 2018; Rothschild 2013; Uys 2000. 이런 경향은 과거 내부고발의 내·외부로의 제보 경로, 공익과 사익으로 구분되는 동기에서의 이분법, 도덕적 동기에 집중된 패턴화된 연구 방법과 내용을 넘어섰음을 보여준다Andrade 2015; Brown et al. 2014; Lewis and Vandekerckhove 2013; Santoro and Kumar 2018.

주요 자료로 활용한 「검군전」에 대한 연구도 언급할 필요가 있는데, 연출이자 배우로서 참여한 차병호가 석사학위논문에서 다큐멘터리 연극이라는 장르로서의 분석, 내용 분석, 공연 과정 설명을 하였다차병호 2016. 그리고 『삼국사기』「검군전」을 문학에서 분석한 연구들도 있다김수경 1999; 엄기영 2012.

법 제도 개선에 대한 현격한 노력과 공익제보의 긍정적 효과의 가시성에도 불구하고 내부고발에 대한 담론은 찬반贊反의 이분법에서 크게 벗어나지 못한 채, 정작 어떤 질문들이 빠져있기에 그런 이분법적 담론에서 쳇바퀴를 도는지 숙고되지 않는다. 나는 그 빠진 부분들을 채워가는 과정에서 배신자 대 의인이라는 지배적인 이분법을 전제로 한 비극적 영웅 담론을 연극 〈검군전, 후〉를 통해 살펴보고자 한다.

3. 〈검군전, 후〉에 나오는 일반 서사

각 매체는 그 매체만의 개성이 있다. '표현' 방식이 다르기 때문에 언어 자료인지 아니면 영상 자료인지에 따라 유의해야 할 사항이 달라지고, 같은 영상 자료라 할지라도 사실주의 다큐멘터리인지 아니면 상업 영화인지에 따른 매체 자체의 특징을 고려하지 않을 수 없다김미덕 2014. 나는 그러한 차이에도 불구하고 연극 〈검군전, 후〉를 통해서 내부고발에 대한 일반 서사를 살피는데, 장르 매체의 고유한 특성에 주목하기보다 이를 '한 편의 논문'과 같은 수위로 보았다. 즉 연극이라는 매체 특징에 초점을 맞추기보다 내용에 초점을 두는데, 의도와 내용은 내부고발에 긍정적인 평가를 전제로 희생의 역사를 재조명하고자 하는 것으로서, 나는 이 연극의 많은 장점을 바탕으로 무의식중에 재생산되는 몇 가지 문제점을 살피고자 한다.[1]

연극의 줄거리

먼저 〈검군전, 후〉의 내용을 구체적으로 살펴보자. 검군이라는 낯선 말은 신라 시대의 화랑의 이름으로, 검군전은 그에 대한 이야기라는 말이다. 후는 현대를 상징한다.

이 연극은 김부식의 『삼국사기』 열전에 나오는 「검군전」을 모티브로, 주인공인 기자가 대기업 전자서비스센터(하청기업)에서 일하는 비정규직원의 자살을 추적하는 이야기를 중심으로 전개된다. 그리고 비정규직원의 직장 내에서의 괴롭힘은 실제 신문기사에서 차용했다고 한다차병호 2016:53. 연극에서 비정규직원이 필사해서 남긴 검군의 이야기는 이러하다.

---

1 조금 더 구체적으로 이 연극을 주요 자료로 택한 이유는 다음과 같다.

첫째, 〈검군전, 후〉는 연극 제작의 배경과 문제의식이 내부고발의 '정당성을 분명하게' 시사하고 있다. 예술인의 관점에서는 연극 제작 과정, 연극의 효과성, 배우들의 연기 등 다른 초점이 눈에 띌 수 있지만 보통의 관객이 보기에 그 연극은 내부고발의 중요성을 상기하고자 하는 목적이 분명하다.

둘째, 내부고발의 정당성을 전제로 여러 면에서 내부고발을 둘러싼 대중적인 이해를 담고 있다. 대중적이라는 말은 사회 전반적으로 보면 소수일지라도 내부고발을 긍정적으로 이해하는 입장에서는 보편적이라는 뜻이다. 앞에서 언급했듯이 내부고발에 대한 부정적 인식이 분명 존재하지만 가시적으로 부정적 의식을 드러내는 것은 저어되고, 최소한 그것의 사회적 의의(부패와 비리의 교정)가 인정되고 있는 분위기를 담고 있다.

셋째, 다른 대중매체에서의 보도와 연구 자료에 비해 여러 주체의 다각적인 입장이 잘 표현되었다고 판단하기 때문이다. 연출가의 말에서 이를 분명히 알 수 있는데, 이 연극의 모티브는 희생, 조직과 내부고발의 관계로서 여러 주변인물을 등장시켜 내부고발을 둘러싼 다양한 이해를 보여준다. 이를 통해 내부고발자들이 치른 희생을 기억하고 더 나아가 역사에서 내부고발이 한 번도 이긴 적이 없지만, '악화를 막는 이'라는 정당성을 강조한다. 제작진은 자신들의 시각으로 이 점을 전달하겠다는 메시지를 분명히 한다. 본문에서 후술하는데, 무엇보다도 신문사와 전자서비스센터를 통해 조직이 개인을 강압하는 전략을 가시화하고, 내부고발에 대한 여러 입장 차이도 자세하게 보여주었다. 이는 기존 언론이나 연구논문에서 '구체적으로' 묘사되지 않고 한두 줄로 요약되는 부분이다.

넷째, 이 연극은 내부고발을 긍정하는 동시에 비극적 영웅으로서의 내부고발자에 대한 안타까운 심정을 담고 있다. 이는 내부고발을 부정적으로 보는 시각과 동일한 전제인 행위와 정체성을 동일시하고, 결국 이를 통한 희생의 낭만주의와 같은 역효과나, 제보의 사회적 보상을 경제적 측면에서의 보상을 극대화하는 것만으로 제한하게 하는 결과를 낳는다. 나는 이런 담론의 전제와 사회적 파장에 주목한다.

검군劍君은 대사大舍 구문九文의 아들로 사량궁沙梁宮의 사인舍人이 되었다. 건복建福 44년 정해진평왕49년, 627 가을 8월에 서리가 내려 여러 농작물이 말라 죽었으므로 다음해 봄부터 여름까지 큰 기근이 들어 백성들이 자식을 팔아 끼니를 때웠다. 이때 궁중의 사인들이 같이 모의하여 창예창唱翳倉의 곡식을 훔쳐 나누었는데, 검군만 홀로 받지 않았다. 사인들이 말하기를 "뭇 사람이 모두 받았는데 그대만 홀로 물리치니 어떤 이유에서인가? 만약 양이 적다고 여긴다면 청컨대 더 주겠다!" 하였다. 검군이 웃으며 말하기를 "나는 근랑近郎의 낭도郎徒에 이름을 붙여 두고 화랑의 뜰[風月之庭]에서 수행하였다. 진실로 의로운 것이 아니면 비록 천금의 이익이라도 마음을 움직일 수 없다"라고 하였다. 그때 대일大日 이찬伊飡의 아들이 화랑이 되어 근랑이라고 불렀으므로 그렇게 말하였다.

연극 〈검군전, 후〉의 포스터

검군이 나와 근랑의 문 앞에 이르렀다. 사인들이 몰래 의논하기를 "이 사람을 죽이지 않으면 반드시 말이 새어나갈 것이라" 하여 드디어 (그를) 불렀다. 검군이 자기를 모살할 계획을 알았으므로 근랑과 작별하여 말하기를 "오늘 이후에는 서로 다시 만날 수 없다" 하였다. 근랑이 그 이유를 물었으나 검군은 말하지 않았다. 두세 번 거듭 물으니 이에 그 이유를 대략 말하였다.

근랑이 "왜 담당 관청에 알리지 않는가?"라고 말하니 검군이 말하기를 "자기의 죽음을 두려워하여 뭇 사람으로 하여금 죄에 빠지게 하는 것은 인정상 차마

할 수 없다"라고 하였다. "그렇다면 어찌 도망가지 않는가?" 하니 "저들이 굽고 나는 곧은데 도리어 스스로 도망가는 것은 대장부가 할 일이 아니다" 하고, 드디어 모임 장소에 갔다. 여러 사인이 술을 차려놓고 사죄하였다. 몰래 약을 음식에 섞었는데 검군이 이를 알고도 꿋꿋하게 먹고 죽었다. 군자가 말하기를 "검군이 죽어야 할 바가 아닌데 죽었으니 태산泰山을 기러기털[鴻毛]보다 가벼이 본 사람이라고 할 수 있다" 하였다(정구복 외 2012 : 810~811).[2]

관객은 무대 뒤편에 설치된 영상 프로젝트에서 각 주제가 차례대로 보임으로써 그 내용을 파악할 수 있다.

극의 전개 순서는 "그들은 고발한다", "그들은 왜 고발하는가", "그들은 왜 질 수밖에 없는가", "그들은 왜 극단적인 선택에 이르는가", "그들은 누구였을까"이다. 내부고발자를 명예와 부를 좇지 않는 '공정한 인격'으로 이해하고, 내부고발자의 희생을 기억하고 권력에 대한 냉철한 투시라는 메시지를 남긴다.

전체 극을 이끄는 큰 틀의 주인공은 한 보수언론의 기자다. 그는 대기업 전자서비스센터 비정규직원들에게 가해지는 얼차려 동영상을 익명으로 제보 받아 특종을 낸 후 세간의 주목을 받았다. 그런데 얼마 지나지 않

---

2 문학과 고전연구에서 「검군전」을 다룰 때에도 그의 죽음에 대한 해석은 분분하다. 기록 맨 마지막에 나온 검군의 죽음에 대한 군자의 평에서, 군자가 당시 유학자들인가 아니면 김부식인가 논쟁이 되면서 그의 죽음을 과연 가치 있다고 평가하는 것인지 논쟁이 있다. 차병호는 기존의 몇 연구자(김수경 1999; 엄기영 2012)의 입장과 마찬가지로, 검군의 이야기가 『삼국사기』에 기록될 수 있었던 이유는 검군의 이러한 행동을 당시의 신라인들은 매우 훌륭하게 생각했고 검군의 죽음을 누구보다 마음 아파했기 때문이다. (…중략…) 시대를 불문하더라도 자신의 옳은 신념을 지키기 위해 목숨을 바치는 행동 앞에선 어느 누구도 이를 쉽게 평해선 안 된다. 검군은 자신의 목숨을 바쳐서 동료들에게 또한 그가 살았던 시대에 경고한 것이다"라고 해석한다(차병호 2016 : 28).

아 그곳의 한 비정규직원의 자살을 마주하게 된다. 기자는 자살의 진실을 파헤치는 과정에서 그가 남긴 유서에 적힌 검군전의 필사를 접한다.

회사와 여론은 자살한 비정규직원이, 자신이 저지른 비리가 밝혀지자 회사를 공격하기 위해 얼차려 영상을 외부에 제보했다고 주장한다. "신화 전자의 보도 자료에 따르면 이 비정규직원은 평소 불법 커미션(고장 내용을 부풀리거나 수수료가 높은 부품의 교체를 유도하는 식으로 소비자에게 과다청구를 해 비용을 받는 것)을 챙길 만큼 부정한 인물이었고 그 사실이 탄로 나자 작업 반장이라는 직위를 이용, 얼차려 동영상을 강제로 촬영해 회사를 협박한 것이다"김진·차병호 2016 : 86. 사실 제보영상은 얼차려가 있던 날 정규직원이 비정규직 직원들을 교육시키던 중 고객이 맡긴 노트북에 실수로 녹화된 것이고, 그 고객이 제보를 한 것이었다. 그런데 회사는 전무터 노동조건 처우를 문제제기했던 그 비정규직원에게로 책임을 돌린 것이다. 기자가 사건의 진상을 다 밝혀 취재를 마감할 무렵, 신문사에서는 취재 내용에 대한 함구령을 내리고 이에 기자와 실랑이가 일어난다. 결국 그는 징계위원회에 회부된다.

이 전개에서 신문사의 편집국장, 사회부장, 서비스센터 비정규직 동료들, 정규직원, 사측 변호사, 자살한 비정규직원의 부인과 인권 변호사 등 다양한 인물이 등장하고, 그들을 통해 내부고발에 대한 여러 인식이 드러난다.

더욱 구체적인 내용은 이렇다. 그 비정규직원은 초과근무 수당을 회사에 확인하고, 대기업 임원 중 퇴직한 사람들을 서비스센터 사장으로 앉혀 하청업체의 독립권을 없애는 불법 하도급 문제를 항의해왔다. 이에 회사는 가짜 고객을 통해 직원들이 과다 청구를 하는지 점검하고 그가 속한

팀이 최하위 근무 평점을 받게 하는 등 그에게 여러 압력을 가했다. 회사는 이러한 상황이 제보자 때문이라고 주변 동료들로 하여금 원성을 듣게 만듦으로써, 그의 주장이 정규직·비정규직 모두로부터 냉대와 무관심을 받도록 했다. 두 명의 비정규직 동료가 등장하는데 그들은 조직의 이익과 자신의 이익을 일치시키는 사람들이다. "그냥 본능에 충실할랍니다", "조직이란 게 와꾸가 딱 잡혀야 제대로 굴러가는 거 아니겠습니까", "그런데 시대가 변해도 사내 새끼라면 의리가 있어야죠" 등의 표현이 나온다. 그 와중에 얼차려 영상이 외부에 유출된 것이다.

신문사의 편집국장은 신문사 조직의 입장을 대변하는데, 이 문제를 계속 취재해 사실을 후속보도하려는 주인공을 비판하고 징계하려는 인물이다. "세상을 부조리하다고 해석하기보다 있는 그대로 받아들일 때 철이 드는 거지, 우선은 지켜봐도 괜찮겠어. 이제 곧 세상을 보는 관점이 바뀔 거야, 상대가 만만찮아."김진·차병호 2016 : 92~93. 이는 숲을 봐야 하는 위치에 있는 그에게 불쑥 삐져나온 골칫거리 나무와 같은 기자에게 주는 훈수 격의 말로서, 내부고발을 비판하는 전형적인 인식이다. 결국 하청기업의 비정규직원과 마찬가지로 기자 자신도 내부고발자 상황을 맞게 된다.

한편 사측 변호사가 조직과 내부고발자의 관계를 잘 설명한다. 그는 어떻게 '조직'이 내부고발에 대응하는지를 설명한다. 자살한 직원이 사적인 원한으로 회사 내부의 동영상을 유출했다는 '누명'이 대표적이다. 서비스센터에서 정직원의 실수로 고객에게 유포된 우연과 실수의 결과를, 그리고 사달을 낸 당사자는 이미 해고가 되었음에도 그 비정규직원에게 책임을 물음으로써 여러 문제를 한꺼번에 해결하고자 한 것이다. 더 나아가 잠재적 내부고발자에게 엄격한 잣대를 적용하기 시작했다. 즉 근무평가를 원칙적으로 적용하고, 앞에서 언급한 것처럼 가짜 고객을 많이 투입해 과잉청구와 커미션 문제를 조사하는 등 이전까지는 관용되거나 알고 있어도 점검되지 않았던 부분들이 원칙과 무관용으로 적용되기 시작한 것이다. 이는 자연스럽게 소속 팀에 영향을 끼치고 동료들로 하여금 그 직원 때문에 피해를 본다고 체감하게 한 후, 그가 소외를 느끼게 만들었다. "우리는 그 잘난 신념 때문에 과다청구를 이전처럼 할 수가 없어 돈이 쪼들리기 시작했습니다. 그런데도 우리가 도덕성을 확보해야 회사에 제대로 된 목소리를 낼 수 있다고 열변을 토하더군요. 혼자서 정의로운 척 우리를 가르치려 드는 꼴이란. 거기다 회사는 이 친구를 말려 죽이려고 우리 팀에 집중적으로 가짜 고객을 투입해 일일이 꼬투리를 잡고 늘어졌어요. 당연히 팀은 세 달 내내 최하위의 근무 성적을 받았습니다. 젠장할, 다 같이 숙게 생긴 겁니다"김진·차병호 2016 : 95.

마지막 "그들은 누구였을까" 장에서는 내부고발자에 대한 여러 이해가 분명하게 나온다. 부인이 등장해서 자신의 남편은 참 평범한 사람이라고 말하며, 왜 이런 힘든 일을 하느냐고 물었을 때 내 아이들이 조금 더 좋은 사회에서 살길 바란다는 답을 했다고 한다. 인권 변호사는 "솔직하게 말하면 저는 내부고발자가 저를 찾아오면 겁이 납니다. 한 번도 이기지 못한 싸움에 대해 실상을 얘기하는 게 옳을까요. (…중략…) 저는 하나의 내부고발자를 패잔병처럼 보내고 나면 곧바로 신병을 훈련시켜야 합니다. (…중략…) 하지만 요즘엔 그들에게 이런 조언을 해야 하지 않을까 생각합니다. 총알보다 빠른 인간은 없다. 살고 싶다면 조용해질 때까지 바짝 엎드려"김진·차병호 2016 : 96라고 말한다.

동영상 유포로 해고된 정규직원의 입장은 이렇다. "저라고 조직의 불합리를 왜 모르겠습니까? 하지만 모든 걸 따지고 들다 보면 낙오하게 됩니다. (…중략…) 회사에서 잘린 전 수많은 낙오자 중에 하나일 뿐이에요. 예전에 비정규직원들에게 저지른 얼차려를 후회하고 있냐고요? 전 그 일을 하면서 늘 죄책감에 시달렸습니다. 하지만 후회한 적은 없습니다. 후회를 하려면 내가 의지대로 할 수 있는 일이어야 하잖아요. 전 얼차려를 줄 수밖에 없다고 늘 합리화하면서 살았습니다. 내가 그 일을 하지 않아서 회사에서 잘리면 전 다른 조직에 들어가 얼차려를 받는 신세가 되었을 게 분명하니까요. 회사를 원망하느냐구요? 물론입니다. 하지만 제 얘기를 누가 들어주기나 할까요. 제가 한 번도 남의 얘기에 귀 기울인 적이 없는데"김진·차병호 2016 : 99.

그리고 후반부에 사측 변호사와 기자의 이야기를 통해 내부고발에 대한 연극의 입장을 궁극적으로 표현한다. 사측 변호사는 내부고발의 무용과 허황됨을 이렇게 말한다. "안타깝게도 (…중략…) 정의감, 내부고발 이런 건 패션 같은 거예요. 순간적으로 좋아 보일 순 있지만 평생 입고 다닐 순 없어요, 금방 싫증나니까. 사람들도 당신이 뭘 입었는지 기억조차 못해요. 내부고발의 역사엔 안타깝게도 승자와 패자가 명확합니다. 한 번 승자는 영원한 승자죠. 확률로 얘기하자면 그 친구가 한 짓은 도박 같은 거죠. 한 번도 터지지 않을 슬롯머신에 앉아 잭팟을 기대한다면 다들 그 사람을 보고 미쳤다고 말할 겁니다. 반대로 그의 패배는 누구나 예상할 수 있습니다. 한 번도 내부고발자가 이긴 예는 없으니까요. 한 번의 예외도 없는 일, 우리는 그걸 진리라고 부르죠. 그런데 이런 얘기 지겹지 않으세요?"김진·차병호 2016 : 101.

끝 장면에서 기자는 징계위원회에 회부된 상태에서 사측 변호사의 주장에 반론하듯, 자신의 변을 이렇게 토한다. "정의가 촌스럽게 여겨지는 이 시대야말로 조직은 욕망을 무한대로 실현시킬 가장 좋은 기회입니다. (…중략…) 거대 권력을 견제하는 그 존재의 힘은 역설적이게도 너무 미미해서 쉽게 잊혀집니다. 하지만 촌스런 옷을 걸친, 내부고발자들의 의미 없어 보이는 그 희생이 조직의 욕망을 수도 없이 멈춰 세웠습니다. (…중략…) 힘이 아닌 (…중략…) 희생에 대한 기억, 권력을 직면하는 냉철한 시선, 그것과 맞설 수 있는 용기를 가져야 합니다. 그리고 무엇보다 정의라는 촌스러운 옷을 더 이상 부끄러워하지 않길"김진·차병호 2016 : 104.

여기서 내부고발자는 조직의 욕망을 제한하는 파수꾼 역할을 한다(팸플릿, 「작가의 말」 중에서). 그리고 기자는 어떤 책에서 봤던 메모를 읊으면서 내부고발자를 '공정한 인격'으로 이해한다김진·차병호 2016. 101. "하지만 시금의 세상은 정반대다. 세상은 명성을 칭송하고 부를 칭송한다. 그러나 공정한 인격을 만나고도 인격 그 자체를 존경하는 법을 알지 못한다. 인간의 근본인 인격에 비판의 기준을 두지 않고 그 껍데기인 부속물로 모든 것을 판단하려 한다. 이 부속물과 공정한 인격이 싸울 때면 세상은 반드시 이 부속물의 편을 들어 인격을 유린하려 한다. 이제 천하는 한층 더 광명을 잃는다. 공정한 인격은 백 명의 부자, 백 명의 정치가로도 보상할 수 없을 정도로 존귀한 것이다. 우리는 이 인격을 유지하기 위해서 태어난 것 외에는 세상에서 그 어떤 의미도 찾아낼 수 없다"김진·차병호 2016 : 101.

'공정한 인격'이라는 호명에 관하여

연극에서 보인 내부고발 상황과 전개는 실제 제보자들의 상황과 크게 다르지 않다. 제보자 입장에서 당연하고 상식적인 일이 제대로 작동되지 않아 조직에 문제를 제기한다. 그들에게는 너무 당연하고 합리적인 과정으로서, 문제를 교정하는 것이 굳이 도덕적 함의를 가늠해보거나 법적으로 판가름을 할 필요가 없는 마땅한 일이다. 그러나 대부분의 해당 조직과 관련자들은 그러한 문제제기를 수용해 교정하기보다 제보자에게 여러 수위의 압박을 가하고, 해고를 포함한 법적 조치 등을 통해 내부고발자를 어려움에 처하게 만든다. 이 연극에서처럼 생명의 손실도 포함한다. 이 연극은, 주요 자료로 활용될 만큼 다른 어떤 논문보다도 내부고발에 대한 여러 쟁점을 잘 보이고 있다. 특히 조직의 대응을 구체적으로 드러내고 내부고발자의 평범성을 표현했다는 점에서 기존 어느 매체보다 내부고발 문제의 속성을 잘 드러낸 장점이 있다.

그럼에도 이 연극 또한 내부고발에 대한 가장 대중적인 전제이자 접근 방법인 도덕적 개념과 전제를 담고 있어서, 그러한 언술이 낳는 문제점을 점검할 필요가 있다. 내부고발자를 '본질적으로' 도덕적인 인물로 판단하거나 조금 더 나아가 제보 동기를 도덕과 윤리로 집약하는 방식의 문제다. 예컨대 기존 연구Culp 2015; Hersh 2002의 제목에서 보이는 '영웅인가 배신자인가' 등의 명명이 여기에 해당하는데, 대중매체에서 사람들의 이목을 끌기 위해 그러한 용어들이 캐치프레이즈catch phrase로 자주 사용된다. 연극에서는 정의正意에 대한 여러 사람의 상반된 의견이 번갈아 제시되면서, 내부고발자가 '공정한 인격'으로 표현된 데서 알 수 있다. 대중적으로 언급되는 '양심의 호루라기를 부는 사람들', '불의에 맞서 용기를 낸 사람들', '의인' 등의 언술도 같은 맥락이다.

이러한 표현들은 막대한 어려움을 감수한 그들에 대한 긍정적인 평가이기 때문에 별다른 문제의식 없이 회자되며, 그들을 격려하고자 하는 의도가 분명하다. 그러나 이러한 언술과 전제는 몇 가지 문제점이 있다.

첫째, 담론의 '개인화personalization' 과정의 문제다. 나는 이 표현을 (실화 배경의) 영화들이 내부고발과 내부고발자를 어떻게 재현하는가를 살피는 논문에서 쓴 적이 있다김미덕2014. 그 경향이 비단 문화적 양식에서만 나타난 것은 아닌데, 개인화 과정이란 내부고발의 내용보다 내부고발자에게 초점이 맞춰지는 경향으로서 이로 인해 한편에서는 배신자, 다른 한편에서는 영웅과 의인이라는 이분법이 재생산된다.

개인화 과정은 내부고발'자'에 대한 초점을 통해 내부고발의 내용과 '공적/사회적 윤리가 사장되는' 전형적인 프레임이기 때문에 신중한 이해가 필요하다. 즉 재현뿐만 아니라 내부고발 문제는 실제보 '내부고발자 내 소직의 내용'으로 압축적으로 전개된다. 이 과정에서 내부고발자는 개인적 동기, 증거 자료, 타인 및 타 조직과의 연대를 활용하고 조직은 여러 수위의 장/단기의 대응(대개 보복 행위)을 한다. 이 양자의 대립이 모든 분석 작품에서 부각되었다. 언급했듯이 이것이 매우 자연스러운 과정인 것 같지만, 이 과정에서 비판받은 조직이 문제를 해결하는 방식 중의 중요한 전략 또한 개인화 과정이라는 점은 의미심장하다. 즉 "내부고발에 처한 조직의 가장 중요한 전략은 내부고발의 행위를 정책과 원칙의 문제로부터 사적인 불복종과 심리적 불안으로 바꾸는 것이다"Alford 2001 : 32. 이 결과가 "내부고발자는 조직 권력을 도전하는 사람이라기보다 병들고, 도덕적으로 문제가 있고, 범죄가 있고, 불안정하며 반드시 정상인과 떨어져 있어야 하는 사람들"Alford 2001 : 104이라는 인식이며, 문제를 제기 받은 조직은 이를 적극적으로 활용한다김미덕 2014 : 170.

이 연극에서 조직은 내부에서 계속 문제제기를 한 사람을 자신의 비리를 감추기 위해 외부로 자료를 유출시킨 부정한 인물로 둔갑시켰다. 그리고 제보자를 지지하는 이들(가족, 인권 변호사, 기자)은 '정의' 개념을 바탕으로 제보자를 공정한 인격자로 표현했다. 동시에 평범한 사람으로도 표현하였다. 나 또한 인터뷰 과정에서 내부고발자 스스로가 자신은 평범한 사람이라고 하는 말을 적지 않게 들었다. 이 말에는 다중적 의미가 있다. 하나는 외부에서 양심·정의·용기·이타심 등의 언어로 자신을 평가하는 것에 부담을 느끼는 데서 나온 것이고, 또 다른 하나는 자신이 한 일은 매우 당연한 것이어서 그 행위가 내부고발이라고 생각하지 못했는데 이후 조직의 대응을 통해 알게 되었다는 뜻도 포함한다. 회사로부터의 부정한 인물이라는 평가와 지지자들로부터의 긍정적 평가인 공정한 인격자라는 호명은 정반대의 인식임에도, 사안을 일개인에게 초점을 두어 영웅화나 병리화가 공고해지는 전형적인 개인화 과정의 일부다.

둘째, 그러한 개인화 현상은 결국 어떤 제반 상황 속에서 제보가 일어났는가, 조직이나 비리 의혹을 받는 사람들이 실제 무슨 일을 하였고, 제보 이후에 어떤 주체들이 개입하는가, 어떤 상황이 조직의 부정적 대응에도 불구하고 제보자로 하여금 사안을 밀고 가게 하는가 등의 여러 중요한 사안을 간과하게 만든다. 4장과 5장에서 자세하게 기술할 텐데, 그들의 제보 동기는 한순간의 선택이나 결정이라기보다 여러 조건이 맞물린 복합적 상황의 결과며, 그 양상은 제부 이후 여러 사람이 개입되고 조직의 부정적 대응과 그에 대한 대처를 포함하는 장기적인 과정이다. 여기서는 그 장기적 과정의 일반적 패턴을 정리한 도널드 소큰Donald Soeken[3]의 논의를 통해 조금 더 살펴보도록 한다. 내부고발은 당연히 개별 상황과 조건에 따라 상이한 과정을 겪지만 개략적인 일련의 공통 과정은 대부분의 사례에서 발견할 수 있다. 그는 일곱 단계로 내부고발을 설명한다.[4]

첫 단계는 발견discovery이다. 비리 의혹 발견으로서 제보자는 이 단계에서 화·충격·배신의 감정을 일반적으로 갖는다. 제보자가 무의식중에 그 비리를 돕고 있을 때 더욱 그렇다. 두 번째는 숙고reflection의 단계로서 침묵과 제보의 결과를 가늠하는 과정이다. 그의 직접적 표현으로 "비록 익명일지라도 다른 사람과 대결하는 것이 너무 두려워 밤잠을 잘 수 없다. 어려움이 예측되거나 방향을 아직 잡지 못한 사람들에게는 공포가 고조된다. 많은 사람이 혼자 겪으며 발견한 비리 의혹에 골몰한다. 어떤 사람들은 재빠르게 (나중에 문제를 일으키는 성급하고 비효과적인) 행동을 취함으로써 그 긴장을 깨려고 한다"Soeken 1986 : 46. 세 번째는 결정이 끝나고 제보자가 의혹을 드러내는 데서의 긴장을 경험하는 대결confrontation 국면이다. 공개적으로 제보를 했다면 보복을 두려워하고 비공개로 했다면 발각될까 걱정한다. 다음은 보복이 실제로 일어나는 네 번째 단계다. 생명 위협에서부터 경제적 보복에 처하고, 대부분의 보복은 제보를 취소케 하거나 불신하게 만들려고 제보자를 위협하는 것이다. 보복에 잘 대응하는 사람은 드물다. 특히 일이 진행되면서 친구나 동료들이 비협조적이면 상황은 더 악화되고 많은 제보자가 추방자outcast 느낌을 경험한다. 다섯 번째 긴 여정the long

---

3 공중보건클리닉센터에서 정신과 상담사로 일한 도널드 소큰은 많은 연방기관에서 '업무 적격(fitness for duty)' 정신과 검사를 통해 내부고발자들이나 문제적 인사들을 제거하는 것을 알게 되었다. 그는 제보자 변호 단체인 GAP(Government Accountability Project)과 연계해 국회에서 그 사실을 증언한다. 1978년의 일인데, 이후 그는 많은 내부고발자의 상담치료를 하고 그들을 위한 시민단체 Whistleblower Support Fund를 설립했다.

4 아래 기술은 인용이 긴 경우를 빼고 일일이 페이지를 적지 않지만 소큰의 자료를 그대로 옮기거나 재구성한 것이다. 재구성이란 내용의 가독성을 위해 부연이나 생략한 것을 뜻한다 (Soeken 1986 : 44~46).

haul 단계는, 세 번째 고발 단계와 일곱 번째 해결resolution 단계 중간에 있는 몇 달, 몇 년의 기간이다. 이 기간 동안 제보자의 스트레스가 악화될 가능성이 높다. 예컨대 "제보자가 증거의 부담을 지기 때문에 법적 업무 비용이 급격히 증가한다. 해고에 처했다면 채무를 지게 되고 가정, 가족 모든 것을 잃게 된다. 때때로 제보자에게 청문회, 증언, 여러 법적 활동이 몰아친다. 사안이 정체되면 이 모든 위험이 수포로 돌아갈까 두려움을 느낀다."Soken 1986 : 46. 전문적 도움이나 큰 행운이 없다면 많은 제보자가 다음 단계로 나아가지 못한다. 여섯 번째 종료closure는 승소든 패소든 법적 과정이 끝나거나 제보자가 사안을 더 이상 추진하지 않는 단계다. 결과가 불만족스러우면 고통과 안도를 동시에 느낀다. 소큰은 이 단계에서 많은 제보자에게 애도의 시간이 필요하다고 말한다. 마지막 일곱 번째 해결resolution 단계가 앞 단계인 종료로 끝나는 경우가 있다. 그러나 제보자가 무슨 일이 일어났는지 충분히 이해하고 사안을 총체적으로 납득하여, 그간 받았던 어려움에 치유를 받았다는 느낌을 받는 데까지 수십 년이 걸릴 수도 있다. 부연하자면 맨 끝 과정인 이 단계는 제보자가 겪은 어려움이나 상처가 회복되어 스스로 '안전하다', '다시 본래의 나 같다'는 느낌을 가질 때 비로소 이뤄지는 것이다. 이 단계에 이르는 데 경제 활동을 통한 사회적 네트워크 등의 회복·안정이 필수적인 경우가 많다.

따라서 극단적인 선택이나 양심·정의·용기·이타심 등의 언술을 통한 공익제보에 대한 접근은 그 용어의 의도는 이해하지만, 전체 과정에 대한 사실적인 통찰을 가릴 뿐만 아니라 그것이 제보자에게 전가하는 역설적 부담감 면에서 절제되어야 하는 표현들이다. 한편 이러한 용어들은 분석 매체가 연극이기 때문에 극적으로 표현되는 것이 아닐까라는 의문을 가질 수 있는데, 실제로 내부고발을 긍정적으로 평가하는 이들, 내 인터뷰 사례에서는 주로 활동가들에게서도 평범하게 들을 수 있는 단어들이었다. 이 현상은 제보자에 대한 대중적인 담론이 그러한 용어로 회자되고 대안적인 묘사가 부재하다는 의미일 것이다.

셋째, 공정한 인격의 또 다른 전제로서 '희생의 역사'로 내부고발을 바라보는 인식 또한 재고의 여지가 있다. 희생의 역사는 '내부고발의 역사에서 한 번도 승리가 없었다'라는 회사의 변호인을 통해서도, 패배의 역사를 계속 목격하는 인권 변호사를 통해서도 피력된다. 그리고 자연화된 희생의 역사는 차병호가 분명히 하고 있다. "〈검군전, 후〉는 내부고발자의 희생이 우리 삶에 끼치는 영향을 극화된 양식으로 무대를 통해 재현함과 동시에 실제 내부 고발 사례를 다큐 형식으로 삽입함으로써 그 희생의 의미를 관객과 함께 통찰하고자 하는 목적으로 제작되었다"차병호 2016 : 4.

내부고발의 희생의 역사는, 조직이 수단과 방법을 가리지 않고 내부고발자를 해고하거나 부당한 대우를 하여 끝내 소외와 피해를 만드는 일련의 대응이자 결과를 가리키는 말이다. 조직에게 희생은 조직의 경계를 구축하고 완성하는 전형적인 방법으로서Alford 2001 내부자와 외부자의 경계, 내부고발의 순환을 차단하기 위한 모든 자원의 활용이 바로 내부고발자 일개인의 병리화, 지속적인 행정적·법률적 불이익조치고, 그것의 결과가 우리 모두에게 익숙한 제보자의 희생이다. 이 책의 연구 사례들에서 자신의 직장이 아닌 타 기관의 비리를 제보한 경우, 대학 교수들이 동료 및 대학 비판을 한 경우, 처음부터 이직을 염두에 둔 경우를 제외하고, 거의 모든 이가 해고, 복직 이후 불편한 직장 생활, 오랜 법적 논쟁, 신변 위협 등을 겪었다.

그런데 곧바로 수긍될 것 같은 이 과정을 제보자의 희생으로 전형화하는 것은 그렇게 간단한 문제가 아니다. 기본적으로 인터뷰 내용에서 당사자들은 많은 어려움과 부당함을 '희생'이라는 단어로 표현하지 않았다. 이는 제보자 당사자에게 희생적 요소, 어려움이 없었다거나 가벼웠다는 의미가 아니다. 다만 그 과정이 희생이라는 단어, 패배의 역사 등으로 '단순화'할 수 없는 개인 행위자의 주체성 문제, 사회에 제기하는 비판적 요소·가치를 스스로가 잘 알고 있었기 때문이다(5장과 6장을 참조). 또한 인식론적 수위에서 살펴보아도 내부고발자들의 희생의 역사는 다름 아닌 '비리 행위자들의 부패의 역사'가 아닌가? 언어 차원의 단순한 변화라기보다 관점의 이동이라는 것을 분명히 하고 싶다.

넷째, 공정한 인격과 같은 긍정적 호명에는 희생의 역사와 더불어 '무의식적' 담론 하나가 동시에 작동하고 있다는 점도 중요하다. 다름 아닌 '비극적 영웅' 담론이다. 이는 내부고발을 긍정적으로 바라보는 대표적인 인식이다. 최근 이러한 호명에 대한 문제점을 A. J. 브라운A. J. Brown 2017이 지적했다. 그는 우리가 왜 내부고발자를 영웅으로 정체화할까 질문하면서 그것의 문제점을 잘 설명했다.

사실 특정 연구자나 이론을 고려하지 않더라도, 우리는 보통 내부고발자가 자신이 알고 있는 비리를 폭로하는 것을 당사자의 복지 이전에 타인이나 전체 사회의 복지를 우위에 둠으로써 고상하고 이타적인 목적에서 행하는 것으로 이해한다. 브라운은 고발자는 그런 행위로써 엄청난 용기를 보이며, 결국 본성상 특별하거나 이례적이어서 다른 사람들이 하지 못하거나 하지 않을 일을 기꺼이 한 사람들로 생각된다고 말하며, 제보의 동기를 이타와 이기의 기준이 아닌 '친사회적 행위pro-social activity'로 볼 것을 제안한다Brown 2017 : 357~359. 그는 영웅 담론이 내부고발에 대한 부정적 편견에 '반사적으로' 나오는 긍정적·당위적 가치임을 '정확하게' 지적한다. "내부고발자들은 보상이나 상을 받아 마땅한 도덕적 영웅으로 오해되고 있다. 따라서 보상을 통해 정당화가 이뤄질 것이고 그들이 자주 겪는 주변부화와 패널티는 부당하다는 것이다. 자기―희생을 한 내부고발자, 그렇게 정당화된 이들에 대한 가장 적절한 반응은 더욱 고상한 소명에 반응하고, 우리들 사이에 살고 있는 성인聖人들에 대한 인정에서 나온 존경과 경탄이다."Grant 2002 : 398, Brown 2017 : 358에서 재인용.

이런 사고를 통해 내부고발자의 희생과 비극을 전제로 한 영웅 담론은 정작 조직의 비리와 부정을 재생산하고 강화하는 구성원·동료, 리더의 공모를 간과하거나, 제3자로 하여금 그러한 내부고발자의 희생을 '멀리서 관조하며' 자신의 삶과는 어찌 되었든 무관하다는 합리화된 거리감을 만든다. 결국 내부고발 현상을 자신의 문제, 자신이 몸담고 있는 조직의 문제와는 별개인 소수 예외적인 사람들의 문제로 치부하고 만다. 또 다른 한편에서 그 영웅 담론은 과거의 내부고발 행위 자체가 자원이 되어, 이후 제보자가 여타 경력을 부정하게 쌓아도 면죄를 받는 좋은 구실이 되기도 한다.

이 연극은 다른 어떤 매체나 연구 자료보다 내부고발에 대한 여러 쟁점을 자세하게 그리고 있으며, 그것을 어떻게 이해할 것인가에 대한 성찰도 돋보인다. 따라서 조직과 개인의 관계에 대한 문제, 내부고발의 반대편에 서 있는 이들의 합리화도 눈여겨볼 만하다. 그럼에도 내부고발이 희생이라는 출발이자 전제, 그로 인해 희생의 정반대에 있는 공정한 인격과 정의라는 사명감, 더 나아가 유추해볼 수 있는 내부고발자의 고결한 인격체로의 전환은 여느 호명의 문제와 다름없이 정체성에 관한 조야한 이해의 문제를 갖고 있다. 즉 한 시기의 특정 행위와 정체성의 성급한 동일시가 낳는 위험을 지적하지 않을 수 없다Kim 2009; 김미덕 2016. 내가 그런 인격체에 대한 믿음이나 실상을 믿지 않거나 보지 못했기 때문이 아니라 과정(개인의 철학, 내부고발 과정, 그에 대한 제보자들의 성찰 등)이 부연되지 않으면 공허하기 그지없는 사고라는 것이다.

더 나아가 타인의 행위를 이런 식으로 접근하는 기저에는, 타인에 대한 이해보다 도덕성에 관한 자신의 민감성과 우월성을 의도적이든 비의도적이든 전시하려는 도덕적 그랜드스탠딩moral grandstanding이 있기 때문에, 더욱 문제적이다. 도덕적 그랜드스탠딩이란 자신의 도덕적 우월성을 직·간접적으로 과시하기 위해, 도덕적인 사안들—정의, 인권, 더 넓게는 누가 도덕적으로 선하고 어떤 일이 도덕적으로 타당한가에 대한 주제들—을 말하는 것이다. 사회 문제에 대한 진정한 관심과 그에 대한 해결 자체보다는 그런 단어들을 일단 내뱉음으로써, 자신이 얼마나 도덕적으로 훌륭한 사람인가를 타인에게 보이려는 목적이 더 큰 것을 가리킨다Tosi and Warmke 2020. 이것은 공익제보 분야에서만 일어나는 현상은 아니지만 그 경향이 뚜렷한 것도 사실이다. 즉 제보자를 긍정적으로 인식하고 표현하는 사람들의 목적이, 자기 과시를 위한 목적은 아닐지라도 '그 결과는' 대동소이하다. 도덕적 이야기는 사회에 어떤 문제가 있으며 어떤 이들이 부당한 일을 겪는가를 살피는 소통 수단으로서, 겉으로 보기에 큰 문제가 없으며 꼭 필요한 상황도 있다. 그러나 적지 않은 경우 발화자 자신의 도덕적 우월성을 드러내기 위해 도덕적 언어를 사용 및 오용하며 그러한 언어가 갖는 본연의 힘과 가치를 냉소하게 만듦으로써, 도덕성 자체에 무감각과

식상함을 낳는다. 결국 사회 문제를 해결하기 위한 도덕적 이야기의 본래 목적을 이루는 데 비효율적인 결과를 초래한다. 마찬가지로 내부고발의 동기를 양심·정의·용기·이타심과 같은 도덕적 언술로 접근하거나 내부고발자를 순수한 도덕성의 완성자로 이해하는 것은, 정작 내부고발자가 마주하는 실질적인 어려움과 그것을 헤쳐 나가는 구체적인 동력들을 가리며, 제보자가 드러내는 비리와 관련된 여러 행위자의 공모를 감춰버린다. 이 속에서 내부고발자에 대한 가시적인 경제적 보상과 보호 관련 법적 개선을 이 사안의 유일한 해결책으로 여기는 분위기에 일조한다.

4. 요약

여느 사안과 마찬가지로 내부고발에 대해서도 부정적인 인식과 긍정적인 인식이 늘 공존한다. 만약 자신의 조직에서 제보가 있으면 꺼림칙하지만 남의 일로 치부하며 거리를 두고 지켜보거나, 그로 인해 직접적 영향을 받으면 제보자에게 부정적 반응을 직접 행하기도 한다. 그런데 대중매체에서 보도되는 다른 조직에서 일어나는 제보는 지지를 하거나 감정적 동조를 할 수도 있다. 또 마음속으로 제보를 배반, 하극상, 고자질로 이해하는 경우라도 사회 전반에 걸친 청렴문화 독려와 제보자 보호 법령들이 강화되면서 그러한 부정적인 인식을 노골적으로 드러내지는 않는다.

이 연극에는 다른 매체나 기존 담론과 다른 몇 가지 장점이 있다. "그들은 왜 질 수밖에 없는가"라는 질문의 답을 구하는 과정에서 곳곳에 배치된 조직의 대변자들을 통해 조직이 어떻게 내부고발자를 희생시키려는지를 보이고, "그들은 누구였을까"라는 주제를 통해서는 내부고발자가 극단적인 선택에 이르렀지만 동시에 평범한 이들이라는 사실도 지적했다. 더 나아가서, 이 문제를 바라보는 여러 시각을 교차하여 배치함으로써 내부고발 문제의 복잡성을 의도하고 있다. 조직의 내부고발에 대한 대응 방법, 그리고 내부고발의 정당성과 관련 쟁점들이 한쪽에서는 매우 사실적으로, 다른 한편에서는 다소 극적으로 표현되었다. 연극이라는 매체의 특성 때문이다.

나는 특히 내부고발에 대한 일반 서사 중 긍정적인 호명과 인식에 주목하였다. 고자질쟁이, 배신자, 불평 불만자, 조직 부적응자, 문제아, 자신의 부정을 덮기 위한 전략으로 내부고발을 하는 교활한 자라는 부정적 낙인보다 영웅이나 의인이라는 긍정적 낙인이 낫거나 바람직하다고 생각할 수 있다. 그러나 양심·정의·용기·이타심 등의 도덕적 동기와 윤리적 수위의 접근은 이러한 부정적 낙인의 반사적 대응으로서, 사실적 설명이 부족하고 결국 내부고발이나 제보자에 대한 현실적인 인식을 방해한다. 실제로 내부고발자들이 스스로를 그렇게 정체화하는가, 그리고 영웅이라는 호명과 내부고발의 속성이 정말 조화로운가, 그 속성이 무엇인가를 밝혀야 하지만 그에 대한 성찰은 매우 부족하다. 제보자를 둘러싼 도덕적 담론은 외부에서 회자되는 것보다 훨씬 복잡하고 다양하며, 도덕화된 동기는 구체적인 상황과 조건에 따른 다른 물리적인, 외적인 동기들과 여러 주체의 행위와 맞물리면서 감춰지기도 하고 두드러지기도 한다. 이 점은 4장에서 구체적으로 다루려고 한다.

요컨대 이 장에서 나는 다큐멘터리 연극 〈검군전, 후〉에서 다룬 내부고발자에 대한 개념 정의인 공정한 인격과 함께 이것이 긍정적인 개념 정의임에도 불구하고 여러 문제점을 갖고 있음을 살펴봄으로써, 주목을 끌기 위해서나 의도는 선하고 긍정적일지라도 피상적인 언술인 고통·희생·영웅·의인 등의 담론이 갖는 부정적 효과를 점검하였다. 도덕적인 언술 자체가 아니라 그것을 뒷받침하는 구체적인 조건들을 살피고, 제보자가 아닌 제보 내용과 전개 과정에 초점을 둘 때 더욱 균형 잡힌 담론을 형성할 수 있다.

제3장

내부고발의 근본적 특징

피레시이(parrhesia), 진실 말하기 혹은 비판

1. 고발이라는 행위의 속성 ┃ 2. 내부고발 개념에 대한 기존 연구 ┃ 3. 파레시아스트와 내부고발자 ┃ 4. '신뢰성의 위계'와 지행합일의 문제

뭐 호루라기를 부는 사람이라고 하는데 (…중략…) 진실을 말하는 사람이죠. 많이 쓰는 용어인데요. 진실을 말하는데 용기가 필요한 세상이다, 아니 '근데' 진실을 말하는데 용기를, 용기가 왜 필요해요. 수다 떨 듯 (이야기하면 되는데), 진실을 이야기하면 불이익이 주어지고 이러면 잘못된 사회인 거죠. 진실을 이야기하는 사람들이에요, 용기 있게 진실을 이야기한 거죠. 보복이나 불이익을 모르고 했을 수도 있으나 다 감안하는 거죠. (…중략…) 쉬쉬하고 눈 질끈 감고 그러면 우리 사회는 병들고. 정말 내부고발 시스템이나 공익제보가 더 활성화가 되면 아까 제가 이야기하는 북유럽 사회처럼 투명한 사회가 될 텐데.

－임현(가명), 공익제보자

1. 고발이라는 행위의 속성

한국에서 가장 널리 알려진 내부고발자로는 1990년대 양심선언자로 일컬어지면서 큰 파장을 일으킨 당시 이문옥 감사관, 윤석양 이병, 이지문 중위가 있다.[1] 당시만 해도 양심선언이라는 표현이 더 일상적이었다.

현재 한국에서 휘슬블로잉은 내부고발이나 공익제보로 번역된다. 그리고 공익신고자 보호법에서 주체가 공익신고자로 되어 있기 때문에, 공익신고나 공익제보라고 불리는 것이 큰 무리가 없고 객관적인 명칭으로도 보인다. 또 일상적으로 내부고발이라는 단어도 무리 없이 활용되고 있다.

2019년 3월 초 "조직이나 직장에서의 비리, 부정행위를 내부의 윗단계나 외부에 알리는 행위를 무엇이라고 하나요?"라고 여러 직군에 있는 40명에게 질문을 한 적이 있다. '공익신고', '비리신고', '갑자기 생각나지 않는다'고 답한 세 명을 제외하고 모두 '내부고발'이라는 단어를 언급했다. 통계 분석을 염두에 둔 설문이라기보다 지인들에게 경향을 알아보기 위한 질문으로서 대부분 내부고발과 내부고발자라는 단어가 바로 나왔다. 직장인, 고위 공무원, 주부, 대학교수자, 대학생, 미술가가 모두 내부고발자라는 단어를 익숙하게 언급했다. 내부고발에 대해서는 '힘들겠다'는 인식이 압도적이었다. 2019년 3월에 만난 한 인터뷰이의 제안으로 하게 된 질문이었는데, 대화 도중 연령·성별·직업 무관하게 보통 사람들이 어떻

---

1 내부고발 관련하여 널리 알려진 인물들로 구체적인 내용은 여러 매체에 기록되어 있다. 간략히 정리하면, 전자의 두 사안은 1990년의 일로 이문옥 감사관은 대기업 비업무용 부동산 취득 실태에 대한 감사가 업계 로비에 의해 중단되었음을, 윤석양 이병은 보안사에 의한 민간인 사찰 활동을 밝혔다. 이지문 중위는 1992년 군 부재자투표에서의 부정선거 개입을 공개했다(박홍식 1991 : 775; 박홍식 외 2014).

게 내부고발을 생각하는지, 예측되더라도 실제 해보는 것도 의미가 있지 않을까 간략 설문을 제안했다. 예상과 달리 부패신고, 공익제보, 공익신고 라는 단어보다 내부고발이 더욱 보편적이고, 많은 이에게 그 단어가 그리 낯설지 않음을 확인할 수 있었다.

앞에서 언급했듯이, 1990년대 이문옥 감사관의 대기업 부동산 투기 감사 중단 사건 당시만 해도 제보 행위는 '양심선언'이라는 캐치프레이즈 로 보도되었다. '명명'은 어떤 사안에 대한 인식을 반영하는 것이자 제약 하는 것임을 어렵지 않게 생각할 수 있다. 휘슬블로어의 경우 내부고발자 로 번역하면 '고발'이라는 단어가 갖는 선정성 때문에 이 단어를 둘러싼 부정적인 느낌을 떨치기 어렵다. 공익제보가 중립적으로 들리고 공익신고 자는 실제 법조항에도 나오지만, 이것은 공익과 사익의 구분을 통해 제보 내용보다는 제보자의 순수한 공익적 '의도' 여부로 사안을 회귀하게 만드 는 경향이 있다. 다시 말해 이 때문에 사안의 개인화 현상김미덕 2014과, 이와 관련된 질문들인 예컨대 제보자의 의도가 불순한가 아닌가, 제보자의 성 격은 어떠한가 등을 무의식적으로 떠올리게 된다. 그리고 제보자가 제도 수위에서 그것을 검증해야 하는 상황이 벌어진다. 이러한 프레임으로 인 해 다시 한번 제보를 둘러싼 발화, 알림, 사실·진실, 조직 내부에서 부정 행위자를 지지하는 다른 구성원들에 대한 문제가 제보자 '당사자'의 (일탈) 행위로 뒤바뀐다.

나는 이 문제에서 휘슬블로어의 속성이 무엇인가를 밝히면 관련된 몇 논쟁이 잦아들 것이라고 본다. 이것은 결국 내부고발을 어떻게 바라볼 것 인가라는 인식의 문제이자 내부고발(자)의 속성을 밝히는 작업이기도 하 다. 나는 내부고발의 근본적이고 중요한 특성을 조직, 조직 구성원의 비리

행위를 발화하는 행위, 파레시아parrhesia, truth-telling로 재규정하고자 한다. 파레시아는 고대 그리스에서 어원과 기원을 찾을 수 있으며, 1980년대 푸코가 그 문제를 탐구하고 2010년대 이후 내부고발 연구자들이 이를 적용하면서 활성화되었다.

내가 특별할 것 없어 보이는 '말하기 행위'에 초점을 두게 된 까닭은, 말하기 행위 자체가 지극히 윤리적이고 정치적인 사안으로 돌변하는 데에 의구심을 갖지 않을 수 없기 때문이다. 즉 언론의 자유가 천부인권으로 여겨지는 현 사회의 조직 생활이나 인간관계에서 어떤 특정 사실을 말하는 행위가 내부고발로 변하는 것은, 그 자유가 실은 허상임을 역설적으로 보여주는 중요하고 흥미로운 증거로서, 왜 그리고 어떻게 그런 변화가 일어나는가를 살필 가치가 있다고 보았기 때문이다. 1장에서 언급한 「어떤 솔거의 죽음」에서 주인공 화가의 상황을 떠올려보자. 당시 그는 영주에 대해 무엇인가를 비판·고발하려는 의도가 아니라 보이는 대로 얼굴을 그리고, 보이는 대로 그렸다고 말을 했을 뿐이다. 그럼에도 그 결과는 지극히 위계적인 관계와 힘의 역학이 작용하고 있음을 보여 주었다. 내부고발에서의 발화 행위는 타인의 흠을 잡는 뒷말, 친구끼리의 수다, 가족이나 신뢰 관계에 있는 사람들끼리의 비밀스러운 이야기, 권한이 적은 이들에게 부리는 권한자의 히스테리나 호통이 아니기 때문에 정치적이고 윤리적인 성격을 띤다. '사실'의 발화는 상대방의 반동과 제도적 검증—대부분 소송과 소송 문서에 새겨진 제도화된 언어와 국가기관 담당자들의 개입·판단—으로 전개된다. 그리고 발화 주체인 당사자들은 열세劣勢인 상호작용 관계에서 심리적·물리적 고충에 맞닥뜨리면서 자아·사회·세계에 대한 성찰의 기회를 갖는다. 그것은 당사자에게 파괴적일 수도 창조적일 수도 있다.

"파레시아는 비판·주체성·자유가 연결되어 있고, 권력이 얽힌 실천들에서 자유의 장을 명확케 하기 때문에"Weiskopf and Tobias-Miersch 2016 : 1624, 그리고 내부고발 과정에서 목도되는 내부고발자의 자아에 대한 고민이 결부되어 있다는 점에서 내부고발 행위와 그 맥을 같이한다.

2. 내부고발 개념에 대한 기존 연구

전반적 상황

한국에서 내부고발에 대한 관심과 논의는 어떻게 합법적으로 제보를 하는가, 제보자를 어떻게 보호할 것인가국민권익위원회 2019; 이주희 2014; 김경석 2018; 이범석 2018; 한국형사정책연구원 2016, 또 제보자에게 어떤 어려움이 있는가라는 질문에 집중해왔다.

한편 내부고발에 대한 이론화, 다시 말해 내부고발이 어떤 특징을 갖고 어떻게 분석하고 이론화할 것인가를 다룬 연구는 무척 드물다. 1990년대부터 이 문제를 연구해온 박홍식의 1991년의 논문 「내부 고발―이론, 실제, 그리고 함축적 의미」와 2016년에 발표된 강철의 「내부고발의 핵심적인 특성들과 그 함의」라는 논문을 비교해보면, 내부고발에 대한 이론 작업이 얼마나 저조한가를 바로 알 수 있다. 전자는 『한국행정학보』에, 후자는 『한국부패학회보』에 실린 논문으로서 두 저널은 내부고발 문제가 다뤄지는 대표적인 학회지다.

박홍식의 논문은 내부고발의 개념·유형·내용과 진행 과정, 조직의 반응을 순서대로 간략하게 기술하고, 당시 사회적으로 주목을 끈 이문옥 감사관과 윤석양 이병의 사안을 예로 들고 있다. 이 논문은 주로 영문 자료를 참고문헌으로 활용하여 내부고발의 여러 사안에 대한 짧은 기술로 쟁점 전반을 다루고 있다. 그 논문에서 내부고발은 "공공의 이익을 크게 침해하는 조직의 불법, 비윤리적인 활동에 대한 내부인의 양심에 따른 외부 폭로 행위"박흥식 1991 : 771다. 강철의 논문에는 내부고발의 여섯 가지 특징이 기술되어 있다. 여기서 내부고발은 내부 비리 관련 정보를 외부에 폭로함으로써 사회적 유익을 발생시키는 행위로서, 내부고발자가 선수가 아닌 심판이 되려는 행위다. 그리고 누군가에게는 피해를 가해야만 하며, 내부고발자 자신이 관여 내지는 연루될 수밖에 없고, 제도 실패의 부담을 개인이 지는 행위라는 특성을 지닌다고 한다. 개인의 입장에서 내부고발자 정체성을 구성하는 행위라고노 한나강철 2016.

연구방법론을 차치하고라도 이러한 기술은 몇 가지 의문을 불러일으킨다. 내부고발자가 정말 심판의 역할을 하려고 하는가, 사회적 유익을 위해 누군가에게는 이익이 되고 누군가에게는 피해를 본다는 언술에서, 내부고발은 그 피해라는 것이 실은 불법·비리·부정의를 지적하는 것인데 피해라는 표현이 마땅한가. 이렇게 햇수로 25여 년이 지난 시점임에도 1990년대 초반의 논문에 나온 쟁점들을 심화한 연구는 무척 찾아보기 힘들다.

기존 연구에서 내부고발은 몇 가지 기준에 따라 수많은 정의가 있다. 대표적인 기준은 내적 고발인가, 외적 고발인가하는 제보 형태, 제보의 내용, 그리고 제보의 의도가 공익인가 아닌가이다박흥식 1991.

비교적 상식적이고 널리 알려진 개념 정의는 재닛 P. 니어와 마샤 P. 미셀리Janet P. Near and Marcia P. Miceli의 정의로서 "(과거나 현재의) 조직 구성원이 행동을 이끄는, 그들의 고용주, 개인, 혹은 조직의 통제하에서 일어난 불법·부도덕·비리행위를 폭로하는" 것이다[Near and Miceli 1985 : 4]. 이 정의에는 누가 누구를 대상으로 무엇을 폭로하는가가 명시되어 있으며, 도덕적 해석을 담고 있지 않기 때문에 '중범위 수준에서' 가능한 수월한 이해다. 그런데 여기서 한 단계 더 나아가 그것의 속성을 따져봐야 하는 문제가 생기는데, 불법·부도덕·비리는 제보자의 입장이며 문제제기를 받은 당사자나 조직 내부와 제3자의 해석도 필요하게 되기 때문이다. 그리고 다시 한번 내부고발의 드러내기, 폭로의 속성을 어떻게 해석할 것인가라는 문제가 등장한다. 따라서 내부고발의 내용이 아닌 내부고발'자'에 초점이 맞춰져 배신자, 불평 불만자, 영웅이나 의인, 비극적 영웅, '공정한 인격'[극단 유랑선 2015]이라는 평가도 만연하게 나타난다[김미녁 2014; 이 책의 2장]. 내부고발을 철학적 수위에서 분석한 미국의 정치학자 C. 프레드 앨포드[C. Fred Alford]는 내부고발자를 "자신이 하고 있는 일이 무엇인가에 대해 자신과의 대화(내적 대화)를 그치지 못하는 사람"[Alford 2001 : 13]이라고 정의하기도 했다. 나 또한 그 설명에 무척 공감하지만 그 정의 이전에 행위와 관련된 중범위 수위의 확인이 필요하다.

비슷한 맥락과 수위에서 토마스 올레슨[Thomas Olesen]은 내부고발자를 '전문분야의 위반자[field transgressor]'라고 정의했다. 이는 "내부고발자는 대부분 그들 분야와 행위자들에게 심각한 파장과 보복적 대응을 낳는, 특정 분야에 '속한' 정보를 대중에게 드러내는 사람이라는 뜻이다"[Olesen 2018 : 510]. 행위에 대한 기술이 정확하다. 내부고발은 조직 내부의 상당한 정보에 접근가능하거나 실제 접근하여 증거를 제시할 수 있는 사람만이 사안을 진척시킬 수 있기 때문이다. 다만 나는 말하기 행위 자체의 중요성뿐만 아니라 내부고발 전체 과정에 연결되어 있는(맞닿는) 의무, 용기, 도덕적 삶 등과 같은 언어로 표현되는 '저변의' 윤리적 쟁점도 간과할 수 없기 때문에, 파레시아가 갖는 시사점과 현대의 내부고발의 비교가 유의미하다고 보았다.

개념에 대한 이해

나는 내부고발의 개념을 고발의 경로가 내부인가, 외부인가, 의도가 공익인가 사익인가 등의 기준보다 그 행위의 더욱 근본적인 특징인 사실·진실(불법·비리·부정의 등)을 발화하거나 드러내는 행위라는 점을 확인하고자 한다. 기존 연구에서는 이를 '폭로disclosure'라고 하는데, 나는 '말하거나speak 드러내다reveal'라고 해야 한다고 주장한다. 폭로는 고발이라는 단어가 갖는 부정적 의미와 함께 극적인 모먼트moment를 가정하고, 후자의 말하거나 드러내다는 그러한 극적인 상황이나 도덕적 함의를 띠지 않은 사실 묘사이기 때문이다. 이를 바탕으로 '모든 것을 말하기'라는 그리스의 파레시아 개념을 검토하고 그 의의를 확인하고자 한다.

2010년대 이래 영어권에서 내부고발의 특성을 파레시아 개념으로 접근하는 연구가 대량 생산되기 시작했다Andrade 2015; Luxon 2008; Mansbach 2009, 2011; Walters 2014; Weiskopf and Tobias-Miersch 2016. 전 세계적으로 수행되는 연구들의 축적에 의해 제보자가 어디에 제보를 하는가(내적 제보와 외적 제보의 구별)와, 제보의 동기가 무엇인가 즉 공익과 사익의 이분법이 현실에서는 그렇게 깔끔하게 나눠지지 않는다는 인식이 확산되어 왔다. 이 책의 연구 사례들에서도 그러한 복잡한 상황을 바로 알 수 있었다. 25명의 인터뷰이 중 거의 대부분이 조직 내부에 먼저 보고를 하거나 상사에게 말했거나, 아니면 직장 내부에서 말을 할 수 없는 분위기를 감지할 때 외부 언론이나 국민 권익위원회, 국회의원, 경찰, 검찰을 포함한 국가기관에 제보를 했다. 한 사례의 경우 고발 내용이 대중매체나 외부 기관이 주목하기 전 내부에서만 논의된 기간이 10여 년에 이른 경우도 있었다. 순수하게 공적 이익만으로 혹은 순수하게 사적 이익만으로 제보를 하는 경우가 드문 현실도 마찬가지다. 이 사안은 몇 가지 수위에서 질문이 가능한데, 애당초 공익과 사익의 기준이 당사자, 상대방(비리 의혹을 받거나 행한 사람), 제3자에 따라 다르다는 문제를 생각해 볼 수 있다. 예컨대 승진에서 누락된 개인이 조직의 인사절차에서의 불법과 비합리를 지적할 때, 제3자에게는 그 행위가 사사로운 개인 복수로 보이지만 당사자에게는 조직의 불법이 자신이 몸담은 곳의 안녕과 이익을 해치는 것이기 때문에 결국 제보를, 더 넓은 사회, 공공의 비리를 가속시키는 것을 차단하는 공적 이익으로 볼 수 있다. 이러한 개념 수위에서의 혼란과 판단의 문제가 있으며, 공익이라고 하는 경우에도 이를 어떻게 증명할 것인가라는 법적·제도적 과정 또한 중요한 문제로 등장한다.

따라서 내부고발을 파레시아로 규정한, 이러한 질적 전환은 이론적·사상적 면에서 큰 발전이라고 할 수 있다. 비실재적인 공익과 사익의 구분,[2] 외부로의 고발과 내부 상위 단계로의 고발의 구분을 넘어서서 이를 통해 다양한 내부고발 연구의 발전을 도모하는 시발점이 되기 때문이다.

그런데 영어권의 기존 연구에서 이러한 질적 변화는 대개가 푸코의 파레시아에 대한 해석을 거친다는 특징이 있다. 많은 연구자가 제보자들

---

2 비실재적이기 때문에 이를 공적으로, 객관적으로 만드는 기준 중 하나가 공익침해행위 법률 조항일 것이다.

의 언술이나 인터뷰를 통한 해석에서 출발한 것이 아니라 푸코의 파레시아의 분석을 출발점으로 삼고 있다. 나 또한 파레시아와 현대 내부고발에 많은 공통점이 있음에 동의하지만, 이 결론에 도달하기까지 방법과 연구과정에서의 큰 차이를 언급하지 않을 수 없다. 나는 인터뷰 과정에서 내부고발을 한 당사자들의 '내가 아는 사실을 그냥 말했을 뿐'이라는 발언을 어떻게 설명할까 숙고하는 과정에서 영어권의 많은 연구자가 내가 염두에 둔 진실을 말하기, 바른 말하기로 이해한 내부고발을 푸코를 매개로 설명하고 있음을 알게 되었다. 서구의 지적 권위자의 연구에 대한 무의식적 복종이나 그의 개념에 비서구 사회의 현상을 접목하려는 것이 아니라, 내가 귀추적 방법abductive method, 김무길 2010; 박준호 2005; 김미덕 2015 으로, 즉 인터뷰와 참여관찰을 통한 목격인 자신의 믿음(진실)을 배반하지 않는 발화를 통해 조직 구성원의 비리와 부정행위를 '말하는 행위'가 내부고발이라는 것을 '발견'했음을 부연한다.[3]

한편 한국 인문사회과학계에서 내부고발을 파레시아로 정의하는 연구는 거의 부재하다. 파레시아에 대한 연구는 푸코의 강연록을 묶은 『담론과 진실』2017이 출판된 이후 제반 사회과학 분야에서 재조명되기 시작했다. 푸코를 포함한 철학의 계보 연구과정에서의 파레시아를 살피거나김세희 2018; 임건태 2017; 전혜리 2015 사회 비판과 민주주의 조성을 위해 그것의 중요성

---

3 굳이 이 점을 강조하는 이유는 현대 지성사에서 명망가의 지적 권위에의 복종에 대한 단순한 반감이라기보다 인터뷰이들의 서사의 중요성을 가리키기 위함이다. '있는 그대로를 말했을 뿐이다. 따라서 내가 한 행위가 내부고발이라고 생각해 본 적이 없다', '이것은 직업상, 국민에 복무하는 군인이라는 신분으로서 당연한 의무였다', '나는 선생으로서 한 일이라 해직교사라는 정체성은 있지만 내부고발자라는 정체성은 없었다'라는 서사들에서, 내부고발의 본질은 말하기라는 행위임을 확신했기 때문이다. 당연히 그런 행위의 역사적 명명을 그리스 철학에서 '소환한' 푸코의 역할과 영향 또한 간과할 수 없으며 시대적 차이도 감안해야 한다.

을 설명하기도 한다김주환 2019; 윤민재 2018. 또 파레시아 형태의 글쓰기오태영 2017를 소개한 경우가 있다. 어느 면에서 접근하든 내부고발과 파레시아를 연결한 연구는 부재하다. 다만 푸코의 파레시아를 분석한 전혜리의 석사학위논문2015에, 아첨과 파레시아 간 대립을 설명하는 부분에서 내부고발과 파레시아의 유사성이 유일하게 언급되었다. 전자는 상대방이 듣기 좋은 말만 하여 이득을 취하고 "상대의 결점이나 비판이 필요한 부분에 대해 전혀 이야기해주지 않음으로써 상대의 자기배려를 방해하는" 말하기며, 후자는 "상대가 듣기 싫어하더라도 비판받아야 할 점을 지적함으로써 상대의 자기배려를 가능하게 하고 파레시아를 행사하는 자신은 오히려 상대의 화를 돋우어 난처하게 되는 등 아무 이득도 얻지 못하게 될 위험에 처하는" 말하기다전혜리 2015 : 26.

이러한 아첨과 파레시아의 대립은 친구들 사이에서 발생할 수도 있고 군주에게 조언하는 신하들 간에 발생할 수도 있으며, 혹은 오늘날 우리의 상황에 빗대본다면 특정 조직에서의 윗사람을 대하는 아랫사람들 사이에서, 혹은 **조직 자체의 문제를 문제 삼지 않는 자와 내부고발자 사이에서 발생할 수 있다.** 그러나 특히 민주제와 관련해서는 대중의 입맛에 맞는 말만 반복하며 인기를 얻고자 하는 논객과, 비난을 두려워하지 않고 대중들의 진정한 자기배려에 도움이 될 만한 쓴소리를 하며 정체되어 있는 논쟁이나 대중들의 사유를 동요시키고 흐름을 만들어 내는 사람 간의 대립으로 나타난다고 할 수 있을 것이다전혜리 2015 : 26, 강조는 인용자.

3. 파레시아스트와 내부고발자

미셸 푸코와 파레시아

문학에서든 역사 기록에서든 자신보다 권한이 많은 사람에게 바른 말을 하는 이들의 행적은 드물지만 역설적으로 '가시화되어 왔다'. 그런 일은 어느 사회 질서에서든 보편적 행위가 아니어서 그들의 행위가 두드러지고 기록될 가치가 있기 때문일 것이다. 달리 말해, 바른 말하기가 생명의 손실에서부터 조직 내 배제와 같은 부정적 영향을 낳기 마련이라 그런 행위는 애당초 어렵고 희소해, 보통의 많은 사람의 행위와는 다르고 예외적이며 특별하다고 생각되기 때문이다.

대표적인 예로서 널리 알려진 소크라테스Socrates, 안티고네Antigone, Contu 2014, 공익제보자들이 있다.

그런데 내부고발을 현 사회에서의 진실 말하기 행위, 민주적 가치로서 그것의 영향을 새롭게 정의할 수 있도록 한 계기는 단연 프랑스 학자 미셸 푸코의 연구다. 푸코의 1980년대의 파레시아에 대한 강연이 점차 대중화되면서 파레시아와 내부고발을 연결하여 설명하는 연구들이 쏟아지기 시작했다. 30여 년이라는 시간차가 있는데 그동안 내부고발 연구의 패턴이 고정되어 있었고, 2010년대 이래 연구의 축적에 의한 다양성이 급격하게 발현되는 계기가 되었다. 대부분 내부고발이 갖는 여러 의미(민주국가에서 내부고발의 사회적 기여, 파레시아스트의 자기 돌봄과 내부고발자의 주체성 문제, 윤리적 삶)를 살피는 과정에서 푸코가 분석한 파레시아 개념을 적용하고 있다Luxion 2008; Mansbach 2009, 2011; Munro 2017; Vandekerckhove and Langenberg 2012; Walters 2014; Weiskopf and Tobias-Miersch 2016. 전반적으로 이러한 논의의 급증은 내부고발의 증가, 그에 대한 긍정적 인식으로의 변화, 연구진의 증가, 국가의 내부고발의 제도화 노력이 전제되었기 때문이기도 하다.

그리스어인 파레시아는 영어로는 '자유 발언', 프랑스어로는 '솔직하게(떳떳하게) 말하는', 독일어로는 '진실'로 표현된다Foucault 2001. 달리 말해 "진실을 말하는 용기, 위험을 감수하는 말하기, 비판적 태도"를 뜻한다푸코, 2017 : 368; 옮긴이 해제. 구체적인 정의는 이렇다.

> 요약하면 파레시아는 일종의 언어 행위verbal activity며, 발화자가 솔직함을 통해 진실과 고유한 관계를 갖고, 위험을 통해 자기 자신의 삶과 분명한certain 관계를 맺으며, 비판을 통해 자신이나 다른 이들과 어떤 관계(자아비판이나 다른 사람에 대한 비판)를 형성하며, 자유와 의무를 통해 도덕적 법과 고유한 관계를 가진다. 더욱 정확하게 말해, 파레시아는 발화자가 진실에 대한 개인적 관계를 표현하고, 진실-말하기를 (자신뿐만 아니라) 타인을 향상시키거나 돕는 의무라고 인식하기 때문에 그의 생명을 위험에 놓이게 하는 언어 행위다. 파레시아에서 발화자는 그의 자유를 활용하고, 설득보다 솔직함을 택하고 허위와 침묵 대신 진실을 택하고 목숨 보전과 안전 대신에 죽음의 위험을 택하고, 아첨 대신에 비판을, 자기 이익과 도덕적 무감moral apathy, 無感보다는 도덕적 의무를 택한다Foucault 2001 : 19~20.[4]

푸코는 파레시아를 다른 말하기 형태(수사학과 아첨)와 구분하고 다른 직업군(예언자, 현자, 교육자)과 파레시아스트를 비교한다. 또 그리스의 여러

---

4 이 인용문은 *Fearless Speech*(Foucault 2001)에서 내가 번역했고 『담론과 진실』(2017) 100면에도 나와 있다.

저서에서 표현된 파레시아를 언급하면서 그것의 역사적 변화 또한 추적하여 특징들을 분석한다.

내부고발자

푸코는 파레시아의 다섯 가지 특징을 솔직함, 진실, 위험, 비판, 의무라고 한다. 매우 추상적인 언어들인데, 푸코의 설명을 보면 파레시아는 당시 수사학, 아첨과 대립되었으며 역사적으로 정치적 수위와 개인의 윤리·도덕적 수위로의 변화가 있었다. 또한 바로 앞에서 언급한 다른 직업들과의 공통점과 차이점[5]을 기술함으로써 그것이 피상적 수위의 가치가 아님을 설명하고 있다.

내 작업은 파레시아라는 개념에 내부고발이 얼마나, 어떻게 부합하는가를 확인하려는 것이 아니다. 기능적으로 고대 그리스의 파레시아와 현대 한국의 내부고발이 부합하는 경우도 있으며 그렇지 않은 경우도 있다. 그런데 제보자들과의 인터뷰에서 정확하게 파레시아의 본질적이고 주요한 특징과 맥이 닿은 것을 알 수 있었다. 인터뷰이들의 서사에서 가장 먼저 발견한 뜻밖의 상황 중 하나는, 그들에게 내부고발이 매우 '상식적인' 사실(간혹 자신을 포함한 조직 구성원들의 불법, 조직의 공적 목적과 위배되는 비리와

---

5 예언자는 말을 하지만 다른 누군가, 눈에 보이지 않는 강력한 존재의 대변인이다. 파레시아스트는 다른 사람이 아닌 자기 자신의 이름으로 말한다는 점에서 예언자와 다르고, 자신의 의견이 무엇인지를 정확하게 말한다. 현자도 자신의 이름으로 말하지만, 그 경우는 자신이 아는 바를 타자에게 말할 의무가 없다는 점에서 파레시아스트와 다르다. 파레시아스트는 임무 때문에 진실을 말하는 것으로 "타인에게 영향을 주어 그들의 품행을 더 나은 것으로 되게 하며 군주의 정신 상태를 향상시키고 사회나 도시국가를 더 나은 것으로 만드는 것이다"(푸코 2017 : 130). 교육자의 경우 가르칠 때 용기를 갖거나 위험을 감수할 필요가 없다는 점에서 파레시아스트와 다르다. 푸코는 예들을 통해 네 역할이 역사적으로 서로 섞여왔으며 일정한 조합이 있음을 설명한다(푸코 2017 : 128~133).

부정의)을 말하거나 문서로 조직에 보고를 하는 업무의 일환이라는 점이었다(2장과 4장을 참조).[6] 언론과 말할 자유가 보장되어 있는 민주사회에서 어떤 내용의 발화는 왜 신뢰받지 못해 당사자가 예기치 않은 위험을 맞으며, 보복이라는 이름으로 그들의 행동이 제약을 받는가라는 질문을 던지지 않을 수 없다. 이런 맥락에서 나는 일종의 정언명령으로서 푸코의 파레시아 개념을 내부고발자들의 인터뷰에 적용하는 것이 목적이 아니라, 두 행위의 차이점·공통점과 푸코의 파레시아 이해의 맥락을 추가함으로써 내부고발의 특징을 살피려는 것이다.

먼저 푸코의 파레시아의 (긍정적인 의미의) 특징은 이렇다.

파레시아를 행하는 자인 파레시아스트는 자신이 생각하고 있는 것을 말하는 자입니다. 그는 모든 것을 말하고, 아무것도 숨기지 않으며, 자신의 마음과 정신을 타인에게 활짝 열어 보입니다. 파레시아 내에서 말과 담론은 화자 자신이 마음속에 품고 있는 모든 것을 완벽하고 정확하게 설명하게 되어 있기 때문에, 그 결과 청중은 화자가 생각하는 바를 정확히 이해할 수 있게 됩니다푸코 2017 : 92. (…중략…) 파레시아에서 화자는 발화의 주체인 동시에 발화된 내용의 주체, 자기 자신이 언급하는 의견의 주체라는 사실을 강조한다고 저는 생각합니다. 따라서 '나는 이러저러한 것을 생각하는 자이다'라는 것이 파레시아스트의 언표에서 발견할 수 있는 특수한 언어 행위입니다푸코 2017 : 93.

---

6 물론 비리나 문제점을 파악하고 제보를 위해 관련 법을 공부하고 조력자를 구하거나, 유관기관에 신고하는 등 제도에서 인정하는 방식으로 처리하며 자신의 행위가 공익제보임을 명확하게 하는 경우가 전혀 없었던 것은 아니다. 그때조차도 그들의 제보는 법적 증명 여부와 상관없이 당사자들에게는 상식적이고 타당한 문제제기였다는 점은 공통적이다.

(파레시아는 이것의 나쁜 형태인 '수다 떨기'가 아니라) '진실 말하기'입니다. 하지만 이것만으로는 충분치 않습니다. 파레시아스트는 진실되다고 생각하는 바를 말하는 걸까요 아니면 실제로 진실인 바를 말하는 걸까요? 답은 이렇습니다. 파레시아스트는 자신이 말하는 바가 진실되다고 믿기 때문에 진실된 바를 말하며, 그것이 진짜로 진실이기 때문에 그것을 진실이라고 믿습니다. 파레시아스트가 솔직하거나 자기 의견이 무엇인지를 솔직하게 말하기 때문만이 아니라, 자신의 의견이 진실이기 때문에 진실임을 알고 있기 때문입니다. 파레시아에서는 신념과 진실이 정확히 일치합니다푸코 2017 : 94.

파레시아스트는 위험을 감수하는 자입니다. 파레시아는 (생명의 위험뿐만 아니라 상대방이 나쁜 일을 한다고 지적하여 상대방을 화나게 하는 위험, 혹은 정치적 논쟁에서 다수의 의견과 반대되거나 정치적 반감을 초래해 인기를 잃을 위험 등을 포함한) 위험에도 불구하고 진실을 말할 수 있는 용기입니다푸코 2017 : 96.

파레시아의 기능은 누군가에게 진실을 증명하는 것이 아닙니다. 파레시아는 진실과 관련해 누군가와 논의 혹은 논쟁하는 데 있는 것이 아닙니다. 파레시아는 늘 화자 자신에 대한 비판이나 대화 상대자에 대해 비판하는 비판적 기능을 갖습니다. (…중략…) 파레시아는 자아비판일 수도 있고 타자에 대한 비판일 수 있지만 늘 화자는 대화 상대자에 비해 열등한 위치에 놓입니다. 파레시아스트는 언제나 자신이 말을 거는 대화 상대자보다 힘이 약합니다. 파레시아는 언제나 '아래'로부터 생겨나 '위'로 향합니다푸코 2017 : 98.

파레시아에서 진실을 말하는 것은 (···중략···) 의무이기도 합니다. (···중략···) 친구나 군주를 비판하는 것은 그것이 자신이 행한 그릇된 행동을 깨닫지 못한 친구를 돕겠다는 의무에서 행한 것인 한, 또는 군주인 왕이 스스로를 개선하도록 돕는 것이 도시국가에 대한 의무인 한, 파레시아 행위입니다. 그러므로 파레시아는 자유와 의무에 결부되어 있습니다푸코 2017 : 100.

위에서부터 차례로 솔직함, 진실, 위험, 비판, 의무를 설명한 것이다. 이 인용은 일종의 개념적 이념형으로 보이는데, 중요한 몇 지점을 추가하여 맥락을 보충한다.

먼저 푸코가 파레시아에 관심을 갖게 된 배경이다. 푸코는 자기 수양, 자기 돌봄이 파레시아스트 게임이라는 특수한 진실 게임을 이용해 전개된 방식에 관심을 두고, 현대 사회의 비판·비판적 태도가 고대 그리스 철학의 파레시아스트 역할에서 기인한다고 보았다푸코 2017 : 134. 그는 부정적 의미의 파레시아도 존재한다고 설명한다. 플라톤Plato의 저서들에서 드물게 나오는데, "말하는 방식에 신중하지 않고 마음에 있는 것을 무분별하게 모두 말하는 것"으로 아테나이의 부정적 민주주의를 설명하는 데서 나온다푸코 2017 : 94. 기본적으로 파레시아라는 것이 말하는 행위·실천임을 전제하며 정치적 장에서의 파레시아와 철학적 파레시아를 구별한 것도 눈에 띈다. 전자의 경우 출생과 신분에 관계없이 모든 시민에게 부여된 시민권으로서 아고라에서 발언을 할 수 있는 권리가 대표적이며, 이때 폭로되어야 할 진실은 도시국가가 위험으로부터 벗어나는 일을 돕는 것이다푸코 2017 : 251. 철학적 파레시아는 소크라테스의 사례로 구체화되는데, 여기서 파레시아스트의 식별 기준은 자신의 비오스bios, 삶 내에 있으며 로고스logos와 비오스의 조화로운 관계(존재론적·윤리적 자질)가 목표가 된다푸코2017:245~246. 즉 말과 행동의 일치다. 그리고 듣는 지도자의 훌륭한 개인적 자질로서의 파레시아, 다시 말해 발화자의 파레시아를 허할 수 있는 용기와 자유가 중요한 덕목이라는 것도 흥미롭다. 더불어 푸코의 표현으로 민주정에 대한 문제제기와 진실에 대한 문제제기의 교차지점에서 파레시아의 위기이자 현실적인 문제점이 언급된다. 만인에게 평등하게 부여된 권리만으로 파레시아가 허용가능한가, 아니면 사회적 신분, 개인적 덕 혹은 탁월함이나 교육과 같은 기준으로 소수의 시민들에게만 부여할 것인가라는 문제 등이 있었다푸코2017:198~199.

내부고발은 다른 사람이 했다면 칭찬을 해줄 만하지만 정작 자신이 행하기는 저어되는 행위로서, 어떤 사실을 자신 이외의 타인에게 알리는 행위다. 형식은 공적 발화일 수도 있고 문서 형태로 나오기도 한다. 그것의 대상은 공익신고를 인정받기 위한 국가기관, 언론, 가장 빈번하게는 주변 동료나 상사다. 익명과 실명 고발이 모두 가능하며, 익명제보를 할 때 조사 과정에서 내부고발자가 드러나는 경우가 많아 공익신고자 보호법이 무용지물이 되는 경우도 있다. 달리 말해 내부고발은 자신이 직접 가담하거나 목격한 불법·비리·부정의를 말해야·알려야 하는 진실로 간주하고, 이를 내·외부(개인이나 소속 조직, 혹은 외부 기관)에 알리는 행위다. 자신이 말할 수밖에 없는 고유한 상황이 어떤 것이든 그들이 판단하기에 '진실'로 간주한 내용 — 정확하게는 부정행위 — 을 알리는 것이다.

신고를 하고 난 이후에야 자신의 행위가 내부고발이었다는 것을 알게 되거나, 공무원은 부패를 신고할 의무를 법률로 규정하고 있기 때문에 자신의 행위는 결코 '문제제기'나 내부고발이 아니라는 점을 강조한 사례들이 있었다. 당연히 직장 내부에서 일어나는 부정한 낌새를 자각하고, 조사를 하면서 공익신고로 법적 절차에 따라 차근히 진행한 경우도 있었다. 관련하여 조직생활을 하면서 과거에도 유사한 문제제기를 하여 해결된 경험이 있어서 동일한 행위(문제들을 바로잡는 실천들)를 하였음에도 새 조직에서는 내부고발이 되어버린 경우나, 문제제기를 하면 그것이 일개인 수준의 음해가 담긴 감정의 문제가 아니라 비리행위였기 때문에 바로 교정될 것이라고 믿었다는 서사에서도, 사실의 인지와 발화가 가장 본질적인 요소임을 확인할 수 있었다. 다시 말해 이러한 사례들은 있는 그대로, 본 사실을 '솔직하게' '발화'한 것 자체로 일정한 파레시아스트적 게임에 가담하게 되었다는 의미다.

연구 사례들에서 내부고발자들이 솔직하게 밝힌 사실이자 비판의 내용은 군부대 내 군수물자 계약 비리, 재단 이사장과 행정직원의 결탁으로 인한 사학 재단 비리, 구제역 보상 정부지원금을 위한 허위 보고, 동료 교수의 연구실적 비리, 대기업 직원들의 법인카드 개인사용과 남용, 정부의 민간인 사찰, 군대 내 민주화(선거 개입), 미성년자 수용시설에서의 인권침해, 대기업의 산업재해 은폐, 공공개발 사업에서의 토지소유자가 연루된 보상 비리, 불법기름 유통, 정부보조금 착복을 위한 버스운임 조작, 감사원의 재벌 감사 중단, 여성인권단체장의 정부보조금 유용·횡령, 공무원들의 초과수당 조작비리 등이다.

그런데 내부고발자가 자신이 관여하거나 목격한 사실을 말로써 혹은 문서로써 드러내는 순간, 곧바로 '진실성' 여부의 문제가 생긴다. 누구나 말할 수 있는 자유가 보장된 채 수다 떨기, 가십gossip, 험담, 가짜 뉴스, 고발행위에 대한 무의식적 거부감이 심한 현대 사회에서 내부고발은 발화 내용의 진위 여부를 가리는 것이 '핵심적' 기능이자 임무로 떠오른다. 설혹 제3자[7]가 내부고발의 긍정적 의의를 인정하고 심리적으로 내용을 신뢰하더라도, 그들의 인정과 신뢰가 일 처리 과정에 큰 영향력을 발휘하거나 혹은 항상 내부고발자에게 이로운 결과를 낳지는 않는다. 발화를 하는 쪽만이 아닌 말을 건네받은 상대방이 존재하기 때문에, 반드시 제3자가 판단하여 제보 내용이 사실인가, 공익신고에 해당하는가 아닌가를 첨예하게 가리는 과정이 진행된다. 이 점이 현대 내부고발이 고대 그리스 파레시아와 다른 '결정적인' 차이다.

많은 내부고발자는 진실의 진위 여부를 가리는 과정에서 '외부에서 강제된' 질문들 즉, 자신의 동기가 얼마나 순수하며 공익적인가를 증명해야 하고, 상대측의 비리를 스스로 규명하는 문서 작업을 해야 하는 부담을 안게 된다. 그리고 이 과정이 단계별로 진행되는 와중에 내부고발자의 제보 자체가 왜곡되거나 축소되면서 공익신고로 인정을 받지 못하거나, 공익신고로 인정받는다고 할지라도 부정의한 상황이 교정되지 않음으로써 내부고발자가 지속적인 위험에 놓이기도 한다.

그런데 고대 그리스 파레시아에서도 진실성의 증거가 없는 것은 아니었다. 그것은 다름 아닌 용기다. "발화자가 위험한 뭔가─대중이 믿는 것과 다른─를 말한다는 사실이 그가 파레시아스트라는 강력한 증거"Foucault 2001라는 것이다. 얼핏 용기는 또 다른 파레시아의 특징인 위험에 상응하는 듯하지만, '대중이 믿는 것과 다른 것을 말하기' 자체가 용기라는 것은 매우 의미심장한 부분이다. 내부고발은 대부분 권한이 적은 이

---

7   여기서는 내부고발자 주변의 지지자들을 의미하기보다 진실 규명 과정에서 만나는 국가기관의 관련자들을 의미한다.

가 권한이 많은 이를 대상으로 하는 비판으로 이러한 권한 불균형 상황이 내부고발자를 여러 위험에 처하도록 한다. 파레시아는 소수가 다수, 소수의 의견이 다수의 의견을 비판하는 것도 포함한다. 또한 그 비판의 내용은 상대방이 반드시 감정적으로 불쾌하거나 심리적·물리적 손실을 입거나 생명을 잃는 결과를 낳기도 하는데, 이때 비판은 "파레시아에서 진실과 관련해 누군가와 논의 혹은 논쟁하는 데 있는 것이 아니다"Foucault 2001 : 98 라는 것도 현대 사회에서 상상하기 힘들다. 다양한 이해를 조율하기 위해 논쟁과 합의가 바람직한 민주적 방법으로 인식되고, 고상한 도덕적 인간의 발화 자체가 진실과 행동으로 합치되는 경우를 목격하거나 상상하는 것이 무척 어렵기 때문이다.

25명의 인터뷰 사례에서 솔직함과 진실, 비판의 대상과 내용은 극소수를 제외하고 상사나 조직의 비리를 향해 있었다. 이때 당연하게 전제된 '조직'의 실체를 확인하고 싶은데, 그 이유는 조직이라는 단어가 갖는 전체적이고 막연한 집단으로서의 이미지는 현실에서 부정의를 행하는 구체적인 행위자와 공모자를 모호하게 만들기 때문이다. 따라서 앨포드가 자신이 만난 내부고발자에게서 인용한 것이자 내부고발자들이 보인 공통된 시각으로 지적한, 조직의 봉건제적 특징을 상기할 필요가 있다. "조직을 위해서 일한다는 것은 조직이 아닌 상사를 봉양하는 것이다. 모든 실용적인 목적을 고려해봤을 때 조직은 상사의 지배fiefdom다"Alford 2001 : 101. 조직은 피상적 수위의 관료제라기보다 봉건제에 가깝고, 앨포드는 "조직은 우리가 아는 것보다 훨씬 더 봉건적이다. 권력은 탈중앙화되어 있고, 개인적이며 상사의 손아귀에 있다"Alford 2001 : 101라고 부연한다. 조직의 문화라는 것이 실상 리더와 그 사람이 직조하는 지배력의 영향하에 동의하는 이들이 만드는 문화라고 할 수 있다.

그리고 파레시아 비판의 대상은 타인뿐만 아니라 자기 자신도 포함한다. 인터뷰이들 중에서, 자신 또한 가담했기 때문에 그 비리를 잘 알고 있으며 그렇기에 내부고발을 할 수 있었고 가담한 부정행위에 대해서는 책임질 각오가 되어 있다고 하는 이들이 여기에 해당한다. 실제로 가담한 행위 때문에 실형을 받은 이들도 있다. 권한이 많은 이가 권한이 적은 이에게 "'이것이 네가 행하고 생각한 바이다. 그러나 그것은 네가 행하거나 생각해서는 안 되는 일이었다', 혹은 '이것이 내가 생각하는 바인데, 그렇게 행동한 것은 잘못됐다'"푸코 2017 : 97~98라고 말한다면, 그것은 상대방에게 불유쾌함과 스트레스를 일으킬 수 있지만 발화자에게 해고나 인사고과 평가를 염려하는 위험이 발생하지 않기 때문에 파레시아가 아니며 내부고발로 변하지도 않는다.

원론적 의미에서 공익제보는 국가에서 장려하고 그와 관련된 법들도 속속 개정되고 있지만 많은 내부고발자는 생명의 손실, 건강 문제, 가족 해체의 위기, 직장에서의 해고나 파면, 따돌림, 피고와 원고 한쪽이 되거나 아니면 양측 입장이 모두 되기도 하는 장기적인 법적 소송 등의 위험에 놓인다. 매 과정은 제보자 스스로 그 과정을 감내하겠다고 한 경우든 아니면 자신의 행동이 내부고발이라고 생각하지 않은 경우든, 예기치 않은 과정들로서 그 속에서 여러 감정을 겪는다.

노골적인 생명의 위협을 겪는 데서부터, 부정의를 같이 목격했음에도 못 본 척하는 동료들, 불법과 부정에 같이 분개했다가도 고발이 진행되면 상대방의 증인으로 서 있는 동료, 당신만 깨끗하냐며 우리에게 피해를 준다고 화를 내는 동료, 침묵하고 있지만 지켜보겠다고 엄포를 놓는 상사,

윗단계의 압력으로 적극적·소극적으로 따돌림에 참여하는 동료들을 마주한다. 당사자에게는 내부고발과 해고의 뚜렷한 인과 관계가 있지만, 다른 조건을 악화시켜 무능력을 빙자하여 적법하게 해고함으로써 내부고발과 해고의 관계를 비켜나는 과정, 국가기관에 제보했을 때 담당 관련자들의 비전문적이고 관료주의적 업무 태도, 따라서 동일한 이야기를 수도 없이 여러 사람에게 해야 하는 지치는 과정도 겪는다. 그리고 제보와 제보자에 대한 부정적 선입견에 어떻게든 (자신들이 보기에 권한이 더 많은, 고소당한) 상대방의 우위를 안전하게 선점케 해주려는 질문들을 하고 그것의 결과 문서를 생산하는 국가기관의 담당자들을 만나고, 검사까지 직접 참여해 고발 절차를 밟았음에도 불구하고 몇 달 후 신고 자체가 없어져 버려 다시 신고를 해야 하기도 하며, 재확인을 하고자 연락을 하면 담당 공무원과 검사가 교체되었다거나 그만둬버린 상황을 맞기도 한다. 공익제보자였기 때문에 가해진 파면이 부당하다는 판결에 해고를 다시 하는 상황, 고소를 하든 고소를 당하든 법적 소송을 감당해야 하는 경제적·심리적 부담이 있으며, 어렵게 복직이 되어도 동일 직무를 계속 이어가지 못하거나 저변의 따돌림, 언젠가 또 고발을 하겠지라는 불신의 분위기를 견뎌야 하거나, 상대방의 부정행위가 드러났음에도 아무런 조치가 취해지지 않거나 가벼운 처벌만 나오는 상황, 혹은 형식적 조사에 그치고 상대방과 공모한 이들이 승진을 하는 '악인이 형통하는 비루함'도 목격한다. 이러한 상황들, 관련자들, 관료주의와 법률주의로 집약되는 한국사회 시스템에 대한 불신의 느낌은 활자로 다 표현하기가 어렵다. 5장에서 이 부분을 구체적으로 다룬다.

한편 고대 그리스에서 파레시아스트에게는 자발적으로 타인을 돕거나 군주가 개선되도록 돕는 것이 자유인으로서의 도시국가에 대한 의무였다. 의무라는 단어는, 내부고발의 경우 공익이나 타인의 안전을 염두에 둔 도덕적 의무라고 이해할 수 있다. 그리고 상식적 수위에서 공동체 구성원으로서 마땅히 해야 하는 '사회적 의무'로도 생각할 수 있다. 푸코는 원칙적으로 고대 그리스에서는 "'자기 자신이 진실을 말하고 있고 또 자기 자신이 말한 것에 사적인 이해가 존재하지 않는다는 것을 어떻게 스스로 확신할 수 있을까?'라는 문제가 제기되지 않았다"푸코 2018 : 119고 하는데, 언급했듯이 공적 공간에서 시민이라는 자유인의 발화는 공적 의무였기 때문이다. 그리고 이러한 뉘앙스는 현대 민주주의의 시민의 덕목이라는 매우 보편적이고 상식적 수위의 의미로도 이해된다.

그런데 내부고발에서 '의무'라는 단어는 이러한 의미 이상의 감정과 의지가 담긴 '도덕적' 색채를 띠고 있다. 즉 공익신고, 공익제보자라는 명명에서 이러한 내부고발이 반드시 사적 이해가 아닌 순수하게 공익의 목적에 부합한다는 혹은 해야 한다는 강박과 관련되어 있다는 의미다. 그러나 이미 기존 연구에서도 제보 동기는 더 이상 순수한 공익 대 사적 이익의 이분법으로 나뉘지 않고 공존한다는 점이 밝혀지고 있으며Miceli and Near 2010, 내가 만난 인터뷰이들도 제보의 계기가 다양하며, 더군다나 철학적 수위(도덕과 감정의 문제, 성찰), 중범위 수위(물질적 이해관계와 갈등의 문제, 물리적 외부 환경)가 동시에 작동하고 있어서 그 양상은 더욱 복잡해진다.

앞에서 언급했듯이 푸코의 파레시아 개념을 통해 내부고발을 살피는 이 작업은 고대의 파레시아 개념이 현대의 내부고발의 논리와 동일하다는 주장을 하려는 것이 아니며, 고대 파레시아스트를 기준으로 현대 내부고발자가 얼마나 합치하는가를 살피려는 것도 아니다.

우리는 역사에서 바른 말을 하는 행위자들을 목격하고 연구하며, 현재도 진행되고 있음을 잘 알고 있다. 미국에는 에드워드 스노든Edward Snowden, 첼시 매닝Chelse Manning 등의 내부고발자들이 있다김미덕 2014. 한국에도 많은 내부고발자가 있고 그 수가 증가하는 추세다. 애당초 그런 행위가 드물기 때문에 그것의 예외적 속성에 관심을 갖게 되는데, 조직 입장에서는 내부고발자의 희생을 통해 부정의를 무화無化하고 조직을 재생산하려고 하며, 내부고발자 입장에서는 '어쩔 수 없는' 여러 이유로 제보를 한다. 다음 4장에서 제보하는 여러 이유를 자세하게 다루는데, 공무원인 직업인으로서의 당연한 의무다, 더 이상 불법이나 비리에 연루되고 싶지 않다, 해도 해도 부패와 타락이 심하지 않은가, 내 삶과 마음에 부끄럽고 싶지 않다, 내 일로 인해 영향받는 사람들의 고통을 목격했다 등이 있다. 한 가지 요인으로만 특정할 수 없으며 모두 연결되어 있기도 하다. 그리고 많은 내부고발자가 처하는 어려움을 순차적이거나 동시적으로 겪게 된다.

내가 보기에 이러한 일련의 과정에서 핵심은 사실을 '말하는, 드러내는' 행위다. 우리는 천부인권을 부여받은 존재로서 민주사회에서 여러 형태와 수위의 자유로움을 만끽한다고 배우고, 실제로도 그리 생각한다. 그런데 조직의 구성원은 아무리 작은 조직일지라도 그 조직의 보이지 않는, 일정한 규칙을 수행하면서 상사나 체계적인 조직의 비리행위를 여러 합리화한 이유로 묵과하는 경우가 많다. 비순리적인 행위에 대한 발화가 조직에 내재된 불균형적 권한으로 인해 고발적 사안으로 변화한다. 이것은 발화, 비리에 대한 감수성, 몸담고 있는 조직의 성격, 그 조직들을 조율하는 전체 사회, 국가의 성격에 질문을 갖도록 하는데, 바른 말하기 행위 자체가 여러 정치적 과정과 결과라는 것을 알 수 있다. 이것은 파레시아와 내부고발의 공통점일 뿐만 아니라 내부고발이 갖는 중요한 역할이자 특징이 '비판적 태도'임을 재차 확인토록 한다. 다만 그리스의 파레시아스트처럼 현대 내부고발자의 제보는 발화 내용 자체가 내부고발자의 도덕적 완성 및 진실과 합치되지 않으며, 진실을 '제도적으로' 검증받아야 하는 것이 가장 큰 차이점이라 할 수 있다. 그러한 인격의 가능성을 믿지 않고 상상되지도 못하며, 다양한 이해관계가 법·행정·문서로 해결되어야 하는 시스템이기 때문이다.

4. '신뢰성의 위계'와 지행합일의 문제

현대의 내부고발은 고대 그리스 파레시아와 달리 발화 자체, 내용 자체가 관건이 아니다. 대중매체에서의 집중 보도와 세간의 관심을 받아 증명의 과정이 있기 전에 이미 논란이 되는 경우들을 제외하고, 당연히 내부고발자 자신에게는 발화 자체로 비판, 위험, 솔직함, 진실, 의무를 모두 담지하지만 그리고 그 내부고발자를 지지하는 이들 또한 그에 동의할 수 있지만(평소에 그 사람을 잘 알고 있어서 내부고발자의 언행과 진실의 관계가 문제되지 않음을 잘 알고 있는 경우는 더욱 그렇다), 상대방과 사건과 무관한 이들은 제보 내용을 부인하거나 무시하거나 법률 조항에 맞는 증거를 요구한다. 많은 내부고발자는 자신이 경험하고 본 것을 그대로 (혹은 솔직하게) '말하였을' 뿐이고 오히려 칭찬받을 일임에도 그 행위가 파장을 일으키면서, 진실의 검증 단계를 거치고 비판의 속성 때문에 위험을 감수해야 한다. 강조한 것처럼 이들의 발화 자체가 '자동적으로' 진실로 이해되지 않기 때문에 내용

진실의 여부를 제도적으로 검증받아야 한다.

진실에 앞선 사실, 사실과 다른 진실은 늘 논란의 여지가 있다. 입장의 차이 때문이고 이것은 권한의 세기에 따라 역전되기도 한다. 그리고 권한의 세기는 매우 '자연화되어 있다'. 선생과 학생, 연구소 원장과 연구원, 지도교수와 박사과정생, 피의자와 검찰수사관, 정신노동자와 육체노동자, 시장과 시민, 논문 심사자와 피심사자 등, 그 예외적 상황과 복잡한 과정은 늘 무의식중에 삭제되거나 깔끔하게 정리되어 권력 관계와 발현의 결과만이 드러나고 재생산된다. 발화, 발화의 내용과 검증 과정에 애당초 '신뢰성의 위계Hierarchies of Credibilities'Becker 1967, Huggins et al. 2002 : 27에서 재인용가 존재한다.

> 사회적으로 구성되고, 암묵적으로 받아들여지는 신뢰성의 위계, '층하한 집단들로 만들어진 모든 시스템에서 구성원들은 가장 높은 집단의 성원이 믿길 권리가 당연히 있다'Becker 1967 : 241고 전제한다. 그들의 현실에 대한 이해를 객관적이고 정당하다고 생각한다. 이것이 공식 대중 기억이 된다. 반대로 사회적으로나 도덕적으로 신뢰성의 위계에서 낮은 곳에 있는 이들의 기억은 덜 믿을 만하다고 생각한다. 그것의 결과가, 낮은 직급의 비정상적인 집단의 이야기는 경멸받고 대체로 사회적 의식의 적법한 재구성에서 필연적으로 생략되는 것이다Huggines et al. 2002 : 27.

따라서 많은 내부고발자에게 진실을 제도적으로 검증받는 과정은 무척이나 어렵다. 앞에서 언급한 것처럼 고대 그리스의 파레시아스트는 현재 상상되기 어렵기 때문에 더욱 그렇다.

한편 내부고발을 긍정적으로 인식하는 이들에게 파레시아 개념을 통해 현재의 내부고발을 살피는 작업은 지행합일知行合一, 도덕적 완성, 양심을 동기로 한 의지적 활동이라는 평가로 이어지기 쉽다. 다시 말해 내가 파레시아 개념에서 현대 내부고발의 특성을 살피는 작업이 얼핏 지행합일의 표본인 소크라테스를 연상시키면서 일관적인 진실의 소유자, 현 시대에 보기 드문 (그러나 비극적인) 영웅으로 성급하게 귀결되기 쉽다는 것이다.

최근 케이트 케니Kate Kenny 또한 이 점을 바로 지적했다. 그녀는 앨포드를 포함한 기존 연구에서, 내부고발자를 도덕적 추동에 기반하여 자유를 위해 고군분투하는 개인으로 묘사하는 경향이 푸코의 파레시아스트의 개념과 유사하다고 설명하면서, 그러한 작업들이 의미가 있음에도 불구하고 한계가 있다고 지적한다. 그리고 사람들이 조직 규범 안에 어떻게 위치되어 있고 그것이 어떻게 개인 수위에서 작동하는지를 살피는 통합적인 연구 방법을 주장한다Kenny 2019 : 27~28. 그녀가 보기에, 대안적 방법과 이론을 추구하는 연구들조차도 내부고발자가 이례적으로 영웅적 인물이라는 전제를 갖고 있다. 내부고발자가 보통 사람들과는 매우 다른, 유별난 개인으로서 어떤 도덕적 가치에 추동된 것으로 묘사된다는 것이다. 나 또한 다른 논문과 2장에서, 내부고발 내용이 아닌 고발자에 대한 초점으로 회귀하는 개인화 과정과 영웅화를 비판하였고김미덕 2014, 2장 케니의 비판에 무척 공감한다.

내부고발자의 지행합일 문제는 항상 논쟁적일 수밖에 없다. 이것은 모든 사람에게 적용되는데, 좁혀 보면 기본적으로 인터뷰이들과의 한정된 만남 속에서 그것을 확인할 길이 없기 때문이다. 나는 몇 인터뷰이의 경우 지속적인 만남을 통해 성격, 언어습관, 사고를 충분히 파악하게 되어 소위 말하는 도덕적 완성을 기하는 사람과 유사한 경우들을 목격하였다. 그러나 이때에도 그가 어떠한 사람이라고 단정 지을 순 없다. 나는 인터뷰이들 중에서 자기 자신의 삶의 일관성을 지키려는 도덕적 나르시시스트moralized narcissist, Alford 2001를 발견하기도 했고, 제보 사안으로 쟁점화되고 싶지 않아 분리주의적 생활을 택하는 제보자도 보았다. 또 과거의 내부고발 경험을 활용해 이후 경력을 손쉽게 쌓는 경우도 목격했다. 2013년에 만난 인터뷰이로서, 그녀가 보조원으로 참여한 2년간의 공동연구 프로젝트를 수행하면서 그녀의 활동과 언행을 지근거리에서 볼 수 있었다. 그녀는 현재 내부고발자에 대한 외부의 긍정적인 평가가 바탕이 되어 공익제보 전문가로 활동하고 있다. 이런 양상은 제보 이후 겪은 어려움에 대한 보상이라는 프레임이 작용해 문제가 없어 보이지만, 그 경력 쌓기가 제보자 당사자가 비판했던 편법과 부정의를 재생산하면서 이뤄지고 주제에 대한 능력이 아닌 과거의 제보 행위 자체에만 바탕을 둔 것이기 때문에 문제라는 것이다. 또 말 그대로 거짓말, 이간질, 업적 과장 등을 서슴지 않는 그녀의 행위들을 직·간접적으로 계속 보고 들었다. 주변 사람들은 과거에 그녀가 제보를 한 사실 자체도 믿을 만한가 의심을 표하기도 했다. 그러나 다른 한편에서는 어찌 되었든 그녀의 편법과 부정의도 과거의 내부고발 행위로 인한 후유증이 아니겠는가 하며 '관용'을 받기도 했다. 민주주의와 진보를 주장하면서 동료 여성 운동가들을 성적 대상화하고 도구화하며 자신들만의 이득의 카르텔을 만드는 운동권 남성들전희경 2008, "양성 평등 문제에는 비판적이지만 다른 정체성에 기반한 특권을 통한 '존재론적 공모'는 쉽게 간과하면서"김미덕 2016 : 18, 가부장적 질서를 재생산하는 적지 않은 페미니스트의 행위와 마찬가지의 맥락이다. 일면 제보자에 대한 비난과 몰이해가 과도하기 때문에 그에 대한 반사적 대응으로 제보=도덕적 행위, 제보자=의로운 사람이라는 성근 공식에서 파생한 사태라고 할 수 있다{김미덕 2021b}. 결과적으로 이 또한 한국사회 민주주의 발전 정도와 안정의 상태를 방증하는 예일 것이다.

케니가 지적한 또 다른 문제점이자 다시 한번 확인하고 싶은 점은, 기존 연구가 끊임없이 내부고발자가 조직 권력으로부터 어떠한 탈출구도 없고 항상 그 여정에서 실패할 것이라는 암시를 주면서 자기-희생 개념을 재생산한다는 것이다. 일종의 운명주의{fatalism}가 전제되어 있다는 것인데, 이는 내부고발과 관련된 낭만주의 때문이라고 지적한다. 즉 내부고발자를 조직 독재에 투쟁하는 용감한 투사로 묘사하면서 책상물림 연구자들이 자신들이 묘사하는 무용담에 대리로 참여하는 기쁨을 가진다는 것이다. 이런 배경에서 내부고발을 하는 당사자들도 고통받는 영웅이라는 만연한 문화적 수사를 자신의 행위를 설명할 때 차용한다는 점도 지적한다{Kenny 2019 : 29}. 실제로 그녀는 인터뷰에 바탕한 사실적인 분석을 수행했으며, 책상물림 연구자들의 영웅 묘사에서의 대리 기쁨 또한 깊게 공감하는 부분이다. 이 부분은 비단 이 분야뿐만이 아니라 다른 분야의 사회적 약자에 대한 연구들에서도 빈번하게 보이는 경향이다. 운명주의 문제 또한 구체적인 제보 과정과 내부고발자들이 그 과정에 대처하면서 어떤 인식의 변화를 갖는가에 대한 연구를 통해 보완되어야 한다.

다만 나는 케니의 문제의식과 기존 연구에 대한 비판을 감안하고 종합적인 연구방법과 초점의 중요성을 인지하면서도, 인터뷰이들의 서사에서 윤리적 쟁점이 빠지지 않았기 때문에 그것에 대한 이해를 어떻게 하는가가 중요하다는 점을 강조하고 싶다. 이 말은 제보의 동기가 양심 · 정의

·용기 등과 같은 도덕적 개념 '자체'라는 뜻이 아니다. 인터뷰에서 그런 도덕적 표현들은 대개 어려우면서도 일을 진행하는 이유, 사안의 전반적인 성찰 과정 등에서 문득문득 등장했다. 심지어 분명한 도덕적 가치의 동기를 말하거나 인식하지 않더라도 예컨대 "나는 내가 의무로 한 일이기 때문에 내 행위가 내부고발이라고 생각하지 않았다", "문제를 절차에 따라 보고하면 조직에서 바로 처리해 해결될 줄 알았다"라는 언술에서조차 발화자의 숫됨naive이라는 덕목을 볼 수 있다(이것은 내부고발자들이 한국사회·조직의 시스템을 잘 모르는 어리석음이나 실수로 간주되기도 한다). 내부고발 과정에서 자아 성찰, 앨포드의 표현으로 내적 대화Alford 2001도 중요한 역할을 한다. 다만 도덕적 용어 그 자체만으로 제보의 동기, 진행, 성찰이 요약되는 것이 아니다. 예컨대 매우 간략하게 결과적으로 제보 행위를 의로운 일로 해석하고 부패의 정도가 너무 심했다는 표현으로 동기를 설명하는 경우에서도, 그 조직의 누적된 노동 환경의 열악함, 불법적 상황에 자신이 연루된 물리적 여건들이 작용한 것이다. 각각의 사례에서 이러한 제보 과정에 대한 '구체적인 천착'이 없는 도덕적 동기나 배신자나 비극적 영웅과 같은 외피적 평가는 분석 측면에서나 사회적 존재로서의 인간에 대한 평가·이해 측면에서도 온전하지 않다.

나는 어떤 일반화를 이룰 수 없을 만큼 개개인의 다양한 성격과 복잡한 상황을 인정하되, 내부고발이라는 행위가 일어날 수밖에 없는 상황과 그로 인한 유사한 경험 패턴을 확인하는 것이 중요하다고 주장한다. 따라서 내부고발에 대한 부정적 호명과 인식뿐만 아니라 긍정적인 호명과 인식 또한 아무리 그 의도가 선할지라도, 개인의 정체성과 특정 행위를 동일시하는 경향은 경계해야 함을 다시 한번 환기하고 싶다Kim 2009; 김미덕 2014.

제4장

그들은 왜 제보하는가?

1. 오래된 질문 | 2. 도덕적 동기에 대하여 | 3. 여러 결의 동
기와 복잡성 | 4. 요약

(사회가) 썩어도 너무 썩은 대로 갈 것이고, 우리가 모래성을 쌓는 게 될 것인데. 누군가는 해야 되고 누군가가 거름이 되어야 하면, 그게 왜 나여야지? 하는 생각은 했었지만, 결국 누군가는 해야 되는데 고양이 목에 방울 달기인데, 가장 가까운 환경에 있는 사람만이 할 수가 있겠구나 (했어요). 그런데 내가 그동안 그걸 외면해 왔구나. '너도 네가 싫은 거 남이 해주길 바라면서 무임승차 하려고 외면해 왔었구나…… 너도 비겁했었구나' 내 스스로 자책을 했어요. (주변과 조직의 비호를 받는 비리 의혹자와 나와의 싸움이 될 텐데) 그러면 내가 어쩌면 한걸음도 못 떼고 도태될 수도 있겠다는 생각이 들었어요. 그런데도 해야 되나? 그런데 결국은 해야 된다 누군가는. 그리고 내가 해서 끝장은 못 보더라도 불을 지피는 역할이라도 해야 한다는 생각을 한 거죠. 누군가는 시작을 해야 되고, 그걸 이어받아서 누군가가 계속해야 한다는 생각을 했었어요.

― 유화영(가명), 공익제보자

그 사안들이 신고자인 나를 겨냥한 것이냐 나를 겨냥하지 아닌 것이냐, 그게 오히려 더 핵심인 것 같아요. 자기가 겪고 있는 상황이 세상에서 제일 힘든 것이잖아요. (…중략…) 이런 문제제기를 하기 전에, 특히 제 직원들이, 한 직원은 막 문제제기를 했어요. (…중략…) 그렇게 했던 친구가 실제로 제가 이 일을 하니까 (회사를 위한) 탄원서를 다 쓴 거예요 저를 나쁜 사람이라고. 저한테 항의를 했던 친구가. 이런 표현도 씁니다, 그게 조직에 있는 사람이 길을 가다가 어떤 여자 분이 건장한 남자한테 맞고 있어요. 구타를 당하고 있어요. 그러면 보는 사람은, 본인이 무엇을 할 거 아닙니까, 최소한 112에 신고를 한다든지. 근데 너무나 당연하게 그렇게 가는 게 나한테 들어왔어. 우리 회사에 들어왔더니 어떤 위법을 발견했는데 길거리에서 신고할 것처럼 해야 하는데 못하잖아요. 못하는 이유가 뭐겠습니까, 이익과 관련된 것 아니겠습니까.

― 유형식(가명), 공익제보자

1. 오래된 질문

제2장에서 이 주제에 대한 내 첫 번째 질문이 제보자의 동기였으며, 2013년 인터뷰를 수행한 지 얼마 되지 않아 그 질문이 타자화된 질문이었음을 바로 알게 되었다고 언급했다. 그런데 "왜 어떤 사람은 제보를 하고 어떤 사람은 제보를 하지 않는가?"라는 평범한 질문에는 유심히 살펴보아야 할 전제가 있다. 질문 자체가 진공에서 생긴 것이 아니라 제보행위를 둘러싼 주류 담론을 이미 담고 있기 때문이다.

그러한 질문이 생긴 데는 몇 가지 이유가 있다. 먼저 내부고발 행위가 드물고 예외적인 행위라는 인식이 자리 잡고 있기 때문이다. 즉 제보자에게 왠지 있을 것 같은 성격상의 독특함에 대한 궁금증 때문이다. 또 제보의 동기가 순수한 공익인가 아니면 사익이 개입된 불순한 의도인가를 가려 공익신고의 적법성 여부를 결정하는 문제와도 연결되어 있다. 다른 한편에서 대의명분보다는 개인의 사적인 원한이 아니고서는 그런 일을 하지 않을 거라는 부정적 인식에서 기인한 것이기도 하다.

나는 2장에서 도널드 소큰의 논의를 소개하며 내부고발은 용기 있는 제보자의 일순간의 극적인 폭로라기보다 장기간의 여정임을 보였다Soeken 1986. 그 과정에서 제보자뿐만이 아니라 여러 주체(가족, 친구, 동료, 조직 내 비리 행위자, 국가기관들의 담당 공무원, 대중매체 등)가 개입되는데Bjørkelo et al. 2008, 2013; Near and Miceli 1985; Tran 2011; Uys and Smit 2016; Vandekerckhove and Phillips 2019, 무엇보다도 제보자에게 제보가 어떤 의미인지가 가장 중요하다. 2001년 *Whistleblowers*『내부고발자』를 쓴, 3장에서 잠깐 언급한 앨포드는 이 문제를 연구하면서 유사한 문제의식을 피력했다.

나는 내부고발자가 왜 내부고발을 하는지 알고 싶어 이 연구를 시작했다. 나는 지금도 그 질문을 염두에 두고 있으며 내부고발자의 윤리를 (내 책의) 4장과 5장에서 다룬다. 그러나 내부고발자가 왜 내부고발을 하는지가 가장 중요한 질문은 아니다. 마치 심문이 경청을 대체하는 것처럼, 내부고발자로부터 그들의 세계를 배우지 못하면 그것은 주의를 딴 데로 돌리는 일일 것이다. 가장 중요한 질문은 내부고발자가 그들의 경험을 통해 이 세계에 대해 무엇을 배웠는가이다. 만약 누군가 답할 수만 있다면 '자신의 행동을 통해 어떤 세계를 품어 어떤 사람이 되었는가?'라는 질문이 가장 이상적인 질문일 것이다Alford 2001 : ix.

앨포드는 제보자들과의 인터뷰를 바탕으로 그 동기를 윤리적 측면에서 살피고, 제보자의 강요된 희생을 철학적 측면에서 분석했다.

나는 이 장에서 진부하고도 오랜 질문인 공익제보의 동기를 살펴보려고 한다. 그 이유는 여전히 이에 대한 연구가 드물뿐더러 그것이 도덕적 담론으로 이어지면서 현실을 왜곡하는 경우가 많기 때문이다. 다시 말해 양심·정의·용기·이타심 등의 도덕적 언술이 일상적으로 회자되면서 내부고발은 모든 사람이, 환경과 '연습' 등으로 단련할 수 있는Sanderson 2020 사회 구성원의 공적 의무로서의 가치Ceva and Bocchiola 2019가 아니라 남다른 성격을 가진 소수의 사람만이 행하는 예외적이고 일탈적인 행위, 아니면 훌륭하지만 가혹한 희생을 초래하는 행위라는 인식을 재생산하고 있기 때문이다. 그러한 인식은 사회 전반적으로나 제보자 당사자에게도 이롭지 않다. 제보자들에게서 도덕적 신념이 보이지 않는다거나 그들에게 노출된 어려움이 가볍다는 말이 아니다. 그런데 제보자의 도덕적 신념이 발휘되는 구체적인 조건과 어려움이 발생하는 상황에 대한 숙고가 없다면, 당위적인 언술로 끝남으로써 제보가 본래 갖는 사회에 대한 비판적 기능의 위력을 발휘하지 못한다. 나는 어떤 조건과 상황에서 그들의 도덕적 신념이나 가치가 작동하는지 그 점을 주목하려고 한다.

이를 통해 공익제보의 동기에 대한 대중적 인식인 순수하고 이타적인 공익 대 불순하고 계산적인 사익의 이분법과, 그것을 전제로 하여 제보를 유별난 용기를 가진 소수가 한순간에 결정하는 행위로 이해하는 것이 얼마나 단순한 접근인지 살펴보고자 한다.

2. 도덕적 동기에 대하여

제보의 동기는 내부고발에 관한 거의 모든 자료에서 언급된다. 앞에서 기술한 문제의식을 모두 갖고 있기 때문일 것이다.

동기로는 공익, 남다른 성격, 성향이 변수로 나오고 이를 다양화·맥락화하는 변수들(조직의 상황, 조직에서 제보자의 지위, 내부고발에 대한 사회 전반적 인식—법제화나 평가 등—)이 강조되기도 한다.Culiberg and Mihelič 2017; Wortley et al. 2008.

그리고 몇몇의 연구가 '여러' 이유를 동시에 언급하고 있다. 예를 들면 로스차일드와 미이쓰Rothschild and Miethe 1999는 업무의 일환으로서나 종교나 인도주의 전통humane tradition의 개인적 가치가 바탕이 된 경우, 자신에게 해가 되어 방어하는 경우를 들고, 조직의 부정적 대응으로 제보자들이 끈질긴 저항자가 되는 정치적 변화가 있음을 설명한다. 그럼에도 가장 대표적인 담론으로서 내부고발은 매우 막연하고 피상적으로 양심, 공적

이익을 위한 결정에서 비롯된 것이라고 이해된다.

오랫동안 미국의 내부고발 문제를 연구한 미셀리와 니어가 내부고발에 대한 여섯 가지 신화를 언급했는데, 그것들 중 동기와 관련된 두 신화가 나온다. 첫 번째와 여섯 번째인데, 보통 내부고발자는 순수하게 이타적인 동기가 있으며, 비리를 목격하지만 제보하지 않은 사람들과 유다른 성격이나 성향을 지녔다는 것이다Miceli and Near 2010 : 75.[1] 그리고 첫 번째 신화에 대해 그들은 다음과 같은 결론을 내린다. "이 신화는 내부고발이 다른 사람들만을 돕기 위한 것이고 당사자에겐 아무런 이득이 없다는 것인데, 이는 경험적으로 타당하지 않다. 우리의 서베이 데이터와 법적 데이터를 활용한 연구 결과Miceli and Near 1992를 보면 반수 이상의 제보자가 다른 사람들과 자신 모두에게 이득이 되는 혼합된 동기를 갖고 있었다. 예를 들어 개인적으로 부당한 차별의 피해자인 내부고발자는 비리가 중단되는 이득을 얻고, 불만을 제기하지 않은 다른 동료들에게도 도움을 준다. 제보를 함으로써 보상을 받거나 비리자에게 개인적으로 화가 난 제보자도 부분적으로 다른 사람을 도우려는 동기에 의한 것일 수 있다"Miceli and Near 2010 : 77. 여섯 번째

---

1 나머지 신화는 다음과 같다. 둘째, 조직의 상부기관에 제보를 하는 내적 제보(internal whis-tleblowing)는 진정한 제보가 아니다. 셋째, 오늘날 조직에 비리가 횡행한다. 넷째, 비리를 목격한 대부분의 노동자가 제보를 한다. 다섯째, 비리는 직접 영향을 받는 노동자들에게만 해를 끼친다.
  한국의 상황에서 금세 이해가 되는 것도 있고 그렇지 않은 것도 있다. 나는 본문에서 언급한 첫 번째와 여섯 번째 신화에 대한 그들의 해석에 동의한다. 한편 세 번째 신화에 대해서 그들은 "조직마다 비리 발생률은 다르다, 과거보다 현재가 더 악화되었다는 경험적 증거는 없다"라고 하였다. 그런데 그 신화는 현재와 다름없이 과거에도 부패와 비리가 만연하고 항상적이라는 유추도 가능하다. 두 번째 신화에 대해서는 외부로 제보를 하게 되는 경우에도 많은 제보자가 처음에 내부 채널을 활용하기 때문에 그것이 신화라고 하였는데, 이 책의 연구 사례들에서도 동일하게 목격할 수 있었다. 내적 제보와 외적 제보라는 이분법 또한 허구에 가깝다. 다섯 번째의, 비리가 직접 영향을 받는 노동자들에게만 해를 끼친다는 점 또한 비현실적인데, 비리 및 비리 의혹 제보는 제보자 이외에도 '결국' 다른 구성원들의 대응을 초래하기 때문에 모든 구성원에게 영향을 끼치는 것은 두말할 것이 없다.

신화에 대한 그들의 답 또한 혼합적이라는 것이다. 내부고발자의 공통점을 찾기 위해 자기 존중감, 외향적 성격, 자기 의견을 단호하게 말하는 성격, 윤리적 입장, 도덕적 판단, 양심, 상냥함, 연령, 젠더, 결혼 유무, 조직 내 지위, 임금 등을 변수로 고려하는데, 각 변수마다 유관한 결과를 내는 경우도 있지만 그 반대의 경우도 있어서 어떤 일관적인 결론을 내리기 어렵다는 것이다Miceli and Near 2010 : 81~84. 요컨대 그들은 "제보자가, 문제를 알지만 제보하지 않은 노동자들과 다른 성격이나 성향을 가졌다는 점도 (…중략…) 불완전하다"라는 결론을 내린다Miceli and Near 2010 : 84.

한편 한국에서 제보의 동기는 도덕적 수위에서 접근하는 것이 큰 특징이다. 가장 대중적으로, 그리고 국가나 시민단체 등에서 공익제보의 활성이나 기여를 강조하면서 무의식적으로 활용하는 양심・정의・용기 등의 표현에서 바로 알 수 있다. 내가 2013년에 참여한 서베이 질문(42명 참여)에 공익신고의 이유가 있었는데, 그에 대한 프레임을 재차 확인할 수 있었다. 예를 들면 이렇다. 내부공익신고를 선택할 당시 가장 중요한 원인으로 제시된 항목들은 '잘못을 바로잡을 수 있다'(32%), '문제의 심각성을 효율적으로 알릴 수 있다'(20%), '진실을 밝힐 수 있다'(17%), '사회 구성원으로서의 책임을 다할 수 있다'(17%)였다. 그 외에 '철저한 조사를 이끌어 낼 수 있다'가 있었다. 결론으로서 응답자들의 70퍼센트 이상이 내부공익신고를 통해 잘못을 바로잡고 진실을 밝히고자 했다고 정리한다호루라기재단 2013 : 76. 이어진 질문은 자신이 내부공익신고를 할 수밖에 없었던 당위성에 대한 것이었다. 절반 이상이 '문제를 해결할 또 다른 방법이 없다'는 것과 '부정을 저지른 사람으로 하여금 잘못을 인정할 수 있게 만들 수 있다'는 항목을 가장 높게 꼽았다. 그리고 내부공익신고가 중요한 이유를 물었는데, 제시된 답은 '진실을 밝히는 일이고 권력의 횡포를 막는 것'(27%), '국민의 건강과 안전을 지키고'(12%), '양심의 실천 방법'(12%)이었다호루 라기재단2003 : 76~77. 언어와 질문 구성의 배경이 도덕 담론에 기초하고 있음을 알 수 있다. 그런데 책임, 양심, 진실 등의 표현이 제보자들에게는 어떤 맥락에서 나오고 어떤 의미일까?

남다른 양심과 뛰어난 정의감 등이 전제된 질문과 정해진 답안들은 추상적이고 당위적이며, 너무 많은 혹은 너무 옳아 보이는 이야기를 담고 있지만 바로 그 이유로 결국 아무런 이야기를 담고 있지 못하다.[2] 앞 질문지에서의 내용이 물론 한국에서만 활용되는 것은 아닌데, 실제 그 내용이 무엇이고 어떻게 작동하는지 많은 부분이 생략되어 있다. 그리고 그러한 언술에 상응하는 주제가 내부고발자들이 겪는 조직의 보복이라 일컬어지는 피해 부분이다. 결국 이러한 도덕적 언술과 피해를 강조하는 담론은 내부고발의 긍정적 효과보다는 제보를 하면 감당하지 못할 희생을 겪는다는 두려움과 내부고발자에 대한 영웅화와 적대적 인식을 동시에 지속시키고 있다.

3장에서 언급했듯이 인터뷰에서 도덕적 신념의 표현이나 전제는 대부분의 제보자에게서 나왔고, 그러한 개인의 도덕적 신념은 구체적인 계기, 조건, 상황과 맞물리면서 성찰과 문제 해결 과정에서 중요한 요소로 등장한다.

---

2 비교를 통해 이를 한 번 더 확인하면 예컨대 호주에서 실시된 한 서베이는 실제 제보 과정에서 일어나는 사안들에 대한 구체적인 설명이 질문으로 구성된 것이 특징이다. 내용들은 다음과 같다. "나는 제보가 윤리적 책임이라고 생각했다, 비리가 너무 심각했다, 내 제보가 문제를 교정할 수 있을 것이라고 믿었다, 내 제보를 보충할 증거를 갖고 있었다, 누구에게 제보를 해야 할지 알고 있었다, 내가 보고할 그 사람을 신뢰했다, 조직이 지지를 해 줄 것이라고 생각했다, 법적 보호를 받을 수 있을 것이라 믿었다"(Wortley et al. 2008 : 71).

3. 여러 결의 동기와 복잡성

아래 제보 동기를 몇 가지로 분류했다. 사회적 인간으로서 당연히 해야 '할 일을 했을 뿐이다', '직업인으로서의 의무였다', '불법이나 비리에 연루되고 싶지 않았다, 내 일이었고 책임질 일이 있으면 책임을 질 것이다', '부끄럽고 싶지 않았다', 불법·비리·부도덕이 '해도 해도 너무했다', '다른 사람들의 어려움과 고통을 목격했다' 등이다. 이 분류에서 강조할 점은 각 사항이 깔끔하게 나눠지지 않는다는 것이다. 즉 하나의 요인만으로 제보가 이뤄진 것이 아니라 여러 요인이 복합적으로 작용하였다. 또 언급했듯이 인터뷰 과정에서 직접적으로 표현되었든 표현되지 않았든, 모두 자신의 도덕관이 (어느 시점에서 내가 뚜렷하게 인지가 가능할 만큼) 분명히 드러났다. 이 때문에 분류를 위한 분류 자체보다 맥락을 살피는 것이 중요함을 강조하고 싶다.

"공무원에게 부정행위 신고는 법적 의무다. 이것이 왜 내부고발인가"

제보자 당사자에게 제보 이후 겪는 뜻밖의 결과 중 하나는 비리 의혹을 신고·제보하면 당연히 문제가 잘 해결될 것이라는 믿음이 실현되지 않는다는 것이다. 조직의 부정적 대응이 있은 후에야 내부고발의 '속성'을 자각하게 되고 점차 내부고발자가 '되어간다'.

칭찬이나 포상은 아닐지라도 제보를 하면 적어도 일이 잘 해결될 줄 알았다는 믿음은 공무원의 경우에 두드러지게 나타났다. 교사, 군인, 여러 국가기관 소속의 제보자들로서 그들은 당연히 해야 할 '법적 의무'로 제보하였을 뿐임을 강조했다. 「부패방지 및 국민권익위원회의 설치와 운영에 관한 법률」의 제56조(공직자의 부패행위 신고의무)에 그 의무는 이렇게 나와 있다. "공직자는 그 직무를 행함에 있어 다른 공직자가 부패행위를 한 사실을 알게 되었거나 부패행위를 강요 또는 제의받은 경우에는 지체 없이 수사기관·감사원 또는 위원회에 신고하여야 한다."[3] 거의 모든 공무원은 이 점을 지적했다.

장영환은 2010년대 초반 미성년자 보호기관에서 일어난 인권침해를 제보했다. 수감자들을 만나는 과정에서 이를 알게 되어 동료들에게 의논하지만 곧 배신자로의 취급을 감지했다. 믿을 만한 상사들에게도 의논했지만 '너만 다친다'라는 말을 들었다. 결국 한 대중매체에 제보를 하고 그 이후 여러 부당한 대우를 받았다. 그는 조직이 완전무결한 도덕성을 추구하거나 그것이 가능하다고 믿지는 않았다. 그런데 직무 수행에서 자신'만'이 접근할 수 있는 '특권적인 정보', 그중에서도 자신이 도저히 묵과할 수 없는 미성년자들이 처한 성적 폭력을 포함한 인권침해를 지켜만 보고 있을 수 없었다.

아이들에 대한 미안함도 있었고 사실 (비리가) 돈 문제였으면 (제보를) 안 했을 것 같아요. 누가 몇억을 해쳐먹고 몇십조를 해쳐먹고 이런 거였으면. 왜냐면 저 말고도 그런 걸 할 사람이 있지만 이거는 제가 아니면 증언을 할 수도 없고 알 수 있는 정보가 아니었어요. (…중략…) 이 기관은 굉장히 밀폐된 조직이고

3　또 「공익신고자 보호법」에 있는 신고의무 부분은 이와 같다. "제7조(공직자의 공익신고 의무) 「부패방지 및 국민권익위원회의 설치와 운영에 관한 법률」 제2조 제3호에 따른 공직자(이하 '공직자'라 한다)는 그 직무를 하면서 공익침해행위를 알게 된 때에는 이를 조사기관, 수사기관 또는 위원회에 신고하여야 한다." http://www.law.go.kr/법령/공익신고자보호법(접속일 : 2022.1.31)

외부 감사를 한 번도 받은 적이 없는 조직이었어요. 그러니까 뭐 안에서 증거인 멸하면 누가 알겠어요? 그니까 다 진술만 있는 거예요. 그런데 아이들은 실제로 심각한 인권침해를 당하고 성추행, 성폭행, 강간에 가까운 짓을 당하는데, 그리고 B기관 직원들이 좀 이상한 직원들이 많아요.

저는 공무원이니까. '공무원이' 공무를 수행하다가 비리라든가, 이런 거 신고할 의무가 있어요 법에. 내부조직이 기업이 아니잖아요. 사익 추구 단체도 아니고 이게 왜 내부고발이라고 하는지 이해가 안 돼요. 이게 공익제보죠. 이것은 일반적인 돈 문제 이런 게 아니라고요. 누군가가 시정 조치가 있어야 해요. 그건 공무원이라면 신고할 의무도 있고. 그런데 아무도 안 하는 거잖아요. 그런 게 문제라고 생각해요.

그는 내가 대화 중에 언급한 문제의식이라는 표현에, 그렇지 않다며 단호하게 의견을 피력했다.

이게 무슨 문제의식이에요. 마땅히 해야 할 일을 안 하니까 하자 이거잖아요. (…중략…) 아니 애들 15세, 16세, 13세 인권을 탄압하고 있는데 너 그거 터트리면 조직에서 배제되니까 참어, 이게 무슨 말도 안 되는 일이냐고요. 니네들 몇억 몇십억 해 처먹은 거 내가 봐줄 수는 있어도, 이건 아니라는 거죠. 이건 순수한 것도 아니고 당연한 거죠. 이런 마인드가 있는 놈들이 하나도 없다는 거죠, 그 수천 명 수만 명, 검찰 조직까지 다 해가지고. 어떻게 하나도 없죠. 진짜 놀라워. 어떻게 하나도 없어. 직렬 ○○직, ○○직, 우리 범죄 예방, ○○직(조직의 직급들) 다 없어. 아니 이건 당연한 거예요. (…중략…) 저는 이건 문제의식이 아니라고 생각해요.

제보 이후 그 조직은 처음으로 감사를 받게 되었지만 관련자들에 대한 처벌은 없었다고 한다. 그리고 그는 업무 관련 고소를 당하고 해직 통보를 받았다. 그는 대법원에서 몇 년에 걸친 법정 투쟁에서 무죄 판결이 남으로써 복직되었다. 제보가 공론화되면서 사안을 무마하려는 조직 차원의 해결책과 파격적인 승진을 제안받았지만 그가 거절한 일도 있었다.

고위공무원으로서 소속 기관장의 인사 비리(특정 지역 중심의 편향적 인사) 및 개인 비리를 제보한 강신일의 경우도, 내부고발이라는 단어를 당연히 알고 있었지만 공무원으로서 긍지를 갖고 일을 해온 자신이 제보를 할 상황에 직면할 것이라고는 예상하지 못했다고 했다. 그는 '복종을 할 줄 알아야 진정한 리더가 될 수 있다'는 믿음을 지닌 사람으로서 마찬가지로 공무원은 비리 제보의 의무가 있음을 강조했다. 또한 일신상의 변화도 동기로서 직접적으로 맞물려 있었다.

당연히 (내부고발이라는 단어를) 알죠. 알지만 거의 할 생각도 '안 해 봤고' 그랬죠. 저는 제 일하기 바쁘니까. 저는 일 초도 뭐 딴 데 관심이 없었어요. 저는 항시 정책 구상을 하고 있고 제가 하는 업무에 대해서 24시간 생각하고 이런 사람이었지, 이렇게 뭐 남한테 그럴(제보하거나 비판할) 여유가 없었어요.

제가 열심히 일했고 누구보다도 이 조직에서 열심히 일했고. 말로만 열심히 일한 게 아니고 나는 그런 실적[4]을 가지고 있고 또 정부에서 나를 선진문물(유학)을 배워 와서 열심히 하라고 했기 때문에, 저는 합당하게 이렇게 해야 한다고

(생각했어요). 저는 책무와 사명감을 가지고 있는 사람이에요. 그러니까 (제보를) 할 수 있어요. 제가 뭐 승진 안 돼서 그랬다 그거는 저를 완전 폄하하려고 하는 그런 사람들의 주장에 불과해요.

당시 기관에서 불공정한 승진 문제에 대한 비판이 전반적으로 확대되었는데, 그 와중에 강신일은 계급정년을 몇 개월 남겨둔 채로 직위해제를 통보받았다. 그는 기관장을 신고하고 국가기관에 제보자로서의 보호를 요청했다. 소속 기관의 중앙징계위원회의 위법적 절차 문제(예컨대 당사자에게 소명 기회를 주지 않음)가 있었고, 기관은 K위원회로부터 제보로 인한 불이익을 준 데에 과태료를 부과받았다.

(제가) 감사원 등에 제보했던 내용이라는 게 허위성이 없고 거의 다 사실과 일치를 해요. 부패방지 권익위법에 의하면 공직자가 비리행위를 알았을 때는 지체 없이 신고하게 돼 있어요. 저는 지체 없이 신고한 정당한 공익제보자임에도 저를 허위사실을 제보해서 청장을 음해했다는 이유로 조직의 배신자로 매도하는 거죠. 그러면서 청장을 음해하고 처벌받게 하려고 했다고 무고했다는 이유 등으로 직위해제를 당하고, 중앙징계위원회에 징계가 회부되어서 해임처분도 받고. 또 형사고발도 해가지고 무고로 명예훼손으로 기소되어가지고. (그런데) 전혀 '혐의가 없어요'. 전혀 혐의가 없음에도 불구하고 검찰, 경찰들이 그 당시에는 ○○○들(특정지역)이 모든 기관을 장악하고 있는 거예요. 그니까 애들이 저는 걔네 편이 아니라고 생각하는 거예요. 당시 국가 전 기관들이 그렇게 생각

---

4 그는 직무 관련 구체적인 프로그램을 설명하였다.

하는 거예요. 전혀 혐의가 없는데도 (…중략…) 이 사람에게 어떤 신분상의 불이익을 못 주게 돼 있는데 그 법에 의하면. 직위해제되고, 중앙징계위원회에 의결을 요구했을 때 제가 '즉시', K위원회에 신분보장 조치를 요구했어요. K위원회는 즉각적으로 해결하고. (…중략…) 이것은 정당한 공익제보가 맞으니 (…중략…) 모든 인사상의 불이익을 중지해라, 직위해제도 취소하고 중앙징계위원회 중징계 의결한 것도 정지하고 취소하라고 이런 식으로 해요. (내용을 잘 아는 지인에 따르면 K위원회에서 기관으로) 전화가 오고 하니까 지네들이 뭔데 남의 기관이 하는 일에 개입하느냐 이러면서 굉장히 나쁘게 이야기하고 강신일을 죽여야 된다(괴롭혀야 한다), 이렇게 하면서 저를 몰아붙인 거예요.

그의 인터뷰에서 눈에 띈 것은 2010년대 초 시작된 일이 2019년 인터뷰 당시까지도 법적 문제가 진행되고 있다는 점이었다. 주무기관으로부터 받은 조치에 대한 소속 기관의 취소청구 소송이 대법원에서 수년간 진척이 없기 때문이었다. 따라서 그의 인터뷰에는 일을 진행하면서 목격한 사법기관에 대한 비판도 있었다. 그는 제보한 이후 어려움이 있을 것을 당연히 예상했고, 도덕적 믿음뿐만 아니라 자신이 제시하는 문서화된 증거자료들을 통해 승리한다는 확신이 있다고 했다.

자기 마음을 상대방에게 읽히는 게 '가장' 비겁한 거야. (…중략…) 자기가 지금 어떤(부정한) 마음을 품고 있어, 근데 지금 상대방이 알아보고 있잖아요, 말은 다른 말을 하잖아, 이중성이잖아. 그 말은 뭐냐 하면 인간의 이중성이 상대방에게 노출될 때, 알아볼 때 (들킨다는) 그 말이에요. 당신의 마음을 상대방에게 읽혔을 때 그게 가장 비겁한 거다, (…중략…) 수치스러운 거죠. 나는 근데 그거를 비겁하다고 표현해요 왜냐면 이중성을 나타내는 거잖아.

제보자의 '이중적이지doubling 못함'은 앨포드2001가 언급한 제보 동기 중 하나다. '앞과 뒤가 같다', '그렇지 않으면 비겁한 거다', 즉 언행일치言行一致의 개념이다. 공무원으로서의 의무로 이 사례를 분류했지만 이 사례 또한 여러 동기가 맞물려 있다. 이중적이지 못함이라는 도덕적 부분 이외에도 자신의 진급 문제가 계기가 되었다. 그의 경우에도 공익과 사익의 단순한 이분법을 넘어서, 공무원의 의무이자 일련의 커다란 흐름과 상황에서 자신의 일이 직접적으로 관련됐을 때 불법·부패 제보를 한 것이다.

한편 제보 동기를 설명하는 데서, 공무원의 의무로서 혹은 직업인으로서 할 일을 했을 뿐이라는 말은 그 외연을 넓히면 그 행위를 '상식이라고 생각했다'라는 말과도 일맥상통한다. 2016년의 소위 국정농단 사태에서 증언을 했던 인터뷰이의 이야기다. "제가 한 동기요? 잘 모르겠어요. 저도 그렇고 대부분의 분들이 자기가 상식이라고 생각해요. (…중략…) 내가 엄청난 제보를 해야지 뭐가 돼야지 이게 아니라, 내가 생각했을 땐 이건 상식인데 상식이라고 생각해서 이야기를 한 건데, 그렇게 해서 제보를 한 것이라고 생각해요." 그는 자신의 행위를 내부고발로 생각해본 적이 없고, 증언 이후 다른 제보자들로부터 연락을 받고서야 자신의 행위에 대한 속성을 자각하게 되었다고 했다. 마찬가지로 문제 개선을 위해서 선생으로서 할 일을 했다는 제보자들로부터도 유사한 사고를 볼 수 있었다. "내부고발이라는 개념은 사건이 터지고 나서 기자분들이 인터뷰하거나 기사를 쓰셔서 그때 알게 된 거지. 그때까지는 그런 생각 전혀 못 하죠, 학교랑 싸워야 될 문제고 이건 개선해야 할 문제다 이 정도의 인식만 있었죠"(김태원).

"내가 불법에 더 이상 연루될 수 없었다, 내 일이었다", "내가 한 일에 대해서는 책임을 지겠다"

우리는 「공익신고자 보호법」이라는 법명에서 제보의 동기가 공익으로 전제되어 있음을 바로 알 수 있다. 제1조(목적)에서 그 법은 "공익을 침해하는 행위를 신고한 사람 등을 보호하고 지원함으로써 국민생활의 안정과 투명하고 깨끗한 사회풍토의 확립에 이바지함을 목적으로 한다"고 했다. 또 이러한 법의 구체적인 내용이 아니더라도 암암리에 공익제보의 동기와 배경이 제보자의 사적 이득은 아닐 것이라거나 '아니어야 한다'는 생각이 널리 퍼져있다. 따라서 내부고발을 비판적으로 보는 이나 비리 의혹을 제기받은 조직은, 제보를 개인적 불만을 표출하는 것이라고 주장하며 제보자의 흠이나 잘못을 잡아 어떻게 해서든 제보 내용의 정당성을 훼손하려 한다.

다음의 두 사례는 자신이 불법에 가담했거나 가담할 수밖에 없는 상황에서 제보를 결정한 경우인데, 도덕적인 동기 담론의 한편에 있는 사익과 공익, 불순한 의도와 순수한 의도의 이분법의 피상성을 잘 보여준다. 그리고 제보의 본질적 요인 중 하나가 제보자는 다른 사람이 알 수 없는 '특권적 정보'를 지닌 사람이라는 점도 다시 볼 수 있다.

유형식은 사기업의 고위 간부로서 회사의 부정의약품 제조·사용·유통에 관한 보건범죄단속법 위반을 신고했다. 입사 2년 남짓 때의 일이었다. 그는 목격한 의혹을 대표이사에게 이야기했지만 별다른 반응이 없고, 회사에 오래 근무하여 사정을 잘 알고 있는 다른 간부급 동료들은 문제를 해결하기보다 은폐하는 방법을 말하자 회사에 대한 의구심이 짙어졌다. 그는 제조품의 성분을 감독기관에 자문하고 법률 검토를 하는 등 개인적으로 조사를 시작했다. 그러는 중 동료들과 소통이 되지 않는다는 이유로 해고 통지를 받고 곧이어 공익신고 절차를 밟았다. 그는 자신이 서명을 하는 책임 있는 지위에 있어서 불법에 연루될 수 없다는 판단으로 고민과 조사 끝에 제보를 하였다.

어쩌다 영웅, 이 말이 저는 딱 맞는 것 같아요. 제가 뭐 국가를 위해서 공익을 위해서 어떤 사명감을 가지고 이 일을 시작했겠습니까? '그렇지 않습니다.' 애초에 공익신고를 한 그 시점에 제가 이 일을 그만두고 다 해결된다면 그렇게 했을 거예요. 근데 1년 얼마 동안 결제를 다 했거든요. 물건을 다 출고할 때 결제를 하고 그 부분이 남아있는 거예요. 그래서 인제 그때 어떤 생각이 들었냐 하면서 어디쇼? 가습기 살균제, ○○회사인가요? 연구부장인가 어떤 분은 다른 회사에서 잘 근무하고 있는데 어느 날 갑자기 기소돼가지고, 그냥 너 옛날에 그 회사에서 일할 때 그랬지 하면서 구속됐더라고요. 저도 들어가자마자 일이 있었으면 그냥 나오면 되는데, 나오면 끝날 일이 아니더라고요. 제가 1년 얼마 동안 상당한 관리자의 위치에 있으면서 해놓은 일이 있기 때문에 이거를 마무리하지 않고는 찝찝해서 그냥 못 나오겠고, 그렇다고 대표이사가 적극적으로 해결할 의지가 있는 것도 아니고, M이사랑 관련자들은 이걸(불법적 상황) 다 알면서 공장에 있는 사람들도 다 알면서, 대표이사가 책임지는 것 아닙니까 결국은 이런 식의 태도를 가지고 있고. 그러니까 몰릴 수밖에 없는 거예요. 어떻게 보면 공익신고란 걸로 몰릴 수밖에 없는 그런 상황, 계속 거기에 있다 보면 제가 범죄에 발을 담그는 거고. 어찌할 수 있는 방법이, 저는 그 방법밖에 없었던 거예요. 공익신고해서 제가 죄를 고백한다고 해도 좋고, 하여튼 해가지고 털고 가자 그렇게 시작을 했는데, 그게 징계랑 걸리고 해고랑 걸리고 거기다 국가기관의 이런 모습[5]을 보니까 어쩔 수 없이 몰려가는 것도 있지만, 그 과정에 조금조금씩 이게 나라가 좀 아닌 것 같다 이런 생각을 그렇게 조금씩 해나가는 것 같아요. 딱 잘라서 말씀드리기는 어려운데, 없던 사명감이 막 조금씩 조금씩 생기는 과정이다, 어쩔 수 없이. 그래서 어쩌다 영웅이라는 말이 표현이 잘 돼 있다 그런 생각이 들더라고요.

그는 비리를 목격하고도 제보를 하지 않는 많은 사람의 궁극적인 지점은 물질적 이익이라고 설명하였다. 그도 도덕적 신념을 분명히 언급했다. 자신의 조상[6]을 언급하고 그의 후손임을 말하면서 의로움이 행동의 기준이라고 말했다. 그는 인터뷰 당시 업무상 배임혐의로 피소를 당한 중에 있으며 신고 이후 조사 과정에서 마주하게 된 여러 국가기관 종사자의 업무처리의 비전문성과 부당함을 비판했다. 사기업이고, 유세가 있는 최고관리자와 그의 가족 내력(대표이사의 아버지가 국회의원)을 보았을 때 조직의 부정적 대응을 예측했고, 지금은 자신이 수집한 증거대로 처리가 되지 않는 조사·수사를 하는 국가기관 담당자들의 업무 처리에 더욱 주목하게 된 것이다. 또한 이득에 따라 태도가 변한 변호사들을 만난 경험이 있어서, 더 이상 법률 전문가의 자문을 받지 않고 혼자 해결하는 것 또한 눈에 띄었다.

김민희는 한 여성인권단체에서 일했다. 그녀는 자원봉사로 시작해 직원으로 일하게 되었는데, 단체장의 국가보조금 유용에 연루되었다.

(단체장이) 보조 사업비 받는 것을 처음에는 제대로 운영을 했는데 하다 보니 공공기관의 보조금 관리에 대한 허점이 보이게 되니 어, 이거를 유용해도 괜찮

---

5 그는 제보 내용을 조사하고 수사하는 기관들의 축소·은폐 과정을 목도하고 이를 비판했다.
6 유형식은 가명이라 이를 담고 있지 않는데 언급한 조상은 널리 알려진 학자이다.

겠다 그런 판단을 했던 것 같아요. 그러니까 각 사업마다 회계가 연동이 되지 않아서 유용을 하겠다는 생각이 들었기도 한데. 어느 때부터는 아예 본격적으로 사업을 할 때마다 그러니까 하나의 사업을 가지고 재탕하고 삼탕하고 사탕까지, 네 번에 걸쳐 우려서 사업 진행을 했죠. 저희는 내담자가 익명으로 전부 다 처리되기 때문에 그 사람에 대한 어떠한 정보도 서류에 드러나지 않기에 가능해요. A라는 사람, B라는 사람, 근데 사건은 같은 사건도 나올 수 있거든요. 예를 들어 가정폭력 사건이면 어차피 남편한테 폭력을 당한 사건이니까 그런 것들이 A사건, B사건 이렇게 분류해 버리면 되니까 충분히 그럴 수 있어요.

어느 날 단체장이 내부고발로 보조금 부정사용이 적발돼 그곳 단체장이 퇴직당한 다른 인권단체의 사례를 늘면서, 그늘 소식에서는 이런 경우가 없도록 자신의 동생을 채용하겠다고 말했다고 한다. 이것이 제보의 직접적인 계기였다.

그래서 우리는 지금 회계보다는 상담을 할 직원이 더 필요한데 상담을 할 수 있는 사람으로 채용을 해 달라, 이렇게 직원들이 요구를 했는데 받아들여지질 않고 그 주장을 하는 거죠. (단체장이 말하기를) 우리 지금 이렇게 저렇게 하고 있는데 그걸 가지고 외부에서 누군가 채용이 되면 또 내부고발할지도 모르지 않느냐, 그러면 정말 큰일 난다. 그러니 정말 확실한 사람, 믿을 수 있는 사람을 채용해야 된다. 그때부터 확실하게 제가 알게 된 거죠. 아 내가 미처 파악하지 못했던 내용들이, 잘못되고 있는 게 분명하구나.

그녀는 과거 통장과 서류를 검토해 돈의 흐름을 파악하고 그것이 비자금 통장으로 들어가고 있다는 사실을 확인했다. 명의가 단체로 되어있기 때문에 그 전에도 자신이 그 통장을 보았음에도, 그것이 비자금 통장이라는 것을 인지하지 못했다고 한다. 공식 사용 명목은 보조금을 못 받았을 때 조직 운영비로 사용한다는 것이지만 단체장이 개인적으로 유용한 사실을 알 수 있었다.

소장이 자기 직위를 이용해서 자기 권력을 더 넓히기 위해 판공비 형식으로 그 돈을 쓰고 있더라고요. 그리고 그 돈으로 건물을 사겠다는 이야기도 저희한테 했었고.

그 흐름들을 살펴보니 이것은 잘못되어 있는 게 확실히 확인이 됐고 그때 판단을 한 거죠. 어떻게 하지? 이렇게 만약 계속 진행을 한다면 나도 불법을 알고 가담하게 될 것 같다, 그래서 고민을 해서 이것을 어떻게 할까, 그냥 그만둘까 아니면 고발을 할까, 아니면 소장한테 이야기를 해서 이거 안 됩니다 이야기를 할까 이렇게 했는데. 이 세 가지가 다 제가 결정하기가 너무 힘든 거예요. 왜냐면 저도 내 일에 굉장히 보람을 가지고 있었고 급여도 최저생계비 이하의 급여를 받으면서 해 왔고. 근데 그만둔다는 것은 좀 아닌 것도 같고. 그다음에 내부고발을 하자니 너무 무섭고, 소장한테 말을 하자니 너 그만둬 이렇게 할 거 같고. 그래서 결국은 내부고발의 형식을 이제 제가 취하게 됐죠. 그래서 처음에 익명으로 D도의회, D지방경찰청, 그리고 H일보(에 제보를 했어요).

그녀는 자신 또한 그 사업을 진행하는 일원이었기 때문에 신고 내용이 조사된 이후 재판을 받았다. 징역과 집행유예를 선고받지만 2심에서 공익신고자 책임감형 조항[7]으로 인해 벌금형으로 감형을 받았다. 그녀의 사례도 앞 사례와 마찬가지로 여러 국가기관의 관료주의적 업무 처리에 큰 어려움과 실망을 느껴 그에 대한 비판의식이 강했다. 그녀는 재취업의 어려움을 포함한 여러 어려움이 있었지만, 다른 제보자들의 도움 및 여러 자원을 통해 이를 해결하고 있는 중이었다.

"부도덕과 비리가 해도 해도 너무했다", "임계점을 넘겼다"

일반적인 생각과 달리 제보의 동기는 대개 선명하게 하나로 집약되지 않고 여러 상황이 맞물려있다. 반인권적인 노동 환경, 비리 자체의 지속성과 심각성, 불법과 비리를 천연덕스럽게 행하는 사람들로 인한 인간에 대한 혐오감 등이 얽혀 있는데, 도가 지나치다고 판단되는 비리와 부도덕의 목격이 아래 예들에서 두드러졌다.

이윤재는 여러 지점이 있는 기업형 농장에서 농장장으로 일했다. 그는 구제역으로 인한 정부보조금 수급을 위해 두수頭數를 부풀리는 등의 비리를 제보하였다. 그는 인터뷰 당시 이미 사표를 내고 이사를 멀리 해 지방에 정착해 있었다. 자신이 그 일을 담당해 정부보조금 비리를 잘 알고 있고, 제반 노동 환경에 대한 문제의식과 사장의 부도덕에 대한 환멸이 제보에 영향을 끼쳤다.

7　「공익신고자 보호법」 제14조(책임의 감면 등)로서 대표적인 내용은 이렇다. ① 공익신고등과 관련하여 공익신고자등의 범죄행위가 발견된 경우에는 그 형을 감경하거나 면제할 수 있다. ④ 공익신고등의 내용에 직무상 비밀이 포함된 경우에도 공익신고자등은 다른 법령, 단체협약, 취업규칙 등에 따른 직무상 비밀준수 의무를 위반하지 아니한 것으로 본다〈개정 2021.4.20〉. http://www.law.go.kr/법령/공익신고자보호법(접속일 : 2022.1.31)

왜냐하면 (사장이) 장로 활동 하면서 이렇게 신앙을 가지신 분이 너무나 표리부동한, 너무 욕심을 지나치게 보이는 것에서 온 거죠, 도덕성이 좀 무너진 거죠. 그 당시에 친구한테 (내가 한 일을) 노예해방이라고 그랬어요. 여기 불쌍하게 일하고 있는 직원들한테 임금은 가장 적게 주면서 저런 건 너무 많은 걸 정부 혜택을 받아보려고, 또 뭐 심지어는 브랜드 자금으로 50억이라는 돈을 K도에서 들여오네 어쩌네 이런 말도 나오고. 굉장히 자기 자본에 대비해 너무 많은 돈을 정부 금액을 끌어오는 것에 대한 회의감이죠. 누구나 직장이 있다 하지만은 월급만 받으면 된다, 이런 생각을 갖기는 하지만은 (…중략…) 가난, 평생 대물림처럼 가난하게 살아야 되고 좀 이렇게 있는 사람들은 좀 그런 것이 있고…… 거기에 대한 반기라고 봐야죠. 노예해방이라고 했어요 직원들한테…… (외국인 노동자 고용에 있어서) 불법이라고 해가지고 문제되는 건 없었는데 인력관리 부분에서는 어쩔 수 없어요. (…중략…) 제게 지나치게 월급에 비해서 좀 해달라는 업무 이런 것들이 많았고, 당시에도 많은 직원을 동기부여 해서 가는데 그 회사가 5개 농장을 가지고 있었는데 농장 중에 제일 나빴던 농장을 내가 가서 좋게 만들어놨죠. 그만큼 좋아졌으면 거기에 대한 대가라든가 그런 것이 좀 있어야 되는데 그런 것도 없었고, 인센티브 같은 게 너무 사탕발림으로 있었고. 그런 것이 눈에 보이고 좀 그랬죠. 그런 동기가 맞아떨어져가지고 그런 상황이 발생한 거죠, 구제역 그 사건도 터졌고.

내가 한국사회에서 오랫동안 직장생활을 하면서 "저런 일은 참 부정하다라고 느낀 게 처음은 아니었을 것 같다"고 질문하자, 그는 자신이 직접 그 업무를 담당해 어느 누구보다도 사안을 잘 아는 사람이었음을 언급했다.

많이 있었지만은 결정적으로 내가 다른 데 있을 때는 그런 것이 없었죠. 아주 작은 일이야 그건. 근데 이번 일은 너무 큰 사건이었고 노골적이었고. 그니까 옛날에는 있었다고 해도 내가 중심축에 있지도 않았고 잘 몰랐고 찾아내기도 어렵지만, 여기선 내가 직접 참여해 들어가고 가장 잘 알고 있는 상황에서. (…중략…) 또 이렇게 명령이 들어와 버리니까 이렇게까지 내가 해야 될 필요가 있을까. (…중략…) 단순 목격이었으면 아무것도 안 했죠. 그냥 못 본 척하고 내 일이 아니니까 뒤로 빠질 수도 있었고.

사표를 쓰고 나왔는데, 그때 뭐라고 썼냐면 사표 내용이 그랬어요. 양심과 도덕이 무너진 현실, 더 이상 근무하기 어려워 떠납니다. 딱 이렇게 압축해서 합친 내용이죠 그게.

그는 "한 사람이 이렇게 하면(제보를 하면) 다른 사람들도 거기에 대한 다른 것들을 봐주지 않을까 했는데(협조해 줄 것이라고 생각했는데), 실상은 그렇지 않죠. 혼자만 찬밥 신세 되고 끝났죠"라고 말하고, 재판 과정에서 동료들이 자신을 거짓말쟁이로 만들면서 거짓 증언을 한 것에 실망감을 표현했다.

사립 고등학교 교사인 노지영은 자신이 졸업한 고등학교의 사학비리를 제보한 이로서, 그녀는 오랜 기간 해직교사로서 활동을 해왔기 때문에 스스로 내부고발자라는 정체성이 없다고 했다. 교육을 담당해야 할 학교, 자신이 졸업한 학교에 대한 애정, 학생들과 소통하는 선생이라는 자의식, 문제를 해결할 수 있던 동력으로서 노동조합의 역할이 눈에 띄었다.

제가 그 학교를 졸업했잖아요. 근데 학생일 때도 부당하다고 생각했었어요. 그런데 간접적으로 느낀 거죠. 제가 목도하거나 내용을 아는 게 아니라 막연하게 부당하다. 교육기관으로서 우리가 교과서에서 봤던 그런 뭐, 투명하고 정의롭고 민주적이고 그런 거 있잖아요. 상식선에서 인격을 존중한다든가 학교는 그러해야 할 것 같은데. 그런데 실제로 보면 학생들의 인격을 무시하고 학교에 대해서도 굉장히 모독을 하는 재단이 그런 게 우리 눈에 보였거든요. 그런 문제의식을 갖고 학생들끼리 모여 있을 때 학교 욕을 막 했어요 막연하게. 근데 학교에 와서 실체를 보게 된 거죠. (…중략…) 그때 교사가 된 날, 출근한 첫날 알았어요, 보이더라고요. 진급사정 하는 델 갔는데, 등록금을 못 낸 아이들 처리 문제를 어떻게 할 것인가 그런 거를 논의하는 자리였어요. 그런 거는 전체 교직원 회의에서 하거든요. (해당 학생의) 담임 선생님은 어렵지만 3월까지는 진급을 해 달라 했는데, 설립자이자 이사장이 무슨 소리냐, 지금까지 뭐 했냐, 못 걷냐, 이런 애는 진급시키면 안 된다, 학교 내보내야 한다 이랬죠. 그러니까 놀랬죠, 아 막연한 실체가 이거였구나.

교사로 일을 시작하면서 알게 된 문제점을 노동조합 활동으로 해결해 갔고, 오랜 과정 끝에 재단의 40억 비리를 밝혀 15억 환수를 이뤘다고 한다.

애초에 돈을 벌어야 한다고 생각하고서 학교를 세운 것이기 때문에 그런 것들을 용인해 주는 시스템이 있었던 거고요. 학교는 비영리 목적인데 본인(설립자)은 영리 목적으로 학교를 세운 거예요. 그러니까 돈을 많이 빼먹어야지요. 대대손손 누리고 살아야지요. 그런 거에 대한 양심의 가책이나 이런 것은 없는 거예요. 원래 그런 목적으로 학교를 세운 것이기 때문에 목적에 충실했던 거죠. 너무 심했지. 정도껏 했어야 했는데, 너무 심하게 하니까 도무지 참을 수가 없어서 한계점에 온 거지. 물이 임계점이 오면 끓기 시작하잖아요. 우리는 거기서 폭발한 거예요. 우리가 선해서 애초에 훌륭한 사람들이어서 그런 게 아니라, 어떤 한계점이 왔는데 끓어서 끓어 넘쳐서 그렇게 된 거예요.

선생으로서의 책무도 작용했다.

교사들한테는 대학교도 그렇고 고등학교도 그렇고, 사립학교라는 공간이 우리나라에서 공교육을 담당하고 일정 부분은 교사들이 지식인이잖아요. 지식인인데, 도무지 견딜 수 없는 환경, 교육이라는 공간에서 벌어지고 있는 이런 것을 목도하면서 이건 아니라고 생각해서 여기에 저항하기 위해서 사람들이 나올 수밖에 없는 거예요. 안 나오면 비정상인 거죠. (…중략…) 그렇게 하면서 아이들하고 지내면서 자기는 좋은 교사 좋은 교수이고 싶은데, 학문을 탐구하거나 그런 훌륭한 교사이고 싶은데 주변 환경이 너무 아닌 거예요. 그러니까 저항을 할 수밖에 없는 거죠. 제가 오랫동안 했으니까 저항의 방식이 모든 학교에 다 있어요. 사표를 낼까, 애들만 바라보고 살아야지 소극적으로 하면 그렇고, 시키는 것 안 하면 또 보직에서 부당한 대우를 받는 분들이 지금도 많아요. 저 같은 경우에는 담임을 안 줘요. 일정 연수도 안 줘요. 사립학교에 그런 분들 숱하게 많았어요, 저 말고도요 소극적 저항을 한 분들이. 대체로 그런 분들이에요. 저쪽의 강도가 너무 셌을 때 이거는 내가 애들을 가르치는 것과 저항의 선택의 기로에 오는 순간이 와요. 그냥 잘리고 말지. 저들이 어떻게 하느냐에도 달려있어요. 강도가 너무 세지면 예를 들어 사립학교 100개 중에서 질이 좋은 학교와 질이 나쁜 학교가 있는데, 대체로 이렇게 끝까지 해직까지 가는 학교는 질이 나쁜 학교들이죠. 대체로 멀쩡한 학교들은 거기까지 안 가요, 대체로 그래요.

한편 그녀의 활동에서 노동조합(생계비 지원으로 지속적인 활동이 가능)과 연대 활동이 큰 역할을 했다.

적극적으로 뭔가를 할 수가 없으니까 방법은 내가 나가는 것밖에 없는 거였어요. 절이 싫으면 중이 떠나라 이런 것처럼, 그런 시스템이 너무 싫었기 때문에 제가 저항하는 방법은 나가는 거였어요. 그런데 그 당시에 나간 선생님들이 꽤 많아요. 이직률이 높은 학교였고. 그런데 저는 못 나간 거예요. 못 나간 데에는 여러 가지가 있었던 거 같아요. 교사를 계속 하고 싶다 이게 있었고요. 경제적인 것도 있었고요, 이대로 물러나는 것은 내 인생에 앞으로 너무 후회가 될 것이다, 이런 게 복합적인 것 같았어요. 그래서 계속 다닌 것 같고요. 분회를 만들고 공식적으로 문제제기를 하고 음지에서 양지로 나온 방식이거든요. 집단적으로 문제를 제기하는 방식으로 가니까 실제로 학교도 많이 놀라고요, 실제적 변화가 왔고요. 그게 큰 차이가 있었던 거죠, 혼자 싸웠을 때와 집단으로 형성되어 싸웠을 때가. 조직 대 조직으로 붙었을 때는 엄청난 차이가 있었어요.

그녀는 노동조합 활동으로 인한 해직 관련 재판에서 패소했을 때 심리적 어려움을 크게 겪었다. 그러나 지속적인 활동을 했고 2015년 인터뷰 당시 특별채용으로 다른 학교에서 근무하고 있었다. 모교에서의 근무를 희망했지만 학교로부터 거부당했다고 한다.

다음은 B운수회사의 정부보조금 수급을 위한 버스운임 조작을 제보한 오홍석의 이야기다. 동기 부분은 특정 비리만이 아니며 부당한 노동 환경이 저변에 작동하고 있었다.

○○년도에 B운수를 들어갔어요. (…중략…) 예전에 5년 동안 버스를 한 경력이 있는데, 회사가 사업 경영권을 이만큼 한 걸 아는데(어떻게 운영되는지 아는데) 기사들을 뭐랄까 부정적으로 노예처럼 부려먹고, 아니면 취업할 때 입사할 적에 돈 같은 걸 요구하고. 그게 눈에 선하게 보이더라고요. 그런 게 마음 쪽에 와닿고 그러니까, 내가 한 번 이게 아니다 해서, 나서 봐야겠다 단순한 생각이 확 떠오르더라고요. 그 상황에서 누구한테 조언도 많이 안 듣고, 조언을 들었으면 일이 완벽하게 되었을 텐데 내 생각대로만 진행을 하다 보니까 일이 성공하지는 못하고 70프로가 되었어요(성공했어요). 거의 7개월 동안 일하면서 회사 전무한테 담뱃값이나 그런 설 (쉬야 하고). 처음부터 회사에 기사들이 부족한 걸 알면서도 (저는) 경력도 있고 하니까 아무런 문제가 없었지만 그런 걸 바라더라고요. (…중략…) 이건 아니다, 이래선 안 된다. 너희는 이렇게까지 기사들을 악용해서 노골적으로 해먹으면서, 왜 개인적으로 돈을 받느냐 그렇게 불만을 갖게 했어요. 불만이 아니죠? 그건 정당한 거죠.

제보 내용은 현금을 내는 승객이 타는 경우 해당 버튼을 누르지 않게 조작함으로써 수입 금액을 줄여, S시로부터 받는 손실분 보조 액수를 늘리는 횡령 문제였다.

그 모든 게 원활하게 나가야 하는데 돈이 뭔지 사업자들이 차가 50대라고 치면 5만 원씩 하루에 그 250만 원이라는 공돈이 생기는 거예요. 그건 국민들 세금 아니에요? 그런데 사업주들은 그냥 배 두드려가며 기사들 이용해가면서 (…중략…) 내가 제보 안 했으면 계속 해먹는 거예요, 나중에 알고 보니까 사장은 예전에 배차 보고 전무는 야방 보던 사람, 야방이라는 건 차 관리하는 사람을 말해요, 그 사람들이 자기들도 고생하고 시련을 겪고 살아왔잖아요. (그런 배경으로 시작해 경영을 하게 되면 기사들로부터) 입사할 때 돈은 안 받고 일하게끔 편하게 봐주고 그러면 기사들이 왜 엉뚱한 생각하고 불미스럽게 일을 하겠어요? 거기서 원인이 많이 떠올랐어요 많이. 그렇게 하다 보니까 제보하게 된 거지요.

그는 일을 진행시키기 위해 S시청 담당 공무원과 기자를 만났다. 회사로부터 해고가 이어지고 S시와 회사 간 소송이 진행되었다. 그는 회사 측이 이겼다고 표현했는데, 보조금이 일부 환수되었지만 부당 이득에 비해 턱없이 모자라 자신이 만족할 만한 성공은 아니었기 때문이다. 제보 당시 다른 많은 제보자처럼 회사로부터 회유와 협박이 이어졌다. 그리고 제보를 해결하는 과정에서 목격한 관련자들의 일 처리를 비판했다. 담당 공무원은 개인 사유로 갑자기 퇴사하고(제보자는 그 공무원과 회사 간에 뒷거래가 있었다고 판단했다), 제보 초반 알게 된 기자는 일주일간 버스 안에서 일어나는 일을 녹화했지만 그가 자료를 요청해도 내어주지 않았다. 재판에서 결국 그가 제시한 자료의 일부만이 적용되어 최종 환수액도 줄어들게 되었다.

그의 도덕적 입장은 '모두가 다 같이 잘 살면 좋을 텐데'로 요약할 수 있었다. 그는 2019년 인터뷰 당시 다른 회사에 입사해 근무하고 있었다.

"타인의 고통을 목전에서 보았다"

앞의 몇 사례와 마찬가지로 불법과 비리에 자신이 가담한 것에 대한 고민이 전제되어 있지만, 영향을 받는 사람들을 직접 알거나 그들의 고통을

목격한 것이 계기가 된 사례도 있다. 이것은 스탠리 밀그램Stanley Milgram의
『권위에 대한 복종』1974[2009]의 변형된 한 실험에서도 나타난 것으로, 피해
를 받는 피실험자와 실험자를 한 공간에 두면 실험자가 전류를 흐르게 하는
비율이 현저히 떨어졌다는 결과와 유사한 맥락이다. 피해를 받는 사람들을
직접 알거나 고통을 직접 목격하는 경우, 기존 조직 규범이나 권위자의 지
시를 어길 확률이 높아진다는 것이다.

　정희원은 한 사기업의 인사관리 업무를 맡았으며 산업재해를 공상 처
리하는 회사를 신고했다.

　　저는 솔직히 (…중략…) 대단한 명예나 용기나 정의감에 불타서는 아니고,
제가 회사에서 하는 일이 인사관리였는데 L회사에서 범죄행위를 저질렀던 대상
이 됐던 사람들이, 농약 공장인데, 농한기가 있는데 농사를 못 하잖아요. 1년
내내 생산을 하는 게 아니니까 겨울부터 시작해서 6~7월이면 생산이 끝나버려
요. 공장 형태가 그러니까 정규직이 아니라 비정규직을 많이 뽑아서 쓰는데 단
기 계약자를 7, 8개월. 주변에 ○○, ○○(지역명) 이런 쪽에 노인이라고 하는
장년층 50대 후반들을 뽑아 쓰는데. (…중략…) 채용한 분들이 다치고 제대로
보상도 못 받고, 처음에 직장 들어왔을 때 20대 후반부터 그 일을 시작했으니까.
그때 (제가) 20대 후반, 그분들은 50대 아버지뻘이에요. 그렇더라고요 마음이.
계속 봤죠. 그렇게 문제가 되는 부분이고 나만 알고 있는 부분이 아닌데 직원들
이 다 알고 있는 문제였고. 대수롭지 않게 (사안을) 적법한 식으로 (해결하고)
그런 문제의식이 좀 없더라고요. 그래서 저도 고민을 많이 했는데…… 양심이라
기보다는 그건 아니고 그냥 제가 해야 할 일이죠. 제가 뽑은 사람들이니까. (…
중략…) 제가 면접을 봐가지고 뽑고 관리하던 사람들인데 다치고 그러면, 제가

당연히 해야 할 일이죠.

　더불어 그는 도덕적 신념을 부연했다.

　제가 하나 말씀드리고 싶은 게 있는데요. 보통 이런 제보, 공익신고 이런 부분에 대해서 정의, 사회를 위해서 공헌한다 이런 식으로 말씀드리잖아요. 그런 생각, 엄청나게 대의적인 명분이 아니고 자기 자신을 위해서 한다고 생각해요. 자기 자신의 인생의 목표가 있잖아요. 물질일 수도 있고 명예일 수도 있고. 내가 이런 행위를 하면서 목표의 선한 행위, 남들한테 도움을 주는 것에서 만족감을 줄 수 있다면 자기 자신을 위해서 하는 거예요. 그게 수반이 되지 않고서는, 사회를 바꿔보겠다 하는 정의감만 갖고 한다고 생각하면 금방 꺾여요. 조직을 이기지 못하고요. 결국에는 그런 생각을 하고 '내가 옳은 일을 했는데 얻는 게 뭐냐……'. 자기 만족감이 없잖아요. 저는요, 뭐 이런 행위를 함으로써 인생의 목표가 옳은 행위를 했다고 만족감을 느끼면 좋은 거고, 자기 자신을 위해서 목표 달성을 했다면 행복하다는 그런 관점에서 봐야 되지 않을까 해요. 대단한 정의를 위해서 한다? 그런 사람은 나중에 후회해요. (…중략…) 저는 저 자신을 위해서 한 거예요. 그런 사람이 되고 싶었고요.

　제보 이후 그에겐 회사로부터 지속적인 불이익이 이어졌다. 그는 K위원회에 보호를 계속 요청했고, 회사는 공익신고자 부당한 대우 금지에 대한 권고조치를 받았다. 나는 그를 2019년 초 법원에서 만났다. 한 시민단체가 고발 주체가 되어, 업무배제 등으로 인해 그가 입은 정신적 피해에 대한 위자료 청구소송을 진행하고 있었기 때문이다.

박굉수는 내가 만난 인터뷰이 중 가장 많은 사안을 제보한 이였다. 그는 자신이 일하러 가는 곳마다 문제가 보인다고 했다. 그리고 제보의 첫 계기이자 긴 설명이 필요 없는 부분으로서, 이와 같은 이야기로 인터뷰를 시작했다. "(당시 공무원 신분으로 독거노인이 거주하는) 집을 갔는데 한겨울에 할머니가 쓰러져있는데 어떡해요." 그는 당장 도움이 필요하지만 법적 사각지대에 있는 이들의 어려움을 보고 이를 조사하고 제안을 하게 되었다. 건강보험 적용과 병원마다 다른 진료수가 문제 등이었다.

K시 W병원에 있을 때 처음에는 산재보험 관련해서 노동근로자들이 일을 하시는데 사고가 있어요. 과실상계 유무를 따지는 과정에서 어떤 것은 치료가 되고 어떤 것은 안 되는 거예요. 회사 측에서 어떤 건 치료를 해주고 어떤 건 안 되고 하는 거예요. 정부에서 해 줘야 하는데 사각지대 분들은 치료비는 고사하고 비용이 너무 비싼 거예요. 조건부 수급자든지 기초수급자, 자격 조건을 갖춘 국가유공자 등 8개 항목에 들어 있는 대상자들이 이용할 수 있는데, 거기에 배제되는 분들이 있는 거예요. 치료센터에서 치료를 받으려고 하는데 자격 조건이 안 돼서. ○○○ 할머니가 계셨는데 재활치료를 받아야 하는데 통합적인 치료를 받아야 하는데 못 받은 거예요. 배제가 돼요. 수급자 조건을 보면 직계 8족 사위까지, 재산이 많아지면 탈락이 되는 거예요. 그래서 이걸 가지고 싸웠어요. 얼마 전에 이게 통과된 거예요. 2001년부터 싸우기 시작한 거예요. 건강보험 적용, 진료수가 수수료 문제가 심각한 거예요. 건강진단서를 보는데 (…중략…) ○○시에서는 4만 8백 원, ○○시에서는 3만 8천 원, 이들이 수급자와 장애인인데 왜 이렇게 다르냐? 그래서 17개 지자체를 돌아다니며 전수조사를 했어요. 그러다 보니 40배, 67배, 100배, 120배가 차이가 났어요. 이걸 하다 보니까 병원에

서 근무하다 잘렸어요. 왜 이런 거 하느냐, 보건소의 치료센터에 있다가 병원에서 잘렸어요.

그는 2000년대 초반부터 여러 국가기관에 계속 민원을 넣고 제보를 해왔으며, 2019년 인터뷰 당시 한 시민단체에서 활동하고 있었다.

"부끄럽고 싶지 않았다"

다음은 익숙한 도덕 담론이 두드러진 예들이다. 앨포드는 제보자들이, 부정과 비리에 대한 사실의 돌이킬 수 없는 목격(앨포드의 표현으로 역사적 순간이라는 느낌), (내가 부정한 조직의 일부라거나 동료들의 비행을 목격하는 것에 대한) 수치심, (자신의 삶을 탁월하게 이끌고자 하는 욕구인) 도덕적 나르시시즘, 희생자와의 동일시, (언행의 불일치가 되지 않는) 이중적이지 못함, 의무감, 가치 판단이 없는 (불법·비리·부정의) 사실 보고 등의 여러 이유로 제보한다고 했다Alford 2001; 김미덕 2019 : 24. 수치심, 도덕적 나르시시즘, 이중적이지 못함, 이 부분들이 도덕 담론과 연관된 부분이며 가치 판단이 없는 사실 보고가 공무원으로서 자신의 할 일을 했다는 부분으로 이해할 수 있다.

김태원은 사립 고등학교 교사로서 행정실장의 비리를 제보했다. 그를 2015년, 2019년 두 번에 걸쳐 인터뷰했는데 퇴사와 복직의 연이은 과정에 있었다. 아래는 2015년의 이야기다.

저는 그 이야기(내부고발의 동기) 들었을 때, 많이 들었고요, 답변도 많이 했거든요? 그냥 저는 쉽게 '쪽팔리는 게 싫었다……'라는 말을 많이 해요. 선생으로서 교사로서 애들하고 수업 시간에 항상 나름대로는 옳은 이야기라고 하는

데…… 옳게 살라고 이야기하는데, 내가 이런 걸 보고 아무 말 못 하면 내가 너무 쪽팔릴 것 같아. 저는 그게 가장 큰 동기였던 것 같아요. (…중략…) 만약 일반 직장처럼 60명 중에 5명이었으면 그 왕따 분위기는 정말 견디기 힘들었을 건데 저희는 학생들이 있잖아요. 그니까 학생들과 함께 생활하는 공간이 있는 그 영역이 저한테는 크죠. 수업을 일주일에 어쨌든 20시간씩 수업을 들어가면서 아이들을 만나고 아이들과 함께하고, 그러면서 내가 하는 일은 당당하고 부끄럽지 않고, 그리고 내가 무슨 말을 해도 아이들에게 창피하게 말을 하지 않을 수 있다는 게 굉장히 큰 힘이었어요.

사실 그걸 결심하는 과정에서 저도 그랬지만, '내가 이렇게 될 거야'라고 생각하는 경우는 거의 없을 것 같아요. 저도 물론 그랬고, 그냥 뭐 문제제기하는 정도? 문제제기하던 거에서 조금 수위를 높였을 뿐인데, 해도 뭐 조금 티격태격하다가 예전에 좀 그래봤듯이 시간 지나면 또 비슷해지고 이렇게 살아가겠지라고 생각하지, 내가 이걸로 인해서 조직에서 완전히 배신당하고 왕따가 되고 이렇게 고민하고 시작하는 사람은 별로 없을 거라는 생각이 들어요. (…중략…) 이렇게까지 된다는 것은 저는 그 개인의 문제도 있겠지만, 그것보다는 우리 사회가 얼마나 제도라든가 그 사람의 문제제기를 받아 안을 수 있는 구조가 전혀 안 되어 있는지, 그것에 대한 방증이라는 생각이 들어요.

그는 2019년에 이렇게 표현하기도 했다. "내가 사실은 부패행위를 보고 눈감았다면 오히려 더 부끄럽고 내 행동의 일관성이 없는 거죠. 제 삶에 일관성이 없는 거죠." 그리고 '학생들 앞에서 쪽팔리고 싶지 않아서'라는 표현은 몇몇 교사에게서 나온 표현이기도 한데, 학생들 앞에서 증언하는 상황에서 선생으로서의 정체성이 강력하게 발휘된 경우도 있다.

사립학교 비리를 제보한 또 다른 고등학교 교사 박상현은 과거에 학교의 문제를 개선해온 경험이 있었고, 사안이 공론화되어 비리에 대한 공개 증언을 하는 당일 학생들의 연락과 참석으로 선생으로서의 입장을 환기한 경우였다.

(학교에 문제제기를) 많이 했죠. 여기가 처음이 아니라 (예전에 일한) Y고등학교에서도 고쳐야 할 게 있으면 많이 했었죠. 문제제기, 저는 어딜 가나 문제제기를 많이 하는 편이에요, 잘못되었다고 생각하면. 그게 뭐 악의로 하는 것이 아니라 이 조직이 발전되려면 이렇게 해야 한다 하는 편이죠. 그것을 수용하는 집단에서는 내부고발이 안 일어나죠. (의견이 동료들과 이사장에게도 잘 수용되고 문제제기를 해도 징계나 뒷말을 하지 않은 환경에서 일을 하다가) (…중략…) 여기 와서 이런 일을 겪으니까 되게 황당한 거죠, 이 조직이 건강하지 못하다고 느끼는 거죠. 그러니까 내부제보 같은 것들도 직전 경험이 어떤 것인가에 따라 큰 영향을 미쳐요. 그러니까 그런 소통이나 문제제기를 허용하는 분위기에서 근무하던 사람이 (분위기가 다른) 반대 조직으로 갔을 때 답답하고 그런 거죠. 내부고발이 벌어질 확률이 더 높아지죠 폐쇄적일수록. 소통 체계가 보장이 되면 내부고발이 필요가 없는 거죠.

(공개 증언 당시) 앞에서 이사장부터 시작해서 이사장 나오세요, 교장 나오세요, 교감 나오세요, 그 자료 입력했던 행정실 여직원 팀장? 나오세요 다 얘기했는데, 다 사실대로 이야기 안 하고 모른다, 계속 그렇게 이야기를 하고 있는 상황이었죠. (…중략…) 고민했지 계속. 근데 그 자리에 만약에 제자 애들이 꽉

채우지 않았다면 저도 사실은 그냥 모른다고 했을지 장담할 수 없죠. 그날 아침에 가는데 제자 졸업생한테 문자가 온 게 하나 있었거든요. '선생님 무슨 일 있으세요?' 하면서 이사장님이 그 자리를 졸업생들이 채워달라고 하는데, 뭐 걱정하는 문자가 왔었거든요. 그걸 보면서 좀 아니다, 내가 거짓말을 하는 것은 아닌 것 같다, 그런 생각을 많이 했죠.

그는 "제가 권위적인 것에 대해 수용을 잘 못해요. 막 누르면 그런 걸 수용하는 것이 어려워요. 기질적으로, 굴종을 강요하는 것은 견딜 수가 없다"고 하고, (저항적) 선조를 언급하며 기질의 환경적인 요인을 부연했다. 아래 인용은 그의 철학을 단적으로 보여준다.

사람들이 무시하고 따돌리는데 어떻게 견뎌요? 이러면 저는 딱 어떤 구절이 떠오르냐면, (『논어』 학이편에 나오는) 인부지이불온人不知而不慍이면 불역군자호不亦君子乎아(남이 나를 알아주지 않아도 노여워하지 않는다면 그는 군자가 아니겠는가?). (…중략…) (이때) 남은 누구인가? 그러면 시정잡배나 모리배들이 인정해주는 것들을 행복해야 하는 것인가? 제가 판단하는 것은 옳지 못한 사람들인데? 비유적으로 내가 시장을 걸어가는데 조직 폭력배들이 막 욕을 해요, 그러면 나도 비난을 할 것인가? 무시하고 지나갈 것인가? 단적으로 그런 거예요. 그 장면에서는 옳지 않은데 옳지 않은 행동을 하는 거예요. 그거에 대해서 내가 괴로워하고 반응해야 하는가? 아니면 인정할 그 사람들이 알아주지 않을 때 그러니까 제가 진정으로 존경하는 사람들이 알아주지 않으면 충격인데, 그 사람들이 알아주지 않은 건 저한테 큰 의미가 없는 거예요. 이런 식의 사고가 저한테 큰 영향을 주는 거예요.

그의 경우는 증언 이후 여러 사회적 지지(언론과 시민사회, 노동조합, 국회, 시의회)가 큰 역할을 했다. 그는 자신은 사학비리와 관련해 매우 드문 성공 사례라고 표현했는데, 해임되었지만 얼마 되지 않아 바로 복직되었기 때문이다. 증언 이후 몇 년간 그의 표현으로, 묵언수행의 시간이 있기도 했다. 학교 관리자들이 따돌림을 조성하고 징계사유를 외부에 공개하기까지 했는데, 후자의 문제는 그가 인격권침해로 소송을 진행해 승소를 하였다. 2019년 인터뷰 당시 ㄱ는 노동조합에서의 활동과 공익제보자로서의 사회적 참여를 적극적으로 하고 있었다.

김진우는 2019년 3월 인터뷰 얼마 전 30년간 근무한 직장에서 퇴사를 한 공무원으로 제보를 막 시작하는 단계에 있었다. 시민단체와 국회의원과의 연계를 도모하며 효과적인 방법을 강구하고 있어서, 일을 진행하는 데 약간의 기대감을 갖고 있었다. 그는 공무원 초과근무 수당 문제를 제보했다.

어떤 사람들은 (제보)하라고 주변에서 그거 해야 된다는 사람도 있고, 만류하는 사람도 있고 그래요. (반대하는 사람들의 입장은 구체적으로 어떤 것이었어요?) 그래도 한 30년 있었는데…… 왜 그렇게 하느냐 스트레스받고 그러는데 건강관리나 하지…… 그거 해서 뭔 실익이 있냐고 뭐 직접적인 실익은 없죠. 없지만은 이거는 없어져야 된다고 생각해요 이런 거는. 공무원 조직이. (…중략…) 아니 글쎄 내 돈은 아니지만은 그렇게 예산이 낭비되는 게 아깝더라고. (공무원으로서의 소명감이라고 표현하면 될까요?) 네. 그리고 예를 들어서 그만두기 얼마 전에도 10만 원이라고 가지고 왔더라고 여비라고 그러면서, 여빕니다 하면서. 돌려줘버렸지, 앞으로 이런 거 나한테 갖고 오지 말라고……. 뭐야 초라하다는 생각이 든달까 그렇게 하는 게? 이런 것까지 해야 되나…… 내가…… 나이 먹어가지고 몇천만 원 빼먹는 것도 아니고 액수가 한 번에 10만 원인데 이런 거를 젊은 직원들하고 나눠서 쓰고, 그렇게까지 할 필요는 없다, 너무 아까워요 돈이. 물론 내 것은 아니지만 그렇게 낭비되는 게.

여기서 초라하다는 느낌은 일종의 수치심이라고 할 수 있다. 그는 자신이 근무한 J국가기관의 비효율성을 지적하면서 축소해도 문제가 없을 것이라는 의견을 피력했다.

언급한 것처럼 거의 모든 제보자에게서 도덕적 언술이 직·간접적으로 나왔다. 앞에서 자신이 더 이상 비리에 관여하고 싶지 않은 사례로 언급한 유형식과 김민희도 마찬가지다. 전자는 의로움을, 후자는 부끄러움을 언급했다.

(인터넷 포스팅) 제목이 의로움과 이로움 사이라는 제목인데 제가 (제보를 생각한) 한 달 동안 고민을 했을 거 아닙니까. 제가 어떻게 해야 되는 건가 어느 게 유리할 건가라고 생각하면, 공익신고를 해, 말아, 그냥 있어? 그만두는 게 나한 테 유리해 불리해 아니면 신고하는 게 유리해 불리해, 회사에 말하는 게 유리해 불리해, 그 판단이 매일 하루마다 다 달라요. 어떤 날은 공익신고를 하는 게 좋을 것 같아, 그 다음 날 되면 공익신고를 하면 나를 해고할 테니까 안 하는 게 유리할 것 같아. 그런데 그 다음 날 생각하면 하는 게 나을 것 같아. 매시간 바뀌어요, 유혹으로 따지면 매번 바뀌더라고요. 그런데 어느 날은 유불리有不利를 다 제하고 의로운가 의롭지 않은 것인가 생각하니까 바뀌지 않아요. (…중략…) 그래서 저 는 가끔 이런 말을 하는데 신이 인간에게 준 능력이 이로움과 의로움을 판단하는

능력을 주었을까, 의로움과 의롭지 않은 것을 판단하는 능력을 주셨을까라고 할 때 (…중략…) 무엇이 이롭고 이롭지 않은 것을 판단하는 능력은 주지 않으셨다는 거예요. 그런데 의롭고 의롭지 않은 것을 판단하는 능력은 주셨다는 거예요. 그거를 방면으로 생각하니까 머리가 정리가 돼요. 흔들리지 않는 것 같아요.

다음은 여성인권단체 비리를 제보한 김민희의 이야기다.

내가 만약에 그때 제보를 하지 않았더라면 소장하고 뭐가 다를까, 소장이 징역형을 받은 것처럼 그 시간에 그때 내가 만약 눈감았더라면 나는 우리 아이들한테 남편한테 부끄러운 사람으로 남았을 것 같다. 적어도 지금 내가 이것도 합리화인 거겠지만, 지금 내가 완전 가정이 아주 파탄이 난 상황에서 경제적으로 아주 밑바닥인 상황에서도 (아이들한테 말하기를) 엄마 그때 안 했으면 엄마 징역살이 했을지도 몰라, 엄마같이 머리 좋은 사람이 그거 만약 눈이 뜨였다면 소장보다 더 했을 거야, 거기서 멈춘 건 엄마 인생에서도 굉장히 잘한 거고, 너희들에게도 엄마 떳떳해. 엄마 지금 벌금도 내서(벌금형이 나와서) 전과자도 됐고 5년 동안 자격정지가 되어서 사회복지 시설에 가서 아무 일도 못 하지만 그래도 엄마 부끄럽지 않아, 이런 합리화를 하는 거예요 저는.

이러한 정서는 제보를 함으로써 내가 이득을 볼까 피해를 볼까라는 질문 이상의 것으로서, 제보를 결정하는 데 중요한 축이 된다. 동시에 제보 이후 마주하는 조직의 부정적 대응을 견디고 헤쳐 나가는 동력이 되기도 한다. 즉 앞에서 말한 직업윤리이자 의무, 소명의식, '당연한 일이다', '상식이라 이 정도는 해결되어야 하지 않나', '모두가 다 같이 잘 살았으면 좋겠다', '사람이 앞과 뒤가 다르면 비겁한 것이 아닌가' 등의 표현이 모두 그들의 철학을 그대로 보여준다. 당연히 이와 같은 도덕적 신념과 가치가 분명하더라도 다른 어쩔 수 없는 변수들이 작용하지 않으면 제보로 이어지지 않는 상황 또한 두말할 것 없이 중요하다.

지금까지 왜 제보하는가라는 오랜 질문에 대한 답을 정리했다. 개인 성향, 양심, 뛰어난 정의감 등의 언술이 지배적이고 그 와중에 동기가 순수한가 아닌가, 공익인가 사익인가 이분법을 강요받거나 법적 점검을 받는다. 내 인터뷰를 통한 동기에는, 공무원은 당연히 직업인으로서 해야 할 일이었으며 고발의 성격이 아닌 업무의 일환이 결국 고발이 된 경우도 많았다. 다음으로 불공정한 조직 내 문제점들을 저변에 두고 더 이상 묵과할 수 없는 비리에 가담하거나 목격을 한 경우노 있었다. 또한 타인의 고통을 직접 목격하여 비리의 여파를 두고 볼 수 없는 경우가 있었다.

기타로 언급할 수 있는 것은 과거 유사한 경험들이 있어서 제보를 진행할 수 있는 저력이 있던 경우(과거에는 동일한 제보를 해서 시정이 이뤄졌지만 현재는 시정이 이뤄지지 않는 경우), 애당초 외부에서 양심선언, 공익제보라는 명명이 있더라도 자신을 그렇게 정체화지 않는 경우 등이다.

제보자들은 자신이 목격하거나 가담한 모든 불법·비리·부정의 행위를 항상, '사사건건' 제보하는 것이 아니다. 묵과하기도 하고 지나치기도 한다. 또한 과거에 자신이 목격하거나 가담한 비리를 묵과한 것에 대한 수치심을 갖고 있기도 한데, 그런 경우 과거 경험에 비추어 두 번째 비리를 목격했을 때 제보할 가능성이 높아지기도 한다. 또 몇 사례에서처럼, 늘 문제가 발견되면 조율하여 해결하는 경험의 연장선상에 있는 경우도 있다. 동기와 관련된 도덕적 용어들이 인터뷰에 등장하기 때문에 그것의 중요성을 부인할 수 없지만, 그 도덕성이 드러나는 계기는 위와 같은 다양한 맥락 속에서라는 점을 다시 한번 강조한다.

4. 요약

내부고발을 둘러싼 가장 대표적이고 호기심을 담은 질문, 왜 그들은 제보를 하는가를 살펴보았다. 이러한 질문 자체가 제보 현상이 매우 일탈적이며, 행위자는 긍정적이든 부정적이든 독특한 어떤 면이 있다는 전제를 갖고 있다. 그리고 동기를 둘러싼 공익과 사익의 이분법은 제보자를 이해하는 큰 축의 하나로서, 내부고발을 비판하는 입장은 어떻게 해서든 제보의 동기를 불순한 사적 이익, 개인적인 원한이나 불평, 보복의 차원으로 폄하하려고 한다. 그리고 긍정적으로 평가하는 입장에서는 공익을 바탕으로 양심·정의·용기·이타심 등의 언어를 활용한다.

무엇보다도 공익과 사익의 이분법을 바탕으로 도덕적 언술을 통해 제보자를 영웅시하거나 역으로 일탈적인 구성원이라고 보는 단편적 이해는 극복되어야 한다. 사례들에서 살펴본 것처럼 자신이 비판하고 저어되는 비리에 직접 가담한 경우는 제보자가 정보를 잘 알고 있는 역설적 상황에 있다. 이 속에서 사적 이익과 공적 이익의 구분이 가능한가. 또 다른 예로 만약 한 사안의 내부고발자가 다른 사안의 비리에 연루된 경우는 어떻게 될까? 고위공무원으로서 전임자의 비리를 보고하고, 당연하게 해결될 줄 알았던 문제가 오랜 기간 미해결인 채로 있어 막대한 신분상의 피해를 본 한기환의 다음 비판을 통해 그 질문을 생각해본다. 그의 제보 동기 또한 공무원으로서 자신의 직무를 수행한 것뿐이었다.

변호사들 모여서 공익신고자 보호하는 법을 강화해야 한다고 해서 국회의원 들 입법 활동하는 거기에 모여서 하는데, 그거 백날 강화한들 그게 그거예요. 제가 생각했을 때에는 「부패방지 및 국민권익위원회 설치와 운영에 관한 법률」 을 보면 제56조에 제 사건을 해결하는 단초가 있어요. 공무원은 다른 동료 공무 원의 비리를 인지했을 때 신고해야 할 의무가 있다. 저는 그걸 이행한 것뿐이에 요. 그런데 그걸 엉뚱한 걸 가지고 그게 공익신고자냐 따지면 안 되는 거죠. 제가 한 예를 들게요. K기관 직원 중에 지난 정부에서 댓글 조작하느라고 P국을 두세 배 늘린 게 있어요. 그걸 내부고발한 사람이 있었어요. 안에 내부고발자가 있었 고 이 사람은 퇴직한 사람이었어요. 내 2년 후배인데 그 친구가 H신문에 터뜨린 거예요. 그걸 뒷받침할 수 있는 걸 터트린 거예요. 어마어마한 큰 사건이죠. (… 중략··) (그중 한) 사람은 (시민단체에서) 의인상을 수상했는데 그다음에 이 사 람이 약사하고 연계되어가지고 금품수수가 있었던 모양이에요, 그걸로 해가지 고 감방으로 처넣어버린 거예요. 그럼 이 사람이 공익제보자가 아니냐 이거죠.

한편 다른 동기들도 생각해볼 수 있다. 편혜영의 소설 『죽은 자로 하 여금』2018에는 병원 비리를 제보한 주인공 무주가 등장하고 비리를 행한 사람도 사연이 있다는 식의 이해가 담겨있는데, 비리로 비판받은 인물인 이석이 무주의 예상과 달리 관리직으로 되돌아와 둘이 대화를 나눈다.

"(동료인 다른) 두 사람은 성실하게 일해 왔어. 환자의 치료기간이 얼마나 되 는지, 그 질환에 비급여 청구 항목이 몇 개나 되는지, 공단에 청구한 보험료나 입원료가 얼만지 무척 잘 알고 있거든. 자기한테 유리한 쪽으로만 성실했지만 말이야. 정작 사람에 대해서는 하나도 관심이 없지. 그 사람이 어떤 병을 앓는지, 얼마나 고통받는지, 가족들은 긴 간호를 하며 어떤 기분일지…… 생각할 필요가 없으니까. 병상과 비급여, 입원료, 입원기간, 이런 것만 고려하면 되거든. 이런 평범한 사람들이 조직에서 살아남는 방법이 뭐겠어?" "아랫사람 갈구면서 지시대로 열심히 수행하는 거죠." "그것도 방법이지. 아님 천재가 돼야지. 군말을 듣지 않으려면 탁월해지면 되거든." "천재는 아무나 되나요." "그래서 보통은 타락하는 쪽을 택하지." 무주는 당황했지만 확실히 깨달았다. 이석은 무주 얘기를 하고 있었다. 이석 자신의 얘기이기도 했다. 무주는 이 대화에서 무주가 이석 자신과 별다를 바 없음을 알아채기를 바라는 것 같았다편혜영 2018 : 135.

생각할 필요가 없는 조직 메커니즘에서 그것을 초월한 탁월성의 소유자, 또 비리를 목격했을 때 관련자들이 어떻게 제보에 반응할까, 어떤 타협된 문서를 작성해 비리가 재생산되는가라는 '탐구심'으로 사안을 묵과하지 않고 외부로 제보하여 교정하려는 노력이 동기가 된 경우도 있다.

이 장에서는 내부고발을 둘러싼 가장 오랜 질문 중 하나인, 제보자들은 왜 제보를 하는가라는 질문에 초점을 맞추었다. 그들의 독특한 성향과 고유한 특징보다 사회 전반에 걸쳐 있는 부정부패와 비리를 가장 먼저 떠올려야 하지 않을 수 없다. 공무원 수당 비리를 제보한 김진우에게 인터뷰 말미에 신입들은 좀 낫지 않느냐는 질문을 했다. 그는 담담하게 명문대학교 나온 젊은 고학력자들이 초과수당 비리를 더 잘 알고 더 잘 하더라고 답했다. 사립학교 비리, 교내 인권침해, 공직자들의 권한 남용, 편법으로 피고용자의 희생을 통해 이윤을 추구하는 사기업, 사회적 책임보다 물질적

이익이 본질적인 생존 전략으로 대우받는 전반적인 사회의 틀. 젊은 세대 또한 보이지 않는 그 틀의 체계적인 습속習俗을 피동적으로나 적극적으로 재생산하고 있다. 이와 같은 보편적 질서 속에서 내부고발은 이치에 맞지 않는 일을 목격하거나 가담한 제보자가 선택한 혹은 (특히 직업적인 법적 의무로서 제보한 경우) 의도하지 않아도 마주하게 되는 어쩔 수 없는 상황의 한 결과라고 할 수 있다.

제5장

내부고발에 대한 조직의 부정적 대응, 그리고 가려진 행위자들

근본적 불신, 관료주의, 법률주의

1. 또 다른 뜻밖의 발견 | 2. 익숙한 이야기, 조직의 보복 | 3. 조직의 부정적 대응—법적 절차와 그에 대한 제보자의 대응 | 4. 가려진 행위자들—조사·수사·소송을 진행하는 국가기관 담당자들의 관료주의적 업무 방식과 태도 | 5. 요약

제보자가 되는 것은 질서 옆으로 비켜서는 것이다. 중요한 단계인데 대부분의 제보자는 제보를 할 때까지 그것을 인식하지 못한다. 그들은 이후 단계에서야 모선母船과 분리된 채 우주를 걷는 항공사가 되는 것이 어떤 것인가를 경험하게 된다.

-C. 프레드 앨포드

1. 또 다른 뜻밖의 발견

내부고발이 있을 때 조직의 대표적인 반응은 제보 내용과 제보자를 하찮게 만들면서, 파면·해임 등의 불이익을 주어 제보자를 희생시키는 것이다. 우리에게 너무나 익숙한 이야기다. 조직이 제기 받은 문제를 살피고 교정하려는 경우는 극히 드물다. 조직이 의혹을 밝히거나 교정하는 노력을 한다면 애당초 내부고발이라는 현상으로 나타나지도 않을 것이다. 결과로만 보면 조직의 부정적 대응이 내부고발의 필수요소가 되는 셈이다.

그런데 여기서 잘 드러나지 않는 점이, 파면·해임과 같은 불이익마저도 그렇게 짧은 기간에 이뤄지는 것이 아니며 법적 절차와 행정 수순에 따라 징기간에 걸쳐 진행된다는 것이다. 「공익신고자 보호법」 제15조(불이익조치 등의 금지)에 "누구든지 공익신고자 등에게 공익신고 등을 이유로 불이익조치를 하여서는 아니 된다"[1]는 조항이 있다. 따라서 조직은 어찌 되었든 근거와 절차에 따라 불이익을 준다. 이어서 제보자 또한 그에 대처한다. 결국 직장 내 동료들의 괴롭힘, 낮은 고과평가, 전근, 업무 배제, 사퇴 종용은 제보자가 보기엔 분명 제보로 인한 괴롭힘이지만, 조직은 제보자의 고발과 인과因果가 있는 것이 아니라 제보자의 무능력, 내부 기밀누설 등에 따른 합법적 사유가 있는 정당한 처리라고 주장하는 상황이 벌어진다. 그리고 제보자는 이를 조정하는 과정이나 첫 제보 순간부터 법적 공방에 놓이거나 관련 기관의 조사를 마주한다. 이 부분은 대개의 연구나 대중매체에서 압축적으로 설명되고 자연화되어 있어 잘 부각되지 않는다.

---

1 http://www.law.go.kr/법령/공익신고자보호법(접속일 : 2020.7.30)

현장조사와 인터뷰에서 두 사항이 눈에 띄었다. 하나는 인터뷰이 상당수가 법적 소송에 놓여 있거나 과거에 그 과정을 거쳤다는 점이었다. 인터뷰이들은 피고인의 신분이기도 하고 고소인의 신분이기도 했는데, 현재 사안이 끝났더라도 법적 투쟁을 이미 겪은 이가 적지 않았다. 또 다른 하나는 제보자들이 겪는 예상치 못한 어려움 중 하나가, 조직의 대응만큼이나 제보 과정에서 만난 국가기관 담당자들의 제한적이고 관료주의적인 업무 방식이라는 점이었다. 조직의 부정적 대응을 준비하고 해결하는 과정에서 무의식적으로 자신의 입장을 이해하고 문제를 마땅히 해결하거나 (조사·수사 등에서) 도와줄 것이라 '기대했던' 이들이, 자신의 주장을 이해하지 못하거나, 의심하거나, 일이 진행되더라도 전체 과정에서 겪는 관료주의적 행태가 이해하기 어렵고 힘들었다는 것이다. 또 조사·수사의 축소·은폐도 보게 된다. 이 때문에 인터뷰이들은 전문가의 도움을 받든 받지 않든, 관련 담당자들과 일을 같이 할 때에도 '제보자 자신'만이 해야 하는 일이 있다는 어려움—동시에 결단—을 강조하였다. 그리고 이때 제보자가 문서 작업이 수월하고, 법조항이나 행정 절차에 익숙하면 두말할 것 없이 일을 진행하는 데 스스로 큰 역할을 하기도 한다. 물론 법률적 도움, 시민단체, 국가기관들의 유기적인 활동으로 비교적 매끄럽게 일이 진행되는 경우도 없지는 않았지만, 연구참여자 25명 중 반수 이상에 달하는 이들이 그와 같은 관료주의 양상에 어려움을 겪었다. 이는 연구자뿐만 아니라 공익제보 활성화를 독려하고 법제화하는 국가기관이 귀 기울여야 할 부분이다.

나는 이 장에서 내부고발자에 대한 조직의 대응을 살피고자 한다. 기존 연구에서 '보복'으로 일컬어지는 부분이다. 제보자는 보통 조직으로부터의 징계, 생명의 위협, 사퇴 종용, 언어적·심리적·물리적 괴롭힘, 해고 이후 복직이나 사안 규명을 위한 법적 공방 한가운데 놓이게 된다. 나는 이런 양상들을 염두에 두면서, 조직의 부정적 대응이 어떻게 행정적·법률적 절차를 통해 이뤄지고, 그 과정에서 제보자들이 목격한 국가기관들의 문제점을 살펴보려고 한다.

내부고발에서 발화 자체가 권위에의 도전으로서 위험한 행위지만 도덕, 진실, 자아, 행동의 합치를 의심받지 않았던 고대 그리스와 달리 현대의 내부고발자는 전 과정에 걸쳐 행정적·법률적으로 검증받아 진실을 증명해야 한다(3장을 참조). 즉 현대의 제보는 공익신고자로서의 자격, 제보 내용의 타당성을 검증받고 조직이나 구성원의 비리를 증명해야 하는 '제도화된 비판institutionalized critique'의 속성을 띠게 된다김미덕 2019. 이 과정에서 제보자들은 증거를 제공하는 이로서 해당 기관이 조사·수사하는 것을 조력하면서 국가기관 담당자들을 만난다. 언급했듯이 제보자들은 이때의 경험을 또 다른 어려움으로 지적하며, 자신들이 제보한 내용이 관료주의적 일처리로 인해 축소·왜곡되어 온전하게 성과를 내지 못한다고 비판하였다.

요컨대 공익제보는 기능적인 수위에서 제보자가 제보를 할 때 무의식적으로 염두에 둔 '상식'과 '도덕적 기준'이 아닌 법률에 의해 사안이 진행되고 판단되는 법률주의의 장으로 들어가고, 그것의 결과가 실제 양측의 법적 공방으로 이어진다. 그리고 조사·수사를 담당하는 국가기관 담당자들의 관료주의적 태도와 업무 방식은, 물론 공익제보에서의 문제만은 아니나 한국사회 관료주의 시스템을 재차 확인하는 계기가 된다.

2. 익숙한 이야기, 조직의 보복

조직의 대응에 대한 기존 연구는 제보자들이 어떤 어려움에 직면하는 가로 요약된다호루라기재단 2013; Alford 2001; Bjørkelo 2013; Dorasamy and Pillay 2011; Kenny 2018; Plegue 2014; Rothschild and Miethe 1999. 이 부분은 제보의 동기, 법적 측면과 더불어 가장 대중적인 주제 중 하나다. 보복이라는 용어로 설명되고 '고통'Smith 2014, '직장 내 괴롭힘', '낙인Stigma'Foxley 2019이라는 개념을 통해서도 설명된다.

구체적으로 기존 연구는 보복 형태는 어떠하고, 왜 조직은 그렇게 대응하는가에 집중한다. 조직의 부정적 대응에는 생명 손실, 위협, 파면·해임·해고 등의 불이익, 사퇴를 종용하는 분위기, 업무 배제, 무관하거나 본래 업무와는 다른 잡무를 맡기거나 낮은 업무평가, 불안한 업무 환경 조성, 동료들의 언어적 괴롭힘, 아니꼬워하는 눈초리 등의 심리적 공격, 따돌림도 있다. 특히 '낙인'의 경우는 제보자를 고자질쟁이나 배신자로 비아냥거리고 제보 동기를 원한이나 사적 이익으로 보며, 무능하다고 평하거나 관련 없는 과거의 문제를 들추어내는 등으로 제보자의 명성을 훼손함으로써 제보 내용의 신뢰를 떨어뜨리는 행위 등을 포함한다Foxley 2019. 그리고 제보자가 본래 정신 건강이 불안하고 신뢰할 수 없는 사람이라는 개인적·집단적 평도 포함한다Kenny et al. 2018. '괴롭힘'은 관리자 수위에서의 체계적인 반응, 상사와 동료들의 따돌림, 크고 작은 괴롭힘을 포함한다. 이런 상황에서 내부고발자가 '희생양'으로 설명되는 것은 자연스러워 보인다Alford 2001.

조직이 제보 내용을 교정하기보다 부정적으로 대응하는 것은 방어인 동시에 또 다른 제보를 없애려는 '적극적 공격'이기도 하다. 앨포드는 그 이유를 다음과 같이 설명한다. 조직의 삶이라는 것은 윤리적 자율성의 파괴에 헌신하는 것이어서, 조직은 "내부고발자를 희생시킴으로써 경쟁적인 세계에서 조직을 삼킬 위험이 있는 윤리적·도덕적 책임의 유행을 차단할 목적"Alford 2001이 있다. 달리 표현하면 관리자는 내부고발자를 자신과 동료들에게 위협으로 본다. 그리고 동료들도 똑같이 조직 명성을 보호하기 위한 노력으로 보복에 가담한다. 또한 보복을 조직 내 다른 잠재적 고발자를 억제하고, 기존 행동과 복종 규범을 강화하기 위해 사용한다. 동료들이 내부고발자를 감시와 평가의 대상으로 만들어 고립시키면서 어려움을 가한다. 당연히 제보자들도 이를 잘 알고 있다. 한 인터뷰이의 표현이다.

> 조직이 일탈 행위자를 묵과한다면 계속, 둘셋 생기고 조직이 허물어져요. 그런 일탈 행위자가 다시 생기지 않도록 본보기가 필요해요. 이렇게 계속 하면 공익신고자 보호법으로 (회사 측에) 어떤 처벌을 한다고 해도 계속 제보자를 괴롭힐 거예요. 조직 보호차원에서 그런 거거든요. (…중략…) 철저하게 괴롭혀요. 제가 봤을 때도 조직에서 그렇게 하긴 할 것 같아요. 내가 반대로 조직(편)에서 한다면 (나도 그렇게) 할 것 같아요. 본보기를 보여 줘야죠. 만약에 회사의 비리를 고발했는데 그 사람이 승진하면 다른 사람이 또 할 거 아니에요(정희원).

그는 공무원 신분의 제보자들과 달리 어떻게든 법망을 피해 최대한의 물질적 이익을 보려는 기업의 자본주의적 속성을 이해한다고 했다.

제보자가 비리를 보고하는 것은 조직의 존립을 위협할 수 있고, 특히 외부 채널에 신고하면 공적 조사와 법적 개입을 일으킨다Mesmer-Magnus and

Viswesvaran 2005 : 292~293, Dorasamy and Pillay 2011 : 299에서 재인용. 제보자가 조직 내부에서 고위직이든 아니든, 제보 채널이 외부든 아니든, 조직에 불충하는 인물로 낙인찍히는 것은 다름이 없다. 물론 조직은 외부로 사안이 누출되는 것을 꺼려하고 더 큰 부정적 대응을 하지만, 외부로 나갔을 때 제보자가 역으로 보호되는 경우도 있다.

언급했듯이, 조직의 대응으로 내부고발자가 어떠한 피해를 얼마나 겪는가를 다룬 기존 연구들이 많다. 제보자의 개별적 상황과 보복 강도의 관계, 제보 기준이 내부냐 외부냐에 따른 조직 대응의 차이 등이 다뤄진다. 그런데 이것은 구체적인 과정과 개입하는 다른 많은 행위자의 역할을 보이지 않게 만들어, 결국 제보자들을 어떻게 법적으로 보호하거나 보상할 것인가라는 문제로만 귀결되는 담론을 만들고 있다.

나는 내부고발 이후 일어나는 일련의 일들, 조직의 부정적 대응과 더불어 여러 폭력적 상황이 매우 교묘한 방식과 장기적 과정Vandekerckhove and Phillips 2019에서 '잘 드러나지 않는' 여러 주체에 의해 일어남을 살피고자 한다.

3. 조직의 부정적 대응 – 법적 절차와 그에 대한 제보자의 대응

나는 보복과 조직의 폭력이라는 단어를 혼용해 사용하는데, 조직의 부정적 대응은 폭력이라는 케이트 케니의 주장에 동의하기 때문이다. 케니는 주디스 버틀러Judith Butler의 몇 개념을 차용해 내부고발자는 침묵과 공모의 규범을 벗어나 불가능한 언어impossible speech를 말하는 이로서, 규범적 폭력normative violence에 노출된다고 설명한다Kenny 2019, 5장. 그녀는 이 때 "제보자에 대한 보복이 그들 삶의 일부이며 그것이 괜찮다는 암묵적 전제가 있어서 실제 그것이 일어났을 때 아무도 개입하지 않는데, 사람들이 분명 선의와 문제 교정을 위해 제보를 한다는 점을 감안했을 때 그러한 보복이 정말로 수용가능한가? 그것이 이해될 만한 것인가"Kenny 2019 : 104라는 질문을 던진다. 그리고 많은 제보자에게 놓인 어려움은 단순한 보복 이상의 것이기 때문에, 그것을 '폭력'으로 재규정한다. 케니는 한 사례를 들면서 "동료와 관리자의 반응은 다 큰 성인이 어린애 같은 유치한 행동을 할 때처럼 사악하고 혼잡스럽다"Kenny 2019 : 118고 평한다.

많은 제보자는 제보 이후 여러 뜻밖의 상황을 맞는다. 제보한 내용보다 제보자의 흠이나 비리가 조사되는 경우, 제보 초기 단계에서 신분이 느러나는 경우도 있다. 제보자는 불이익(자진퇴사 포함)에 놓이고 이를 해결하기 위해 여러 자원을 활용하여 어려움을 극복하려고 한다. 생명의 위협이나 신체적 협박, 혹은 행정과 법적 절차를 통한 장기적인 어려움이든 아니면 구성원들을 통한 괴롭힘이든, 제보자 입장에서는 이해되지 않고 용서하기 힘든 폭력이다.

그런 과정에서 제보자는 조사·수사하는 국가기관의 담당자들을 만나고 고소·피고소의 상황에 놓인다. 인터뷰이 중에는 이미 법적 논쟁을 마친 경우, 한창 진행 중인 경우, 이제 막 시작을 하는 경우가 있었고, 제보 이후 해결 과정에서 조력을 구하거나 조력을 한 여러 국가기관 담당자들의 업무 처리를 비판하고 어려움을 표했다. 애당초 제보 내용에 신뢰를 두지 않거나, 신고처 담당자가 제보자를 누설하거나 비리 의혹을 받는 조직에 신고 사실을 알려주고, 제보 내용을 축소·은폐하여 조사·수사를 하는 경우 등이 있다. 그리고 자신들의 편의를 위해 신고자에게 고발 철회를 요청하는 등의 폭력도 있다. 매 단계 구체적인 행위자와 그들의 행위로 인한 폭력의 양상이고, 이것은 제보자와 제보의 성과에 두말할 것 없이 큰 영향을 끼친다.

제보를 받는 국가기관이나 시민단체의 역할, 문제를 규명하기 위해 개입되는 공무원들의 '전문성', 주변의 심리적 지지·인정 등이 적재적소에 활용되면, 제보가 보다 수월하게 해결될 수 있을 뿐만 아니라 제보한 당사자도 부담을 훨씬 적게 가질 것이 자명하다. 이 책의 연구 사례들에서 그러한 이상적인 경우가 부재한 것은 아니었지만 매우 드물었다. 이 때문에 공익제보 담론과 정책에서 제보자와 제보 내용뿐만 아니라 그 과정에서 큰 역할을 하고 심지어 사안의 결정권을 가졌지만, 잘 '드러나지 않는' 행위자들에게 주목할 필요가 있다.

뜻밖의 반응들 − "제보를 하면 잘 해결될 줄 알았다, 너무 명백한 불법이니까", "어떻게 저렇게까지 거짓말을 할 수 있을까"

제보자는 한국사회의 부패가 체계적이고 전 분야에 연결되어 있어서 제보한 문제의 해결이 얼마나 어려운지 처음에는 잘 예측하지 못한다. 많은 제보자가 조직이나 해당 구성원이 명백한 불법을 저질렀기 때문에 제보를 하면 곧바로 문제가 해결되리라 생각한다. 이 때문에 제보자들이 '숫되다'라는 평가를 받기도 하고, 그들은 당연히 조직의 부정적 대응을 '절차적 부정의procedural injustice' Rehg 1998로 느낀다.

군납비리를 제보한 강형식의 이야기다. 군인으로서 국가이익이라는 명분을 늘 염두에 두는 그는 제보가 별일이 아니라고 보았다. 그 사안 전에도 문제제기를 한 경험이 있었고, 무엇보다도 자신이 제보한 사안은 명백한 불법이고 발견하면 절차를 밟아 보고를 하는 것이 자신에게는 너무 당연했기 때문이다.

> 무슨 사명감을 갖고 반드시 이걸 고쳐야겠다, 이런 생각을 하지도 않았어요. 진짜 평범한 거잖아요. 10만 원짜리 30만 원에 샀어요. 어, 왜 이랬지? 경쟁 계약해야 하는데 왜 이렇게 했지? 이걸 꼭 사명감을 가져야 해요? 도덕적 · 윤리적으로 뭐가 있어야 해야 하는 게 아니잖아요. (…중략…) 그때는(제보 당시에는) 고민 안 했어요. 문제제기를 하면 조직이 당연히 (사안을 고칠 줄 알았어요), 조직의 구조가 있잖아요, 헌병도 있고 검찰도 있고. (…중략…) 일부 개인이 잘못하나 보다, 고치겠지, 이렇게 생각을 하지, 거대한 권력이 비호하고 거기에 대한 그런 대가를 받고 이럴 거라고 생각을 못했죠. 그 당시에 그런 시각도 눈도 없었어요. 군 생활하는 사람이 그걸 어떻게 알겠어요. 지금이야 이면을 볼 수 있고 연결고리를 찾을 수 있죠.

그는 이후 여러 불이익을 겪으면서 해결방안을 터득해갔다고 했다. 그에게는 가족을 포함한 주변 지인들의 지지가 있었고 대중매체도 활용했다. 그의 경우는 TV 보도 프로그램이 그가 받은 피해보다는 사안을 전달하는 데 초점을 잘 맞추어, 자신도 보도 내용에 만족한다고 했다. 일이 진행되면서 어려운 문제가 없지는 않았지만 결과적으로 굳이 비교를 하면 자신은 운이 좋은 편이라고 했다.

뜻밖의 반응에는 주변 동료들의 비협조도 있다. 위 사례에서 보인 주변 동료들의 지지는 그리 흔하지 않다. 많은 이가 비리 의혹을 발견했을 때 동료나 상사에게 먼저 직·간접적인 자문을 구하거나 고민을 털어놓는다. 그리고 대부분 부정적인 의견을 듣는다. 그런데 동료들은 괴롭힘이나 정서적 지지 이상의 역할을 할 때가 있다. 법정에서 증언을 할 때나 필요한 정보를 수집하는 데 그들의 역할이 제보자에게 사활이 걸릴 때가 있다.

대형 농장에서 구제역 피해에 대한 정부보조금 부정수급을 제보한 이유재의 사례에서 이 사안이 두드러졌다. 그의 사례를 4장의 제보 동기 중 "부도덕과 비리가 해도 해도 너무했다"는 부분에서 소개했다. 그는 사직서를 제출하고 새 직장을 다니면서 참고인으로 재판에 출석하였는데, 다른 동료들의 거짓 증언에 대한 놀라움과 비애를 이와 같이 표현하였다.

(동료들이) 내가 거짓말한 걸로 하니까, 먹고살기 위해서 직장에 (잘 보여야 하는 것이) 이해는 되지만은 군이 저 정도까지 거짓말을 할 필요가 있을까. 비애라고 그러죠, 인간들에 대해. 전부 다 그런 거죠, 내가 나쁜 놈이고 나는 거짓말쟁이고 현장을 전혀 모르는 사람이고(웃음). 나를 믿고 따랐던 사람은 내 밑에 경리가 있었어요. 경리 아가씨는 그대로 (말을 해줬어요). 나중에 잘려버렸지 편들어주다가. 끝까지 재판을 이끌어 냈고 그렇게 그분 하나 있고, (지시를 받아 서류를 조작한) 수의사도 (증언이) 정당하니 거기도 사직하고 나가버렸지. 자기도 불이익이 있을 것이라 생각하고 그냥 떠나버렸지. 그 두 사람은 내 편을 들었죠 끝까지. 그 두 사람이 있었기 때문에 이것도 반쪽 승리를 했지 그것도 없으면 자칫 잘못하면 이거 혼자 (피해를 봤겠지). (…중략…) 나머지 직원, 서너 명 추가로 증인으로 나왔지만 다들 내가 모르는 거다, 아니다 (그리 말하고), 전부 사기를 하고 있는 거지요.

그는 얼마 되지 않아 제보 사안이 새 직장에 알려져 그만둘 수밖에 없었다. 재판 결과로 보조금 절반 규모의 액수가 환수되었고, 인용문에 나온 것처럼 그는 그 결과를 반쪽짜리 성공이라고 했다.

절차에 따른 불이익조치와 괴롭힘

정희원은 산업재해를 공상처리하는 L회사의 비리를 신고했다. 수십 건의 은폐 사실이 적발되어 회사는 억 단위의 과태료 부과 결과가 났다. 노무관리를 담당하던 그는 자신이 채용하고 관리한 비정규직 노동자들의 산업재해 은폐 사실을 묵과할 수 없어서 고민 끝에 제보를 했다. 4장에서 그의 제보 동기를 여러 갈래 중 "타인의 고통을 목전에서 보았다" 부분에서 살펴보았다.

제보 이후 장기적이고 반복적인 조직의 부정적 대응이 이어졌는데, 그가 제공한 자료를 통해 정리하면 다음과 같다.

그는 제보 이후 한 달쯤 지나 근무성적 및 근무태도 불량을 이유로 대기발령 조치를 받았다. 인사위원회는 사업장 상황과 제보자의 역량부족으로 적합 직무를 선정하지 못하고, 역량개발 성과 미흡을 이유로 그 조치를 한 달 연장했다. 인사위원회의 조치, 타지방 발령 모두 한 달 새 일어나고 전보조치는 그와의 사전협의나 동의 절차 없이 이뤄졌다. 새 근무지에서는 다른 직원들과의 교류 금지와 전산 업무 제한으로 제대로 업무를 볼 수 없었고, 무엇보다도 기존 노무 업무가 아닌 단순 환경, 미화 작업을 지시받았다.

그는 나중에 동료 직원들로부터 알게 된 신고자 신분 노출 문제와 대기발령과 관련해, 주무기관인 K위원회에 '보호조치 및 신분공개 경위 확인'을 신청했다. K위원회로부터 받은 1차 보호조치는 양측의 화해 조서 합의로 마무리되었다. 그런데 그 이후에도 사무실 격리배치, 시설물 출입 제한, 사내 전산 접속 제한, 프린터 등 장비 이용 제한, 경비원을 통한 출입 기록 관리, 사택제공 거부 등 불이익처분이 지속되고 사직을 강요받았다. 그는 2차 보호조치를 신청하고, K위원회는 다시 재발 시정 조치를 결정하고 회사는 이를 수용했다. 성과평가 등급을 재조정하고 사무실을 다른 직원들과 함께 사용할 수 있도록 이전 배치하며, 시설물 출입제한 등 불이익 조치가 재발하지 않도록 시정하는 결정을 수용했다. 그러나 재배치 등의 실질적 변화가 없고 그는 결국 다섯 차례의 보호요청을 하기에 이르렀다. 이후 K위원회로부터 전산 접속 권한 부여가 결정 났지만 회사는 여전히 그것을 제한하고 있었다.

그가 겪은 어려움은 원거리 파견(가족과 단절), 사퇴 종용, 맞지 않는 업무 부과, 공간적 소외, 동료들과의 단절, 블랙리스트 염려 등으로 요약되었다. 이에 대한 그의 소회는 다음과 같다.

마음이 허하죠. 사람이라는 게 사회적인 동물이라서 관계 속에서 살아가잖아요. 관계가 단절되어 있잖아요. 지금은 괜찮아요, 집하고 가까우니까. (…중략…) 그런데 예전에 (타지역) N시에 있을 때는 집하고 격리시킨 거예요. (…중략…) 저 같은 경우에는 원거리만 계속 발령을 냈어요. 거기서 왕따 당하니까 미치겠더라고요. 사회적인 관계가 전혀 없으니까 독방의 느낌이었어요. 그냥 뭐 TV도 못 보고 아무것도 못 하고. 길거리에서 붙잡아서 아무하고나 이야기하자고 할 수도 없고 종교 뭐 그런 것도 없고. 관계가 없으니까 미치겠더라고요. 이제는 집하고 가까우니까 가족들이나 보고. 왕따시키는 것도 5년이에요. 이젠 그러려니 해요. 처음에는 견디기 힘든데요, 익숙해져요 그러려니. 원래 그런 애들이니까 잘해주면 의심해요. 쟤네 왜 나에게 호의를 베풀지, 뭔가 있는 거 아닌가?

(회사가) K위원회에 네다섯 번이나 지다 보니까 터무니없는 짓은 안 해요. 자기네 인사권에서 변명이라도 할 수 있는 이런 부분만 괴롭히거든요. 정해져 있어요, 뻔히 예측이 가능해지고. (…중략…) 언론을 타기 전까지는 갖가지 (불이익을) 주더라고요. 그런데 이번엔 표나게 못 괴롭혀요. 신문에 나가고 방송 나가고 그러면 L회사 들먹여지고 그러니까. 주가까지 떨어지지는 않지만 사회적 기업이라고 이야기를 하는데 이미지에 손상이 갈 수 있는 돼먹지 않은 방법은 안 하더라고요. 작은 회사는 그런 눈치도 안 봐요. G회사, 그 기타 만드는 데서 부당해고 나오고 그랬는데 작은 회사들은 갖은 방법을 써도 (외부에서) 관심이 없잖아요. 그런데 저는 아무래도 큰 회사 다니는 게 좋은 게 몇 번 언론 타니까, 이미지가 있으니까 못 괴롭히더라고요.

이 인용문에서는 대중매체에 제보자가 노출되었을 때의 장점이 눈에 띈다. 그리고 제보자가 반복되는 조직의 부정적 대응 또한 익숙해져서 초기의 당혹스러움과 자기-의심을 넘어선 '배제의 내면화'Kenny 2018 : 1037가 눈에 띄기도 한다. 이 말은 제보자의 수동성이나 피폐화 자체를 뜻하기보다 조직 대응에 대한 익숙함 및 대응의 단련에 가깝다Uys and Smit 2016. 그는 조직의 지속적인 폭력에 미래를 고민하지 않을 수 없었다.

4장에서 언급했듯이 나는 2019년 법정에서 그를 처음 만났는데, 한 시민단체가 원고가 되어 제보자의 정신적 피해에 대한 위자료 청구소송을 진행하고 있었다. 회사는 불이익을 원상복구했다고 하지만 지속되는 잠재적 불안과 정신적인 피해에 대해 그 소송을 하게 되었다. 그는 자신의 경험을 바탕으로 여러 번에 걸친 K위원회로부터의 보호 결정에 안도감을 가졌지만 현실적 제약도 지적했다. K위원회의 조치가 권고에만 그치고 법적 권한이 없기 때문에 회사 측에서 이를 수용하겠다고 해도 현장에서 불이익이 재발될 수밖에 없는 구조임을 언급했다. 제보자가 회사 내에서 버틸 수 없는 상황이라는 것이다.

고소하거나 고소당하거나

많은 제보자가 징계와 같은 불이익뿐만 아니라 그 과정에서 피소를 겪는다. 사기업 직원뿐만이 아니라 공무원 신분도 마찬가지인데, 장영환은 공무원으로서 미성년자 보호기관에서 일어나는 인권침해를 제보하고 피소 및 해고에 처하게 되었다. 그는 2년여 만에 무죄로 판결나 복직되었다. 복직 직후에는 과거에 해왔던 업무를 맡을 수 없었고, 몇 년이 지나 기존 업무로 복귀했다.

> (복직 이후) 지금까지 대상자를 '거의' 안 맡다가 올해 2월 말경부터 맡기 시작했어요. (…중략…) 보통 내부고발자 중에 형사고발 조치당한 사람이 드물거든요. 아시겠지만 또 고발조치를 당해서 법원에서 6항목을 다 무죄를 낸 케이스도 드물고. 정확히는 본부의 B과에서 고발조치 했는데…… 정식 형사재판을 거쳐서 당당히 무죄가 확정됐어요. 근데 참 놀라운 게 1, 2심에서 졌으면 3심은 안 가도 되는데 굳이 선례를 남겨주시더라고요 대법원에서. 그래서 대법원 판례가 확정돼버렸죠. 어떻게 보면 그게 더 잘된 것일 수도 있는 것 같아요. (…중략…) 1심에서 무죄가 나와서 저쪽에서 인제 검찰청에서 자기네들도 고과평가

에서 마이너스인 사건이니까 검사를 '계속' 바꾸더라고요. 한 5명 바꾸더라고요. 그렇게 하는 게 전략적으로 또 맞는 것 같기는 하나, 잘 모르겠는데 어쨌든 계속 바뀌면서 져요, 다 공소 기각이에요. (…중략…) 뭐 대법원에서도 항고 기각 뭐 이렇게 해가지고 1심이 결정된 거죠. 괜히 다툴 상황도 아닌데, 그니까 피를 말리는 작전인 거죠. 그냥 1심이 확정됐으면 그걸로 가면 되는데 군이 대법원에 확정 판례를 선례를 남기시더라고요. 그 사이에 저희 ○○○(가족 구성원)가 돌아가셨어요.

고소의 내용은 공문서 위조 외 5개 항목이었다. 그의 업무가 마약대상자를 확인·검사하는 것인데, 대상자가 기관에 와서 검사를 받는 경우 미리 약을 끊고 오기 때문에 제보자는 현지 출장을 가서 몇 명의 대상자 사례를 적발했다. 발견 사례들을 그가 위조했다는 것인데, 재판 과정에서 한 대상자가 기관의 강요와 압박으로 제보자가 위조를 했다는 확인서를 써주었다고 증언을 했다고 한다. 공문서 위조를 바탕으로 한 기소였기 때문에 다른 사항들은 다툴 필요가 없어 결국 무죄 판결이 났다.

많은 제보자가 자신이 고소를 당하는 법적 공방에 놓일 것을 예측하지 못한다. 고소 사유는 제보 내용 자체와 무관한 경우가 많지만, 조직과 제보자 개인의 대결에서 조직이 다른 사유로 징계할 수 있는 내부 규율에 따른 것이기 때문에, 제보자 입장에서는 제보로 인한 징계를 위한 절차라는 것이 분명하지만 조직은 절차와 다른 사유의 정당성을 강조한다.

그는 소송 과정 중 몇몇 일당직과 단기간이지만 벤처 기업에서 프로그램 개발 일을 했다. 그는 재판과정의 어려움을 이렇게 표현했다.

형사재판 받는 것 자체가 결과를 떠나서 피를 말리는 짓이에요, 그리고 그게 만약 잘못되거나 그러면 이제 범죄자가 되는 거잖아요, 그게 얼마나 힘든 일이겠어요, 벌금형이라도 맞으면 범죄자니까. 나쁜 놈들은 안 자르고, 거기엔 또 조직 논리 들이대서 우리가 남이 그런 것 있잖아요. (…중략…) 자기가 형사재판을 받을 만한 범죄를 저지르고 받으면 오히려 더 나은 것 같아요. 그런데 이게 정말 불가항력적이어서, '정말' 아무런 죄를 짓지 않았는데 증거를 조작해서 형사재판을 받으면. 그런 영화들 많잖아요, 미치는 거예요 그건. 대표적인 영화〈쇼생크 탈출The Shawshank Redemption〉 보면 자기가 아내를 죽이지 않았는데 살해했다고 일급살인 죄로 몇십 년 (수감되잖아요). 나중에 보니까 무죄였던 거죠, 실제로 죽인 사람이 따로 영화 보면 나오잖아요. 그런데 형무소 소장이 그 사실을 또 은폐해버리잖아요.

4장에서 더 이상 불법에 연루될 수 없었고 고위간부로서 서명을 한 자신의 책임을 방기할 수 없어 회사의 부정의약품 제조·사용·유통 문제를 제보한 유형식의 경우도 크게 두 트랙의 법적 공방이 진행되고 있었다. 한편에서는 공익신고자로서의 보호조치 신청과 관련해 주무기관과 행정소송 중에 있으며, 다른 한편에서는 회사가 업무상 배임혐의로 그를 고소해 재판 중이었다. 또한 그는 조사·수사기관의 제보 내용에 대한 진행을 늘 주시하고 있었다.

(가족 내) 어려움이 있고요, 초기에 당연히 상의를 했죠. 공익신고를 할 때 그때 거의 몰린 상황이고 다른 선택의 여지가 없는 상황이어서 동의를 했고. 그 뒤로 지금 거의 뭐 2년 가까이 되어가니까, 습관이 됐다? (공익제보에 대한) 지

지나 반대 뭐 이런 건 지난 것 같고 외통수구나, 그렇게 흘러갈 수밖에 없는 거구나. 또 다 걸려 있는데 어떡합니까. 해고가 걸려 있고, 대법원에 걸려 있고 고등법원에 걸려 있고. 심지어는 업무상 배임혐의로 피소가 되어 있는 상황이고, 형사 재판이 진행 중이고. 법인카드 쓴 거를 2년치를 까뒤집어서 업무상 배임으로 고소가 들어왔고, 그렇습니다. 징계가 있지만 플러스로. (…중략…) 그 재판이 꽤 됐어요. 아직도 지금 1심이 안 끝났는데…… 재판 중에 있습니다. (…중략…) 공익신고를 하는 어느 순간에는 예측을 하긴 했는데, 형사재판으로 제가 뭐 고소를 해서 할 거라고 생각은 했는데 참고인이나. 제가 형사사건의 피고인이 될 줄은 몰랐어요(웃음).

다른 제보자들 또한 대부분이 이렇게 징계, 수사·조사 내용을 둘러싼 법적 공방을 하고 있(었)다.

4. 가려진 행위자들 — 조사·수사·소송을 진행하는 국가기관 담당자들의 관료주의적 업무 방식과 태도

내부고발을 둘러싼 담론에서 그 중심은 늘 제보자이다. 그런데 제보 과정에는 실제로 '여러 행위자'가 등장한다. 가족, 지인, 동료, 상사, 제보 내용을 조사하는 기관들의 담당자, 다른 제보자들, 제보자가 지지를 요청하는 시민단체, 언론, 그리고 법적 공방이 있을 때 경찰, 수사관, 검사, 변호사, 판사 등이 등장한다. 이들이 각 단계에서 어떻게 반응하는지에 따라, 특히 국가기관 담당자들이 어떻게 일을 파악하고 처리하는지에 따라 제보의 성패가 좌우되거나, 최소한 제보자들이 일을 해결하는 데의 수월성과 어려움에 적지 않은 영향을 끼친다. 국가기관과 행정소송 중인, 바로 앞에서 언급한 유형식의 표현으로 이를 대신하면 이와 같다.

> 저는 현재 제 사건 자체에는 '대단히' 저거하진(마음 쓰진) 않아요. 부정의약품, 또 다른 여러 가지가 있는데 부정의약품은 하면 '안 되겠지만', 부정의약품 제조·사용·유통이 나쁜 짓은 나쁜 짓이고 (대표이사인) 의사가 또 그리 했다는 게 참 용서할 수 없기는 하지만, '사기업'에서 그렇게 한 것이기 때문에 뭐, 이렇게 생각을 하는데. 제가 요즘 집중하고 있는 게 그 과정에서 제가 신고하고 보호조치 신청하고 전 과정에서 알게 된 국가기관의 민낯? 그 축소·은폐하는 민낯을 보아온 것에 대해서 계속 문제제기하고 이런 일을 하고 있습니다.

기존 연구나 담론에서 이 지점이 가려진 이유는, 제보자가 아무리 그들에 대한 비판의식이 있다고 하더라도 결국 그들과 일을 같이 진행해야 하므로 자유롭게 지적하고 비판할 수 없기 때문일 것이다. 또한 조사·수사 업무의 결정권이 그 행위자들에게 있기 때문에 스스로의 문제점을 드러내지 않는 또 다른 조직의 속성 때문도 있다.

상당수의 인터뷰이가 지지와 도움을 청하거나 혹은 사무 처리를 하는 담당자들의 예상치 못한 관료주의적 일 처리에 실망, 놀라움, 답답함, 어려움, 어이없음을 표현했다. 제보한 사안을 제대로 파악하지 못하는 무능·비전문성에 대한 낙담과 우려, 행정적·법적 절차에 대한 미인지로 주먹구구식으로 처리하는 업무 방식에 대한 놀라움, 주권자인 국민의 수임자로서 사무를 처리하는 공무원이라는 막연한 선입견이 어긋난 데서의 당황스러움, 무사안일한 공무원에 대한 편견을 확인한 데서의 실망이다. 또 제보 행위를 껄끄러워하고 더 많은 권한이 있는 비리 의혹자나 조직에게 보이는 심리적 지지에 대한 답답함과 걱정, 조사·수사가 제대로 이뤄지지 않고 축소·왜곡되는 상황에 대한 어이없음과 안타까움, 제보 내용을 자신들의 성과로 돌리는 집단적 몰염치에 대한 분노도 있었다. 이런 양상들은 대체로 한 사례에 모두 겹쳐서 나타나는데, 그 와중에서도 가장 두드러진 특징을 다음과 같이 정리하였다.

제보사건의 축소와 은폐

다시 유형식의 예로 돌아가면 그는 S처에 제보했고 사건이 W지검에서 진행 중이었다. 제보 이후 그는 불이익에 대한 보호를 두 국가기관에 요청하고, 그 기관들의 결정(일부 기각)에 행정소송 중이었다. 그는 사건의 축소·은폐를 포함하여 자신이 경험한 여러 기관의 업무 처리의 문제점을 언급했다. 더불어 사안 진행에서의 법률지상주의의 현실과 위험을 지적하기도 했다.

먼저 제보가 조사되는 과정이다. K위원회, S처, 검찰의 업무와 그에 대한 제보자로서의 목격이다.

공익신고 사건 자체로만 보면, 그게 S처로 넘어가서 한 번 회사를 찾아와 조사를 했는데, 이제 직원들이 거짓말들을 하니까 7월 달쯤에 위에서 한번 중앙조사단으로 전환되고 11월 9일 이제 병원 본사 공장 압수수색 들어왔고, 현재 재판 중에 있고요. C회사랑 M대표이사는 W지검에서 재판 중에 있고요.

(그런데 통보받은 조사 결과) 문구를 보는 순간 아, 이건 장난친 거라는 생각을 했어요. 이거는 축소됐다, 은폐됐다 생각이 들어 바로 K위원회에 이의신청을 했는데, (…중략…) 결국엔 접수를 안 받더라고요. 검찰로 넘어가 (…중략…) S처에서 송치를 했을 거 아닙니까 지검으로. 계속 송○○ 검사실에 진정을 넣었죠. 이거는 축소·은폐라고. 그렇게 넘어가더니 재판 넘기더라고요. 공소장을 W지검에서 열람·등사를 했는데 (제가 볼 수 있는) 허가를 받았어요, 겨우 공소장만 허가를 받았어요. (…중략…) 그전에 공소장 없이 몇 글자만 보고 축소·은폐다 생각했는데, 범죄사실 일람표를 보는 순간 기소된 품목이 뭐고, 몇 개 몇개 이걸 본 순간 심하다, 이건 추정했던 것보다 더 심한 (축소구나 했어요). W지검에다가 수차례 진성서를 넣고. (…중략…) 드디어 제 진정사건, D검찰청 진정사건 수사검사가 송○○ 검사, 그분이 공판에 등장하더니 공소장 변경 허가 신청을 넣고 의견서를 넣고. 공판기록에서 그것을 확인했어요. 제가 계속 축소·은폐됐다고 주장하는 것들이 받아들여졌을 거라 믿어 의심치 않았는데, 재판장님께서는 공소장 변경 신청서를 보여 달라고 했더니 유보시키더라고요. 그래서 아직 보지는 못했어요.

당초 세 차례 신고한 총 14종의 품목에서 핵심 품목은 6, 7종으로서, 압수수색 당시에도 그 품목들에 집중했고 동영상을 포함한 증거 자료도 같이 제출되었다. 그런데 공소장에 그 이외의 덜 중요한 계열의 6종만 기재되어, 숫자만 맞춰놓은 것이라고 생각이 들어 그는 제보 내용이 축소·은폐되었다고 했다. 즉 공소장에 있는 6종은 증거 자료로 제출되지 않아 그가 보기에 '증거가 없으니까 무죄라고 하려는 것이 아닌가' 판단한 것이다.

수년간 그런 게 천만 원인가 그렇게 증거를 만들어놓은 거예요. 이것은 보건 특례법을 적용할 게 아니라 약사법, 일반법 적용이다. 그렇게 된 것 같더라고요. 그 공소제기 6항목에 대한 것은 증거낸 바도 없어요. 아 이러다가 증거 없으니까, 이래가지고 무죄 내실라고 하는 것 아닙니까. 그거 아니어도 여러 이야기가 많습니다만 그렇습니다.

약품에 따라 적용되는 법이 달라지고 보건특례법과 약사법은 전자가 처벌 결과가 더 무겁다는 차이가 있다. 그는 어디서 어떻게 그런 과정이 되었을까 의구심이 들 수밖에 없었다.

저는 기록을 못 보니까 S처에서 한 것일까, 기소는 검사만 한 것이니까 검사가 한 것일까? (궁금했습니다.) (…중략…) 누가 중심이 되었는지는 잘 모르겠는데, 사실 더 궁금한 것은 제가 중요한 증거 여섯 가지가 다 넘어갔으면, 영상도 있고 그러거든요. 그게 만약에 증거로 검찰에 안 넘어갔으면 말이 달라지는 거예요. 그건 진짜 검사가 나쁜 사람인 건데 이건 증거 자체를 빼버리고 넘겼으면? 무엇이 넘어갔을까? (…중략…) (한 국회의원과 연계해서 일을 보고 있는데 그 루트를 통해서 알게 된 판단으로) S처가 장난을 친 거구나. 일단 검사가 알았든 몰랐든 잘 모르겠는데, 당연히 알았을 거라고 보는데 S처에 있던 검사가, 거기도 검사가 있었거든요. (…중략…) 아우, 6항목에 대해서는, 일단 그 6 항목이 무엇인지 저한테 알려주지 않았어요. 동영상에 썼다는 어떤 화면도 없고, 그런데 제 눈에는 (무엇이 빠져 있고 무엇이 들어가 있는지) 보이거든요.[2]

---

2   그는 전문 의약품을 구체적으로 언급했다. 모든 제보에서 그 사안을 가장 잘 아는 사람은 제보자 당사자와 의혹을 받는 사람(들), 양측을 알고 같이 일을 하는 사람들이다. 그런데 제보

(…중략…) 그분들은 전문가 분들이거든요. 기소를 안 한 것은, 앞에 6종이 중요한 것은 S처가 스스로 답을 한 거거든요. 의약품이라고 그걸 **빼버린** 거거든요. (…중략…) (S처 조사단에서 참고인으로 진술을 했는데) 6, 7명 있는 데서 제가 최초로 갔을 때 진술을 녹음도 안 남기고 녹취록도 안 남기고, 도대체 제가 증거를 싸들고 가서 복사해서 "가져 가시죠" 했더니 복사도 안 하시고, 그러신 분들 6명 나중에 중앙수사단으로 넘어가서, 저를 조사한 박○○ 수사관 등 부패신고 했습니다.

K위원회도 그거 책임지셔야 해요. 유○○ 차관뿐만 아니라 수사를 했던, 어떻게 했는지는 모르겠지만 제가 사전에 두 번 세 번 이야기를 했고, 이거는 축소·은폐된 것이다, 관리 감독 잘 하시라 그렇게 말했고, 그러겠다고 답을 했어요. (…중략…) K위원회와 싸우고 있는 게 무엇이냐면 정○○ 조사관이 그것을 종결처리를 했습니다. 이유가 법에 따르면 6가지인가? 종결처리를 하는 기준이 있는데요, (…중략…) 두 가지를 들어 종결처리를 했는데, 하나는 4번의 중복신고, 똑같은 것에 대한 중복신고를 한 걸로 종결처리를 할 수 있다는 거고요, 6번은 증거도 없이 터무니없이 신고를 한 것으로 종결처리할 수 있다는 거고요. (종결처리 이유를) 그 두 가지를 대더라고요. 그런데 이 두 가지는 자기네 공문에도 사실이 아닌 게 드러나 있어요. (…중략…) 공문에 보면 중복신고 되었는가에 '아니오'라고 되어 있어요. 위원회 (작성 서류) 칸에 보면 '아니오'라고 되

자가 갖는 질적 느낌의 정보와 구체적인 지식은 제보를 받는 기관, 조사·수사를 하는 기관으로 넘어가면서 '옅어진다'. 후자 기관들에서 사안을 보는 데 법이 기준으로 등장하고, 제보자의 입장에서는 법조항보다는 체화된 지식과 정보가 더 중요하다. 이 체화된 지식을 최대한의 증거로 문서화하는 일차 과정을 거치는데, 이때부터 제보자의 지식과 정보의 결이 조금씩 옅어지는 것이다. 제보자가 가진 특권적 지식으로부터 사안이 출발하지만 국가기관 담당자들의 법적 지식을 바탕으로 최종결정이 나는 역설적 상황이 일어난다.

어 있고. 터무니없는 얘기? (아니거든요) (…중략…) 제 신고 내용이 신빙성이 있다면 그걸 접수해서 수사를 해야지 그걸 종결처리 할 이유가 없는 거죠. (…중략…) 그걸 가지고 최근 K위원회와 다투고 있는 거예요. 종결처리하면 안 되는 거거든요.

　다음으로 신분상의 불이익과 이를 해결하는 부분이다. 그는 K위원회와 N기관 두 곳에 보호신청을 했다. K위원회에서 큰 결정이 두 번 있었는데 업무배제와 정직, 두 번의 강등조치와 CCTV 설치와 관련된 것이었다. 첫 번째 결정은 두 번의 강등 조치와 CCTV를 통한 모니터 감시는 불이익 조치이며, 업무배제와 정직 기타 등에서는 '이유가 없다'였다. 두 번째 해고에 대해서는 전부 '이유가 없다'로 나와 해고와 공익신고 사이에는 인과관계가 없는 것으로 결정났다. 그는 두 기관의 판정에 대해 행정소송을 했다. 그리고 대법원은 K위원회의 조치에는 문제가 없으며, N기관의 정직 3개월 부분에 대한 것은 위법이라 취소하라는 결정을 내렸다. 해고 결정에 대한 N기관에 대해서는 최종상위 기관으로부터 각하 판정이 나서 소송이 종결된 상태이고, K위원회와의 행정소송은 1심에서는 지고 고등법원에 항소해서 2심 진행 중이었다. 아래는 그에 대한 소회다.

　그 부분(법원, 검찰에만 법조인들이 있는 것이 아니고 여러 기관에 포진되어 있고 일종의 커넥션으로 장기적·단기적으로, 그리고 물질적·비물질적으로 관계가 이뤄짐)에 대해서 공익신고 연구하는 분들한테, 법을 개정하고 이런 거를 원하시는 분에게 꼭 그런 이야기를 합니다. 공익신고자가 재판, 자기 이익과 관련이 있거든요 어떤 면에서. 근데 아무런 지위가 없어요. 거기는 딱 검찰이랑

법원에서는 고소인, 고발인, 피의자 그 세 가지, 검찰의 등록도 어떻게 하냐면 인지수사 사건으로 인지가 돼요. 지위가 없어요. 제가 한 것처럼 진정서를 내고 쫓아다니면서 하지를 않으면 보질 못해요 지위가 없어서. (제보한 사건인) 자기 사건, 자기 사건이라고 해야 맞나? 아무튼 (자료를) 보지를 못해요 쫓아다니지 않으면. (…중략…) 그게 자잘한 게 아니고 굉장히 교묘한 방법이에요, 그거 돌파 못 하면 진 거예요 제가 보기에는. 자잘한 것 같지만, 지금 K위원회가 하는 거 보면 이의신청하고 하면, 한마디로 "행정소송 하세요" 이러는데 못 하거든요 일반 사람들이. 그걸 아는 거예요. 정○○ 조사관이랑 다 아는 거예요 (사람들이) 못한다는 것을. 그런데 내가 왜 그렇게 하느냐. (담당자들이) 특수직무유기로 갈 수도 있다고 봐요. 왜냐면 수사해야 할 사람이 직무를 유기하면 안 되거든요. (…중략…) 행정소송, 행정심판으로 가면 개인은 견디지를 못하거든요. 이게 바로 부패 건 소송의 시스템이라고 하던가요. (…중략…) 그게 사람 귀찮게 하는, 그런 것들이 쌓이면 극복하기가 쉽지가 않죠. 거기에 또 제가 변호사를 쓰면 그 변호사를 믿느냐? 믿을 수 없어요. 그러니까 이거는 슈퍼 능력을 가지지 않으면 이거를 반부패, 부패 고리를 돌파하는 게 만만치 않은 거예요.

제보자의 공로功勞를 가로채기도

불법기름 유통 문제를 제보한 안중수도 제보 및 조사·수사 단계에서 여러 기관의 관련자들을 만났고 그 과정에서 겪은 불편과 어려움을 언급했다. 회사 내 사안 책임자들이 입건되는 등의 성과가 있었지만, 자신이 제공한 증거가 충분히 적용되지 않고 축소되어 결과가 만족스럽지 않다고 했다.

그는 7개월쯤 근무한 회사의 불법기름 유통을 K청에 제보했다. 제보

전에 동료와 회사 측에 사안을 이야기했지만 받아들여지지 않았다고 한다.

이 기름은 찌꺼기 기름, 발암 물질 기름으로 대기환경오염을 심각하게 유발하는 기름입니다. 보일러용으로 땔 수가 없는 기름입니다. 이것을 전국 34곳에 아스콘 공장과 아파트 단지에 수 년 동안 공급해왔던 거죠. 그리고 경유와 석유를 섞어서 정통 경유인 것처럼 아스콘 공장에 공급을 해왔고, 그 기름이 덤프 차량이나 레미콘 차량에 주입이 돼서. 그 또한 심각한 대기오염을 일으키고……기름이 원유를 수입을 해오면 13~14단계를 거쳐서 휘발유, 경유, 석유 단계적으로 뺍니다. 추출을 하고 맨 마지막 찌꺼기, 그 찌꺼기 기름. 그것은 도로에 깐 아스팔트 기름 있죠! 그 기름입니다. 그걸 보일러로 땠다간 정말 심각한 대기오염을 일으키죠. 그리고 그 회사가, J도 쪽에서 공급받아 수송해오는 회사가 누 곳이 있었습니다. (…중략…) 전표를 위조를 해서 전국에 공급을 해왔던 거죠. 그리고 그 기름을 받는 담당자들은 뒷돈을 받아먹고 이것을 묵인을 해왔죠. (…중략…) 그리고 제가 (아파트) 기름 담당자에게 이야기를 했었습니다. "저도 Y시에 살고 있다. 그런데 이런 기름을 받지 마라", 언질을 줬죠. 그랬더니 그분이 저희 회사에 전화를 해서 아주, 뭐 기사가 와서 그런 이야기를 하니까 보내지 마라 했겠죠. 그리고는 제가 그 아파트에 계속 못 갔어요, 다른 곳으로 받았죠.

그는 사표를 제출하고 다음 날 K청에 이를 신고했다. 그는 이 제보 전에 공익신고라는 것을 잘 몰랐고, 신고를 하면 그곳에서 조사가 잘 진행될 줄 알았다. 그는 인터뷰 당시 경찰의 신변보호를 받고 있을 만큼 위협적인 상황에 있었고, 회사뿐만이 아니라 일을 해결하는 과정에서 마주한 여러 국가기관에서 겪은 어려움을 토로했다.

신고가 이뤄진 후 출장조사가 나오고 제보자는 탈세 제보 양식을 제출했다. 1개월 조사 이후 사건이 D세무서로 이첩되고 다시 U지방검찰청으로 가야 한다는 연락을 받았다고 한다. 그는 세무서 직원들과 함께 검찰청으로 갔고 자신은 분명 고발이 된 것으로 생각했는데, 사건 자체가 접수되지 않았음을 나중에 알게 된다.

저는 그게 고발조치라고 생각을 합니다. 그 조사과 과장이 동행을 했을 시에는 저는 분명한 고발이었는데, 그리고 검찰청에 가서도 이분들이 조사한 내용과 제가 고발한 내용이 전부 불법이라는 것을 검사에게 자료를 내놓더라구요. 그분들이 "봐라 전부 다 이렇게 안 맞다" (말했어요). 그래서 512호 검사분이 여검사였습니다. 그분이 "이분이 고발자이시냐" 그러시더군요. 그렇다고 하니까 일주일 후 저를 U지방검찰청 진술조사처로 부르더군요. 그래서 제가 2개월에 걸쳐서 4번 소환진술을 했습니다. 저녁 늦게까지 소환진술을 받은 적도 있었죠. 그 검찰청에 조사계장이 그러더군요, "이러한 신고는 개인이 할 수 없는데 어떻게 이런 큰 용기를 내서 신고를 했느냐. 정말 대단하십니다. 참 이 대한민국이 큰일이다", 그런 이야기까지 하셨어요. 저는 이 사건이 제대로 조사가 될 줄 알았습니다. (…중략…) 제가 7개월간 단체 카톡 내용, 그 내용을 묻기 위해서 그렇게 수차례 했는데 증거내용에 대해서 알려주고, 진술조사도 받고 했는데 이 사건 자체가 없어져 버린 거죠 뭐. (…중략…) 저는 지금에 와서 생각해보면 그 여검사는 제대로 조사를 하려고 했습니다, 세무서도 마찬가지고. 근데 윗선에서 사건을 없애버렸다고 봐야죠. 그리고 제가 4번 소환진술을 받고 난 후 한 달 보름 정도 지나 이 사건이 궁금해서 전화를 해봤습니다. U지검 512호실에 전화를 해서 사건에 대해서 물어보니까 검사도 바뀌어 버리고, 이 사건 자체가 없어져 버린 거예요. 저는 너무너무 황당해서 D세무서 조사과 팀장에 물었더니 그곳에서 하는 말이 "자기들은 검찰청 일을 모른다", "아니 나와 같이 고발하지 않았느냐?" 물었더니 "고발하지 않았다, 단지 조사요청을 하였다, 우리가 조사를 하고 있으니까 기다려라". 저는 그 상황에서 이게 뭔가 잘못됐다는 것을 알았지만 그분들이 조사를 하고 있으니까, 세무서에서 기다려달라고 해서 기다릴 수밖에 없었어요.

그는 세무서의 결과를 기다리는 동안 회사 측으로부터 신변의 위협을 받아 5개월의 도피생활을 해야 했다. 그는 억울하고, 황당함과 정신적 고통을 느끼는 동시에 끝까지 밝혀야겠다는 분노(의지)도 생겼다고 했다. 탈세로 한 제보는 증거부족으로 결론이 났는데 제보자 입상에서는 이해할 수 없는 결과였다.

제가 도피생활을 하던 중 D세무서에서 조사가 끝났다고 연락을 받았는데, 증거부족이다, 아무 내용도 없어요! 단지 증거부족이다……. 그리고 이게 너무 너무 황당하고 말이 안 되는 게 7개월 내용이 무자료들입니다. (그런데) 내용을 다 줬습니다. (…중략…) 증인까지 데려다 줬습니다. 공급을 해오는 기사까지 (증인으로) 제가 다 내세웠고, 증거를 내세웠지만 증거부족이라니…… 제가 회사대표로부터 살해협박을 받을 때 그분이 뭐라고 하셨냐 하면 "내가 그만한 뒷배경 없이 이런 장사를 오랫동안 할 수 있었겠나, 당신이 실수했다", 그렇게 살해협박을 했습니다. 실제 그분 말이 사실이었습니다. 사건 자체가 없어져버리고. (허탈한 웃음) U검찰청과 D세무소에서 1년간 조사를 하고, 전번에 내용에 대해서 D세무서에 이첩을 하고 과장, 팀장, 저, 512호실에서 고발조치를 했던 조사요청까지 했던 사건을 제가 증거내용에 아무 혐의 없는 것을 검찰청에 고발을 하겠습니까? 말이 안 되는 거죠. 그리고 증거불충분이라는 것을 통보된 그 부분도 아무런 내용이 없어요.

그는 우연히 알게 된 한 공익신고자에게 연락을 해 상황을 말하고 도움을 요청하였고, 그 공익신고자는 바쁜 와중에 흔쾌히 도움을 주었다. 서로 여러 차례 메일을 주고받으면서 조언을 받아 그는 P지방검찰청에 다시 고발을 한다.

P지방검찰청 민원실에 이 사건을 고발장 접수를 하고. 경찰청 H범죄수사대에 전화를 했습니다. "내가 이렇게 고발장을 접수를 하고, 지금은 밑에 민원실에 대기 중이다" 하였더니 그곳 팀장과 경찰관, 수사관 2명과 (총) 4명이 내려왔더군요. 4명 중에 '김○○'라는 수사관이 고발장을 취하하라는 겁니다. "왜 취하를 하라고 하느냐?" 하니까, "이 사건이 검찰에서 없어져버리고, 사건 자체가 이렇게 은폐된 사건이다 보니까 우리가 이 사건 고발장 접수를 하고 수사를 하게 되면 두 달마다 검찰수사 지시를 받아야 된다" 그러는 거예요. 저는 그런 거 전혀 모르죠! 그렇게 해서는 이 수사를 할 수가 없대요. 그래서 이 수사를 진행을 시키기 위해서는 그분들이 시키는 대로 취하를 할 수밖에 없었는데…… 그분들이 원하는 대로 해줬기 때문에 수사가 진행이 된 거예요. (…중략…) 저는 거기에 대해서 뭐 법률적인 상식도 없고, 저는 단지 너무 악몽 같은 사건을 다 밝히고 싶어서 그분들이 원하는 대로 해줬습니다.

이는 경찰의 인지사건으로의 전환이다. 2개월이 지나 사건결과가 나왔을 때, 제보자의 역할은 사라지고 P경찰청의 기획조사를 통한 수사로 발표가 나왔다. 그의 표현으로 결과적으로 경찰에서 공을 가로챈 셈이 되었다. 제보가 외부로 알려져 그는 재취업의 어려움이 컸고 국가기관에 대한 불신과 실망을 피력했다.

(제보사건이 알려지고 경찰도 개입했지만) 언론조차도 국가의 권력기관들의 분명한 내용들을 알리지 못한다는 게 정말 분노가 느껴지죠. 정말 이게 나라냐. 힘없고 빽없는 사람들은 공익신고도 하기 어렵다, 하고 난 후 우리도 피 마르는 고통을 당하죠. 저는 그렇습니다. 처음으로 돌아서 다시 공익신고를 할 수 있느냐?라고 물으면 저는 뭐 못 한다고…… 그리고 뭐 제 주위에 다른 분에게도 권할 수 없는 일입니다. 아무리 옳은 일이라곤 하지만…… 이 공무원들이 옳고 그름을 모른다는 거죠. 그냥 상명하복으로 시키면 시키는 대로 나쁜 일인 줄도 알면서도 그냥 조직에 따르는 거예요.

그리고 적지 않은 수의 관련자가 입건·구속되었지만 그 사건은 축소되었다고 비판했다. 회사명이 A였다면 몇 년 지나서 B라는 회사명으로 바뀌는데, 결국 한 회사이기 때문에 모두 조사가 이뤄져야 함에도 현재 회사명의의 당해년도만 조사를 했다는 것이다.

그는 또 경찰의 인지사건으로의 전환을 정식으로 문제제기했다.

P청 인권침해사건 진상조사위원회에서 제 사건을 조사 중에 있어요. (…중략..) 제가, 시민이 살해협박까지 받고 정식으로 고발장으로 접수했는데, 이 고발장을 취하시켜 버리고 말이 안 되는 거죠. 자기네들이 인지사건으로 돌려서

공은 자기네들이 다 가로채버리고, 그리고 수사에 그만큼 협조를 했는데도 (…중략…) 1년 1개월 만에 재고발을 해 살해협박까지 받고, 뭐 도피생활을 하다가 이 사건을 정작 밝힌 사람은 나인데 나를 (아무런 역할을 하지 않은) 피해자로 만들어버리고, 공은 자기네들이 다 가로채고, 이게 국가기관에서 있을 수 있는 일입니까. 그리고 제가 이렇게 신고를 했지만 뭐 옳은 일 했다고, 저는 전화도 한 통 받아본 적도 상장을 받아본 적도 없습니다. 국가기관에서 이런 일이 있을 수 있습니까?

이후 P지방검찰청 인권침해 진상조사위원회에서 수사 편의상 고발 취하를 요구한 사실을 확인하고, 공익신고 취소 강요 시 형사처벌 대상임을 확인하는 발표를 했다. 「공익신고자 보호법」 제15조(불이익조치 등의 금지)에는 불이익조치 금지 조항과 함께, "누구든지 공익신고 등을 하지 못하도록 방해하거나 공익신고자등에게 공익신고등을 취소하도록 강요하여서는 아니 된다"라는 항목이 있기 때문에, 경찰의 그 같은 조치는 위법에 해당한 것이었다. 한편 신분보호와 관련하여 다음과 같은 어려움이 있었다.

제가 도피생활을 하면서 정확히 (연도와 날짜) 기억은 안 나는데, K위원회에 제 사건을 상세히 내용을 적어서 도움을 요청했습니다. (…중략…) 그곳에서 그 편지 내용을 묵살해버렸지요. (…중략…) 그 부분은 안○○ 주무관에게 여쭤봤죠, 아무런 대안을 못 내놓는 거예요. 그 사건이 없어져 버리고 하니까, 그래서 정식으로 그곳에 제가 등기로 내용을 상세히 담아서 보냈습니다. 그런데도 묵살당한 거죠. 그리고 아무런 도움을 받을 수가 없는 거예요. 그리고 사건이 밝혀지고 난 후에 그곳에서 전화가 와서 자기네들이 뭐 잘못한 부분을 시인을 하더군요. 시인을 하지만 그때까지도 공익신고자로 인정을 못 받고. (…중략…) 저를 도와주신 분이 김○○(공익신고자), 저를 도와주셨지요. 그분이 제 사건을 전부 다, 그분이 다 증거내용까지 다 보시고 "세상에 이런 일이 있나" 하면서 이의제 기서를 냈어요. (…중략…) 거기서 보낸 (서류) 내용에도 '공익신고자로 인정할 수 없다'. 그 이유를 저도 그때까지 몰랐습니다. 그런데 신변보호는 해줄 수 있지 만 공익신고로는 인정 못 한다, 말이 됩니까! 신변보호를 해줄 수 있는 것은 공익 신고자이기 때문에 할 수 있는 거지, 공익신고자가 아니라면서 경찰서로 가라고 합니다.[3] 그런데 K위원회에서 신변보호를 해주면서 경찰서에 공문까지 보내주 면서 공익신고자로는 인정을 못 한다, '정말' 이해할 수 없는 이런…… 근데 최근 에 공익신고자로 정식으로 인정을 받았습니다. 제가 변호사를 선임을 했습니다. 김○○(앞의 공익신고자) 분의 소개로 변호사를 선임했는데 그 변호사님이 '왜 이분이 공익신고자가 아니냐, 신변보호는 해주지만 왜 공익신고자로 인정이 안 되느냐?' 기관에 그걸 보냈더니, 자기네들이 잘못을 인정하고 정식으로 공익신 고자로 인정되었다는 연락을 받았습니다.

공익신고자로 인정된 것은 첫 번째 신고는 탈세로, 두 번째 신고는 석 유 및 석유대체 연료사업법 위반으로 신고가 된 까닭인데, 후자가 공익침 해행위 법률에 해당되기 때문이었다. 법조항의 역할이 제보자의 신변에

---

3 이러한 상황의 근거는 「공익신고자 보호법」 제13조(신변보호조치)이다. "① 공익신고자등 과 그 친족 또는 동거인은 공익신고등을 이유로 생명·신체에 중대한 위해를 입었거나 입을 우려가 명백한 경우에는 위원회에 신변보호에 필요한 조치(이하 "신변보호조치"라 한다)를 요구할 수 있다. 이 경우 위원회는 필요하다고 인정되면 경찰관서의 장에게 신변보호조치를 하도록 요청할 수 있다. ② 제1항에 따른 신변보호조치를 요청받은 경찰관서의 장은 대통령 령으로 정하는 바에 따라 즉시 신변보호조치를 하여야 한다." http://www.law.go.kr/법령/ 공익신고자보호법(접속일 : 2022.1.31)

결정적 역할을 한 예이다. 국가기관 담당자들에게는 많은 일 중의 한 사례로서 처리되지만 제보자 당사자는 일이 잘 해결되었으면 하는 바람과 의지로, 모든 증거를 최대한 제출하고 담당자들과 협력을 하였음에도 이런 반복적인 관료주의적 무책임과 결과는 실망스러울 수밖에 없다. 그는 사건이 정리가 될 즈음 U지검, 세무서, 경찰서 담당자들을 직무유기로 고소했고 불기소(혐의 없음) 결과를 받았다.

인권행정의 부재와 기계적인 업무 태도

4장에서 소개한 여성인권단체의 국가보조금 횡령을 제보한 김민희의 사례에서 또 다른 형태의 담당 공무원들의 인권행정의 부재, 기계적인 업무 태도를 확인할 수 있었다.

H일보, D경찰청, D도의회 세 군데에다가 편지를 써서 보냈어요. 그런데 H일보나 지방경찰청에서는 어떤 액션이 없었고, D도의회에서는 편지를 D감사위원회로 보내서 그거를 조사하게끔 의뢰를 한 거예요. 감사위원회에서 시청으로 감사를 하겠다고 자료 요청을 해서, 저희는 어쨌든 그동안의 회계자료를 전부 시청으로 보내야 할 상황이었어요. 근데 처음에 했던 사업(1차)에 대해서는 자료가 분명하게 있지만 (중복한) 2, 3, 4차에 대해서는 자료가 없어요. 그거를 다 제출할 상황인 거예요. 자료들이 없으니 소장이 상담 업무를 전면적으로 중단하고 가짜 서류를 만들어내라는 거예요. 밤을 새가면서 만들기 시작했죠. 아 이거는, "이렇게 하지 말고 차라리 우리가 안 한 것 안 했다 자백하고 처벌받읍시다" 했는데, 소장이 안 된다는 거죠. "너희들 그것도 못 하면 여기 있을 필요도 없다, 이거 당연히 해야 된다". 그거를 하는 과정에서 정신적으로 너무 힘들더라고요. 왜냐

면 허위자료를 만들어내는 것을 강요받으니까. 그래서 이제는 기명으로 신고를 다시 하게 된 거예요. 익명으로 신고한 거는 4월 초, 기명으로 신고한 거는 5월 18일. 저희가 (보조비를) 시청에서도 받았고 도청에서도 받았는데 감사를 받게 된 것은 시청에서만 받았어요. 시청에서 받는 보조금만 감사대상이 일단 됐더라고요. 그니까 그 제보편지를 (도청에서는) 정확히 안 읽은 거예요. 왜냐면 거기에는 제가 시와 도의 보조금이라고 이야기를 썼는데 시 것만 하고, D도에서는 '전혀' 모르고 있었던 거예요. 그래서 그 사실을 도청에 찾아가서 기명으로 제가 다시 제보를 하겠다, 해서 했고. 도청 옆에 지방경찰청이 있어요. '바로' 지방경찰청으로 가서 (전에) 경찰청에서는 액션이 없었으니까 편지를 보냈음에도 불구하고, 그래서 제가 제보를 다시 하러 왔다 '다시' 제보가 아니라 "제보를 하러 왔다"라고 했죠. 익명으로 한 거는 이야기를 할 수는 없으니.

경찰에서는 제보 편지를 받았지만 시에서 어떤 조치를 취하면 그때 시작하려고 지켜보고 있었다 했다. 그녀는 제보, 자수를 하겠다 하고 그날로 조사가 시작되었다. 도감사위원회에도 구체적인 횡령 내용을 진술했다. 조직의 자료들이 이미 감사위원회로 들어가 있었는데 그것은 합법적 사업만 정리되어 있어서 그녀가 전부 재확인을 해주었다("'이거 이거는 다 거짓으로 된 거다', 하다못해 '이 내담자는 내 남편이다. 내 남편의 이름을 넣어서 했다', 또 '이 사람은 다른 직원의 남편이다', 이것들을 찾아서 작성을 해서 줬죠").

조사 과정에서 신분노출 문제가 있었고, 그 와중에 그녀가 해고가 되었기 때문에 신변보호 문제가 중요한 사안으로 떠올랐다. 그녀는 경찰서에서 조사를 받던 중 자신이 보낸 편지를 보게 되었다. 그 전까지는 익명 제보를 말하지 않은 상태였고, 직원 모두는 자신의 필체를 알기 때문에 그녀는 신분노출의 위협을 느낄 수밖에 없었다. 깜짝 놀라 담당 경찰에게 다른 사람들도 그것을 보느냐 물었고 관련된 사람들은 모두 보게 된다는 답을 들었다. 그녀는 걱정을 하다 그 익명제보, 자필 편지를 자신이 쓴 것이라고 말하고 신분노출이 걱정되니 그 자료를 **빼**달라고 요청했다.

근데 나중에 보니까 다른 사람들이 다 (자필 편지를) 보게 된 거예요. 그러니 (제보자가 누구인가를) 알 수밖에 없죠. 그러면서 제가 6월에 해고를 당했어요, 왜냐면 계속 경찰청에 조사를 받고 있었는데 무단결근으로 저를 해고를 한 거예요. 아무 이유가 없다는 거죠. 그래서 그거를 제가 담당 경찰관한테 보여주면서 나 보호해 달라, 지금 나는 이 사건 때문에 와서 경찰청에서 조사를 받고 있기 때문에 출근도 할 수 없을 뿐만 아니라 내가 제보를 했는데, 내가 자수해서 하겠다고 했는데 상담소에 다 얘기가 들어갔는데, 내가 어떻게 상담소에 가서 일을 할 수 있겠느냐 신변보호를 해 달라 했는데, 경찰관이 그때부터 하는 얘기가 "우리나라에 당신을 보호해줄 수 있는 법은 하나도 없다" (그러는 거예요). 그래서 내가, "아니 알아봐 달라, 그렇게 많은 법들이 있는데 내가 제보도 했고 자수도 했는데 나를 도와줄 수 있는 법이 하나도 없겠냐, 정상참작이라도 해줄 거 아니냐" 그랬더니 아무것도 없다는 거예요. 자기가 다 알아보았는데 우리나라에는 그런 법은 없다, 당신 같은 사람을 보호해줄 수 있는 법은 단 하나도 없다 그런 거예요. (나중에) 해고당한 것도 민사를 통해 진행을 했고 제가 1차로 경찰청에서 14차례 평균 8시간 조사를 받았어요.[4]

---

4 그녀는 부당해고에 대한 소송을 하면서 자신이 조사받은 시간을 알게 되었다. 하루 평균 8시간 14차례였고 다른 직원들은 3회, 3~4시간이었는데, 그녀는 정확하게 조직의 세부 정보를 알고 있어서 관련 자료를 확인·점검하는 일을 도맡아야 했기 때문이다. 그녀의 표현으로 경찰은 사건을 수사한 것이 없고 자신의 이야기를 타이핑만 한 것이라고 했다.

두말할 것 없이 제보자가 신고기관으로부터 보호받지 못하는 상황이 눈에 띈다. 그리고 이 사례에는, 보조금 담당 공무원이 비리 의혹 제보를 받은 그 단체에 전화를 해 제보가 들어왔으니 내부에서 잘 정리하라고 말한 사실도 있었다. 이후 그 공무원으로부터 보조금 지급 단체가 너무 많아서 자세한 감사가 불가능하다고, 만약 그리 한다면 업무가 마비된다는 말을 들었다고 한다. 그녀가 제보한 지 1년쯤 지나 검찰 송치 시 자신의 처우가 불안해 담당 경찰관에게 공익제보자이니 정상참작의 의견서를 써 줄 수 있느냐 물었고, 그는 검토하면 정상참작이 될 것이고 자신은 공무원으로서 그런 행위는 위법이자 월권이라고 답했다. 그녀는 검사에게도 정상참작을 요청했다.

(경찰이) 제보한 게 맞고 이만큼 협조를 했으니 정상참작될 것이다, 그렇게 이야기를 하니까 그것을 믿었어요. 그것에 대한 언급은 일단 없이 송치가 되었고 검찰에서 조사를 받는 동안에 제가 이야기를 했죠. 검사한테도. (사정을 이야기하고) 정상참작해 달라 했더니 그거에 대한 답변을 못 들었어요. 못 듣고 (진술서) 읽어보고 지장 찍어라, 이렇게 하고 끝난 거예요. 그러니까 언급은 안 해도 저는 검찰에서도 정상참작이 될 줄 알았어요. 그런데 1심 선고가 딱 나서 보니까, 정확히 기억은 안나요. 징역 얼마에 집행유예 얼마가 나왔고, 저희 직원들은 징역 8개월에 집행유예 1년인가 이렇게 나온 거예요. 저랑 다른 직원들이랑 똑같이 나온 거예요. 그 직원들은 처음부터 참여를 했고, 나는 공모를 한 것이 아니고 가서 진행되는 과정에서 했던 건데 지시에 의해서 했던 건데, 같은 공모자로 된 거예요. 그래서 징역형으로 똑같이 나온 거죠. 그때 아 정상참작이 안 됐구나, 안 된 거잖아요. 그래서 제가 그 경찰한테 다시 연락을 했죠. "나 도와 달라, 당신

이 그래도 이 모든 진실을 알고 있지 않느냐 나 보호받을 수 있는 법 좀 찾아달라"(했어요). 없다고 계속 그러는 거예요.

그녀는 제보 당시에 공익신고자 개념이나 공익신고자 보호법에 대해 잘 몰랐고, 나중에 인터넷 검색을 통해 「특정범죄신고자등보호법」을 알게 되었다.

저한테 해당되는 것들이 꽤 많은 거예요. 나는 신고자로 보호받을 수 있는 자격이 되고, 그리고 신변보호를 받을 수 있고 그다음에 구조금을 받을 수 있는 대상도 되고, 그다음에 형사처벌을 받게 된다면 감형이나 면죄도 받을 수 있는, 그 조항들이 다 나와 있는 거예요. 그래서 너무 흥분이 되는 거예요. 어, 이런 게 있었네, 그래도 혹시 모르니 담당 경찰을 찾아갔어요. 경찰청으로 가서 그 특정범죄신고자등보호법 이거를 보여줬어요. "나 이거 찾았는데, 혹시 나한테 해당하는 게 있거들랑 형광펜으로 한 번 체크만 해 달라, 없으면 말고" 했더니, 딱 보더니 손을 덜덜덜 떨고 얼굴이 사색이 되는 거예요. 형광펜으로 이렇게 이렇게 해주는데, 내가 '이거 나한테 해당되는 거네'라고 했던 걸 '다' 해주는 거예요. 구조금을 받을 수 있는 것까지. 그래서 하, 제가 너무 기가 막힌 거예요. 막 하늘이 무너지는 것 같더라고요. 그래서 가만히 있으니 경찰이 뭐라고 하냐면 당시에 동료들도 거기 있었거든요, 그 서류를 저한테 주면서 손을 떨면서, 지금 이거 갖고 자기한테 뭘(해코지를) 어떻게 하려고 하냐. 아, 어이가 없더라고요. "뭘 어떻게 하려고 한 게 아니라 나한테 해당되는 게 뭐가 있는지, 진짜 우리나라에 나를 보호해줄 수 있는 진짜 없는 건지, 난 그거 확인차 온 거다. 당신한테 뭘 어쩌려고 온 게 아니다." 그리고 이제 돌아왔어요.

도움을 받은 다른 공익신고자, 한 시민단체, K위원회가 작성한 책임 감면 요청서가 제출되고, 그녀는 2심에서 벌금형으로 감형을 받았다. 그녀는 공익신고자 보호를 위한 조사과정에서도 무척 어려움을 겪었다.

(K위원회에서) 제 사건을 조사한다고 내려왔었어요. (…중략…) 그런데 제가 공익제보자가 자기네가 판단했을 때는 '아니라는' 거예요. 부패방지 권익위법에는 익명을 한 경우에는 아니라고 나와 있잖아요. 그래서 제가 감사위원회에 전화를 했죠. D도감사위원회에서는 신고자로 인정을 해줬다, 확인을 해라, 그러면 내가 공익제보자로 인정받을 수 있지 않겠냐 해서 그 통화를, 제가 있는 앞에서 담당직원이랑 통화를 해서 김민희라는 사람이 신고자 신분임을 확인하고 그리고 3시로 들어갔어요. 돌아섰는네 (나중에) 서보고 다시 (자신늘의 근무지로) 올라오라는 거예요. 더 추가로 진술을 할 게 있다, 그래서 올라가는데…… (여비를 어렵게 마련하여 올라갔는데) S시 그곳에서 그 사람들을 만나서 다시 이야기를 할 때 공익신고자가 아니라는 거예요 저보고. 또 같은 이야기를 하는 거예요. (…중략…) 그것을 이 사람들이 잊어버리고 있었던 거예요. 그래서 그 사람들이 거짓말을 하는 거죠, 자기들은 그런 말을 들은 적이 없다. 그래서 제가 감사위원회로 전화를 했어요 다시 스피커폰으로 해서. (…중략…) 거기서는 당연히 그렇게 한 게 맞으니 그렇게 했다 이야기를 한 거죠. 그랬더니 이 사람들이 잠깐 나갔다 오겠다고 하더니만은 사무실로 올라간 거예요, 저는 1층에 있었고. 한참이 돼도 안 오는 거예요, 그래서 잠시 후에 내려와서 그러면 다시 합시다, 그러는 거예요. 그럼 처음부터 다시 시작을 해야 되는 거예요.

그녀는 예매한 기차표 시간이 넘을 것을 우려해 사정을 이야기했지만 그들은 계속해야 한다고 요구하고, 변경의 여유도 주지 않아 결국 예약시간을 넘겨버렸다. 담당 직원들은 아무 말도 없이 나가고 6시가 되자 신고를 받고 경찰이 왔다. 그녀가 상황을 말했지만 문을 닫으니 건물에서 나가야 한다는 말을 듣고 나올 수밖에 없었다.

제가 나가라고 해서 결국은 나왔어요, 끌려 나왔어요. 밖에 철문을 꽝 닫더라고요. 거기서 제가 바닥에 주저앉았어요. 병원에 전화해서 응급실에 나 좀 재워줄 수 없냐, 119에 전화해서 나 좀 보호해줄 수 있냐, 아무 데서도 안 해준대요. 아프냐? 그래서 아픈 건 아니다, 그럼 해줄 수가 없다는 거예요. 어떻게 그냥 오갈 데가 없다고, 자기는 그럴 수 없다 (그러더라고요). 그래서 제가 무작정 걸었죠. 무섭더라고요 사람도 없고. 그래서 제가 경찰에 전화를 했어요. 나 이런 이런 상황인데 파출소에서 재워 달라 잘 데가 없다 그랬더니, 파출소에서 와서 저를 태우고 사정 이야기를 듣더니 찜질방으로 데려다주더라고요. 찜질방에서 무료로 재워줄 수 있도록 조치하고 그래서 하룻밤 자고 다음 날 내려왔죠.

그녀는 많은 곳에 이력서를 냈지만 지역 사회에 소문이 나서 다 거절되었다. 한편 공익제보와 관련된 여러 활동에 참여하고 있었다.

상당히 긴 인용문들을 통해 제보하는 순간에서부터 자료와 증거를 준비하고 조사·수사 단계에서 많은 기관의 담당자들을 만나 이뤄지는 사안의 진행을 살펴보았다.

제보자에 대한 조직의 부정적 대응은 무척 익숙하다. 나는 기존 연구나 대중 담론에서 자주 누락되지만 제보자들의 공통된 한 경험에 주목했다. 제보자는 제보 순간부터 제보 내용이 다 해결될 때까지 많은 조사·수사기관의 담당자들을 만나게 된다. 그들이 어떤 관점과 어떤 방식으로 업무를 진행하느냐에 따라 제보 과정 및 제보의 성패가 달라진다. 제보자에 대한 부정적 대응은 조직의 폭력 자체뿐만이 아니라 제보 과정에서 개입되는 여러 행위자의 관료주의적 업무 태도와 결과로 악화되기도 한다.

이 지점에서 한 가지 부연하고 싶은 내용이 있다. 나는 조사·수사·소송을 하는 담당자들의 관료주의적 업무 태도를 비판적으로 점검하면서 제보자를 향한 그들의 감정적 노동을 염두에 두고 있지는 않다. 담당자에게 요구되는 것은 제보자에 대한 위로나 공감보다 '전문적 지식'이기 때문이다. 이때 전문적 지식은 공익제보를 둘러싼 원론적 지식 자체와 더 나아가 맡게 된 제보 내용에 관한 지식을 가리킨다. 예컨대 만약 제보자가 자신의 행위가 공익제보의 성격을 띤다는 것을 모른다면 이를 제보자에게 안내하여 일을 조력하는 것(최종적으로 공익제보로 인정이 되든 되지 않든)이 신고를 받는 담당자들의 첫 업무일 것이다. 그리고 제보 내용을 검증하고자 할 때에도, 두말할 것 없이 그 사안에 대한 전문적 지식의 유무와 습득의 자세가 중요하다. '많은 공부'가 필요한 부분이다. 국가기관 담당자들이 제보자의 진술을 경청하고 증거를 공부하며 제보 내용을 정확하게 파악해 조사·수사·소송 업무를 보는 것은, 제보를 하고 대부분 어려운 상황에 놓인 이들 즉 '타인을' 위한 감정적 위안의 문제가 아니라 '자신의' 직업적 소명의식의 연장이라는 점을 강조하고 싶다.

5. 요약

대부분의 제보자는 조직의 재빠른 부정적 대응이 있기 전까지 제보 과정과 결과를 예측하지 못한다.

보복이라 불리는 조직의 부정적 대응에는 여러 수위의 장·단기의 조치가 있다. 신분상의 불이익조치(파면·해임·해고), 부당한 인사조치(징계·정직·감봉, 강등·승진 제한), 직장 내 업무를 원활하게 하지 못하는 상황(전보·전근·직무 미부여·원치 않는 인사조치), 성과평가에서의 차별, 집단 따돌림, 폭행·폭언 등 정신적·신체적 손상을 가져오는 행위(「공익신고자 보호법」 제2조[정의] 불이익조치 부분의 일부) 등이 있다. 그리고 이러한 직장 내 상황이 경제적 어려움(재취업의 어려움), 가정문제, 건강문제 등을 수반한다. 이때 그러한 조치를 제보자가 대응해 회복하더라도 조직은 부정적이고 폭력적 대응을 지속적으로 함으로써 '시간을 유리하게' 활용한다.

살펴본 많은 사례에서도 이와 같은 불이익조치를 볼 수 있었다. 나는 이러한 조직의 부정적 대응을 염두에 두면서 잘 드러나지 않는 두 사항에 주목했다. 하나는 제보와 관련해 많은 경우 법적 공방에 놓이게 되는 점(고소인이거나 피고소인 양자 모두가 있다)과, 다른 하나는 제보 순간부터 많은 조사·수사기관의 담당자들을 만나고 그들의 관료주의적 업무 방식으로 인해 제보자의 어려움이 가중된다는 점이다. 피고소인이 되는 경우 제보 이전에는 전혀 문제없던 사안들이 구실이 되어 고소가 되는 상황 자체가 제보자에겐 부당할 수밖에 없고, 시간·비용·에너지·법적 지식이 필요한 법적 공방은 제보자에게 쉽지 않은 상황이다. 이러한 배경에서 개인이 조직을 이길 수 없다는 말이 나오곤 한다. 또 공익신고자로서 보호를 받기 위해 제보와 피고소와의 상관관계 또한 국가기관에 증명받는 과정을 거쳐야 한다. 그리고 조사·수사기관 담당자들은 예상치 못한 또 다른 어려움으로서 구체적으로 신고처에서 제보자 신분이 누설되는 상황, 신고내용이 축소·왜곡되는 상황, 공익신고자로서 인정받기까지의 어려움, 담당자들의 관료주의적 업무 태도 등이 있다.

　내부고발은 개인별로 모두 상이한 상황과 조건임에도 일련의 공통된 과정을 거친다. 제보자들은 문제를 발견해 지적하면 그것을 들은 사람이나 조직이 그 문제를 교정할 것으로 예상하지만, 대부분 그렇지 않다. 다음으로 이것을 외부에 알려 문제를 해결하려고 할 때 동료, 경찰, 언론, 국가기관, 다른 내부고발자, 시민단체 등을 만나 도움을 받거나 아니면 어려움이 싶어지기도 한다. 직장에서 어려움을 겪고 많은 이가 장·단기간의 법적 공방에 놓이고, 이를 어떻게 해결하느냐에 따라 제보의 결과가 달라진다. 여전히 내부고발에 대한 압도적인 담론 중 하나는 제보자의 영웅화와 함께 피해자화이다. 그러나 그 과정이 어떻게 진행되는지는 잘 조명되지 않은 채, 피해자로서의 이미지만 재생산되면서 제보라는 행위의 공적 윤리나 부패를 재생산하는 실제 행위자들, 조력자들을 감추는 결과를 낳고 있다. 또한 실제 일을 보는 공무원들이 국가나 조직이라는 '피상적 존재'로 표현되면서, 구체적으로 선택하고 결정하는 많은 관련자의 책임과 역할을 가볍게 생각하도록 만든다. 특히 보복이라는 단어는 조직과 제보자 두 행위자만 연상시키고, 제보 과정이 진행되면서 제보자가 만나는 여러 행위자의 역할을 삭제하고 있다. 여전히 어려운 과정에 있지만 그럼에도 해결 과정에 있는 사례, 즉 제보자가 최소한 만족할 만한 상황은 제보자의 결연한 용기 자체보다 제보자가 속한 노동조합과 같은 조직, 제보했을 때 그 사안을 조사·수사하는 담당자들의 '정확한 전문성', 그리고 그것을 판단한 사법기관 종사자에 이르기까지의 한결같은 결정을 통해 이뤄진 것이었다.

이러한 상황은 대개의 기존 연구에서 생략된 부분으로서, 조직의 대응과 제보자가 겪거나 목도하는 여러 행위자의 관료주의적 태도, 행정적·법적 절차, 그것의 결과를 이해하는 데 도움을 줄 것이다. 끝으로 위 사례들에서도 볼 수 있었던 것처럼, 조직의 장기적인 부정적 대응과 제도적 수위의 어려움 속에서도 어떤 제보자들은 여러 자원을 활용해 행정적·법적 문제제기를 그만두지 않고 계속 밀고 나간다. 조직의 폭력이 제보자들을 끈질긴 저항자로 변화케 하는 역설적 상황이라는 점도 기존 연구와 대중 담론에서 간과된다Rothschild and Miethe 1999; Tran 2011. 이 부분을 다음 장에서 살펴본다.

제6장

삶의 변곡점으로서의 내부고발과 제보자들의 정치화

1. "내부고발은 어찌 되었든 삶의 변곡점을 맞게 한다" ┃ 2. 제보자의 희생이 아닌 정치화? ┃ 3. 제보자들의 다양한 정치화 ┃ 4. 부분적 진실(partial truths)

정치와 도덕을 구분해서 생각하는 사람들은 어느 쪽 하나도 제대로 이해할 수 없다.

– 헨리 데이비드 소로

1. "내부고발은 어찌 되었든 삶의 변곡점을 맞게 한다"

2017년 11월 8일 뉴스타파 시사다큐 〈목격자들〉에서 공익제보에 관한 내용을 방영했다. "배신자라는 주홍글씨 – 공익제보자 이야기"라는 제목이었는데, 그 프로그램에 나온 한 제보자는 자신의 근무지 현관에 설치된 공익제보 배너를 보고 이런 말을 한다. "저 배너 볼 때마다 저는 믿음이 안 가요. 배너 같은 것 보고 그대로 믿었다가는 큰 낭패를 보고 고생하죠. 아주 요약해서 올려놓았지만 실제는 그렇지가 않다는 말씀을 꼭 드릴게요. 운이 좋으면 보호되는 거고 운이 나쁘면 보호가 안 된다, 요건이 되게 많아요."

이어지는 화면에 공익신고자 보호제도 안내 배너가 나온다. 그 안에는 "공익신고자 보호법이 당신의 양심을 지켜드립니다. 보호조치(신분비밀 보장, 신변보호, 신분상 불이익조치 금지), 보상 지원(최고 10억 원의 보상금 및 구조금 지급), 법적 책임 감면(직무상 비밀 준수 의무 면제, 신고자의 범죄 및 위법행위에 대한 형벌·징벌의 감면)"이 적혀있다. 그 인터뷰이는 제보를 한 지 꽤 오랜 시간이 지나고 동일 직장에서 생활을 하고 있지만, 밀고자라고 여기는 시선을 여전히 느낀다고 했다. 그는 또 제보를 경험하고 난 후 알게 된 사항과 느낌을, 즉 공익신고에 대한 홍보는 늘고 있지만 보호가 되지 않는 현실의 녹록지 않음과 관료주의를 '운'이라는 단어로 평가하였다.

나는 이 장에서 내부고발자의 제보 이후의 삶, 특히 그들이 조직의 부정적 대응을 인지한 후 대처하는 과정에서 인간·사회·세계에 어떤 사고의 변화를 겪는가를 살펴본다. 그리고 이를 정치화politicization라는 개념으로 설명한다. 보통 제보자에게 노출된 피해와 어려움만 단색적으로 강조되고, 그들이 대응을 하는 과정에서 어떤 사고의 변화를 겪는가에 관한 질문은 없다. 질문이 없기 때문에 그에 대한 답도, 담론도 없다. 그러나 영상 속 제보자의 평가가 암시하고 있듯이, 제보자들에게 제보 행위는 이후 자신의 세계관을 구성하는 크고 작은 자원이 된다.

내가 제보 이후 내부고발자가 겪는 피해와 함께 의식의 변화에도 관심을 두게 된 데는 무엇보다도 '당사자들의 바람'이라는 구체적인 이유가 있었다. 2013년에 참여한 서베이 내용을 검토하면서 "내부고발 이후의 내적 성숙, 단단함에 대한 논의를 다뤄줬으면 한다"는 두 참여자의 바람을 보았다. 이것은 매우 평이하게 들리지만 당사자에게 중요한 문제가 무엇인지 가늠할 수 있는 지점으로서, 기존의 피해자 이미지에 대한 그들의 비판이자 대안이었다. 그리고 2015년 이 주제를 다룬 워크숍에서 한 제보자가 "내부고발은 어찌 되었든 삶의 변곡점을 맞게 한다. 이때를 잘 살펴야 한다"라는 말을 또 들었다. 그는, 제보자는 내부고발 전후의 삶이 다를 수밖에 없다고 단언하며, 내부고발자에 대한 보상으로서 경제적 안정과 사회적 명예 회복을 꼽았다. 삶의 변곡점은 기존 연구에서 '모지위母地位, master status'라 불리는 것으로, "개인 정체성의 근거로서 제보자가 스스로를 이름붙이거나 타자에게서 인지될 때 가장 먼저 붙는다. 대부분의 제보자에게 내부고발 경험과 그 이후는 너무 트라우마적이라서 내부고발 행위가 그들의 모지위가 된다. 제보 행위에 기반을 둔 새로운 정체성이 그들 삶의 거의 모든 것을 결정하고 집어삼킨다"Rothschild and Miethe 1999 : 121.

특정 집단에 대한 고정된 인식이 지속되는 것은 지식/지식 생산자의 계급적 속성, 권한과 무관하지 않다. 타자에 대한 피상적인 앎들이 제도교육으로, 대중매체나 권위자로 알려진 이들에 의해 객관적 지식으로 둔갑해 끝없이 재생산된다. 공익제보의 어려움, 제보자가 겪는 보복이라는 표현과 전제, 그로 인한 피해자로서의 제보자는 사안을 '간단하게' 파악하는 습관과 편의를 통해 만들어진 지식이다. 이러한 상황으로 인해 정작 중요한 질문인, 제보 이후 당사자들이 인간·사회·세계에 대한 어떤 인식의 변화를 갖는가라는 중요한 질문을 망각케 한다. 4장에서 인용한 앨포드의 지적, "가장 중요한 질문은 내부고발자가 그들의 경험을 통해 이 세계에 대해 무엇을 배웠는가이다. 만약 누군가 답할 수만 있다면 '자신의 행동을 통해 어떤 세계를 품어 어떤 사람이 되었는가?'라는 질문이 가장 이상적인 질문일 것이다"Alford 2001 : ix를 상기할 필요가 있다.

나는 제보자가 여러 수위의 어려움을 겪는 동시에 이를 대처해 나가는 과정에서 정치화된다고 주장한다. 이는 사안을 해결하는 과정에서 마주하는 여러 겹의 관료주의적 행태를 해결하면서, 한국사회와 인간에 대한 성찰, 행정 및 법률 지식 터득, 사회적 네트워크 형성뿐만 아니라 제보 행위의 사회적 의미를 해석하며 관련 운동에 참여하거나 다른 제보자들에게 적극적 도움을 주는 것 등을 포함한다. 더 나아가 자신이 겪은 어려움에서 느낀 한국사회와 인간에 대한 돌이킬 수 없는 냉소와 불신 또한 자신의 경험을 통해 얻은 주관적 지식의 결과이다.

2. 제보자의 희생이 아닌 정치화?

제보자가 조직의 보복이라 일컬어지는 부정적 대응에 어떻게 대처하고, 어떠한 의식의 변화를 갖는지를 연구한 경우는 '매우' 드물다. 압도적으로 그들이 얼마나 많은 고통을 받는가에만 집중하기 때문이고, 고통이 어떻게 역설적으로 인식·행동의 변화를 이끄는지 주목하지 않는다. 그 이유는 계속 이야기한 것처럼, 제보자의 피해자화와 법적 개선만으로 이 사안을 충분히 이해하고 있다는 무의식적 습관 때문이다.

이 때문에 제보 이후 어려움뿐만이 아니라 제보자의 여러 정황에 주목한 소수의 연구가 상대적으로 눈에 띈다. 대표적으로 마이런 페레즈 글레이저와 페니나 미드갈 글레이저Myron Peretz Glazer and Penina Midgal Glazer의 *Whistleblowers : Exposing Corruption on Government and Industry*『내부고발자들 : 정부와 기업의 부패를 드러내기』, 1989가 있다. 이 책은 30여 년 전에 발표되었지만 주류 연구 패러다임에서 벗어나 있다. 연구 기간이 상당히 길고 다양한 주체를 연구한 까닭이 크다. 그들은 6년에 걸쳐 가족과 관련자(시민단체 활동가, 법률가, 대중매체 종사자들)를 포함한 64명을 인터뷰하고 제보 이후 제보자들의 대처 방식에 초점을 맞추었다. 동거인의 증언을 통해 시련을 견디는 과정에서 가족 등의 사회적 지지가 얼마나 중요하고, 제보자 이외의 다른 행위자들의 역할은 어떠한지, 또 직업의 안정성·일이 얼마나 큰 영향을 끼치는지를 설명한다.

그리고 1990년대 중반 연구로서 로스차일드와 미이쓰Rothschild and Miethe가 논문 "Whistleblowing as Resistance in Modern Work Organization"「현대 직장 조직에서 저항으로서의 내부고발」, 1994에서, 제보자가 엄혹한 보복 과정과 그것의 결과를 통해 다음의 인식을 갖는다고 설명한다. "어떤 이들은 스스로를 강하고 도덕적이라고 본다. 그들은 많은 조직 구조에서 탐욕과 자기 확장self-aggrandizement이 어떻게 기만적인 행위, 해로운 상품, 사기 서비스를 낳는지 알게 되었다. 그들은 그 남용에서 자유로워지고 그것을 넘어섰다. 어떤 이들은 좋은 일을 할 수 있는 곳에서 새 일을 하고, 이전에 목격한 비리가 없는 '깨끗하고 정직한' 일에서 새로운 품위를 느낀다"Roths-child and Miethe 1994 : 268. 이러한 자각에는 제보 이후 직업의 안정성이 무척 중요함을 재차 알 수 있고, "(조직이) 보복을 가속하는 것이 역설적으로 조직 부패를 드러내고 입증해 깨끗하게 하려는 개인의 헌신을 가속시키는 것임"도 알 수 있다. "변증법적으로, 바로 이러한 과정에서 제보자들이 귀중하게 생각하는 것을 표현하고, 원하지 않는 조직의 일에 거리를 두며 자신의 품위와 청렴을 밀고 나간다"Rothschild and Miethe 1994 : 269.

티나 우스Tina Uys는 위 로스차일드와 미이쓰1994의 논의를 확증하면서 남아프리카의 사례를 통해 제보자를 침묵시키려는 조직의 보복이 반대의 효과, 즉 충싱스런 피고용인에서 성지적 활농가로 변화시키는 정치화 효과를 낳는다고 주장한다Uys 2000. 더 나아가 2016년에 우스는 스밋 리아Smit Ria와 함께 "Resilience and Whistleblowers : Coping with the Conse-quences"「회복과 내부고발자 : 그 결과를 대처하기」라는 논문에서, 제보자 18명과의 인터뷰를 통해 조직의 폭력에 대한 제보자의 대응에서 반복적으로 등장하는 주제를 살핀다. 어려움을 관리하고 극복하는 자원들 중에서, 삶에 대한 낙관적 전망과 성공에 대한 확신 등의 내면의 가치가 가장 먼저 등장한다. 다음은 외적 자원으로서 고용주와 법적 전쟁, 징계 청문회가 열릴 때 전문적인 법적 조언과 노동조합 등을 활용한다. 가족·친구·동료의 지지도 큰 자원이 된다Uys and Smit 2016 : 65~66. 그리고 전체 상황에 대한 인지적 사고가 이어진다. 이 과정은 제보 이전에 정보를 모으고 조직의 비리를 분석하는 것부터 시작해, 과거와 현재 자신에게 닥친 일들뿐만 아니라 이해해야 할 생활세계가 계속됨을 확신하는 것이다. 이 과정에서도 내면화된 가치가 핵심 역할을 한다. 다음으로 그들은 트라우마적 경험에 의미를 부여하는데, 모든 제보자가 예상치 못한 어려움에도 자신의 제보는 명예로운 일이었다는 믿음을 견지한다고 밝혔다Uys and Smit 2016 : 68~69. 이렇게 제보자들이 내적 윤리적 자원과 외적 물리적 자원을 통해 어려움을 극복하는 상황을 설명하고 있다.

그리고 케이트 케니는 일개인의 영웅적 서사로 진행되는 내부고발 담론을 비판하면서 그들의 정체성 문제를 다룬다. "옳다고 믿는 바를 추구하는 데 홀로 행동하는, 다른 사람의 영향에서 자유롭고 굳센 내부고발자라는 널리 알려진 이미지가 문제"Kenny 2019 : 186라고 하면서, 그들이 어떻게 자신을 보호하고 대응하는지 설명한다. 가족, 친구, 뜻이 같은 동료들, 다른 제보자들, (대중에 알려졌을 때 특히 인터넷을 통한) 모르는 많은 사람의 지지도 그들의 생존에 도움을 준다. 종교적 믿음, 권한 많은 이들을 비판한 개혁가나 박애주의자를 조상으로 둔 가족 내력이나 자식들, 후세대의 표본을 염두에 둔 것도 언급한다Kenny 2019 : 177~184. 더 나아가 케니는 커다란 성공보다 작은 성공들에 주목하며 내부고발자 자신을 농담으로 드는 사례를 살피기도 한다Kenny 2019 : 195. 예를 들어 거대한 조직과의 싸움에서 제보 내용의 교정이라는 절대적인 목적을 이루는 것은 어렵더라도, 제보자가 이를 해결하는 과정에서 이루는 작은 성취들, 말하자면 제보 내용을 공론화하여 대중의 관심을 끌고 계속해 조직의 성가신 존재로서의 자신의 가치를 잘 파악하는 데서 의의를 찾기도 한다는 것이다. 또 규범을 따르지 않아 비정상이라거나 미쳤다는 평가를 상처로 내면화하기보다, 이를 웃음과 농담으로 고통을 줄이고 기존 규범과 권력을 조롱하는 면도 지적한다Kenny 2019 : 200~207.

두 글레이저의 연구1989는 제보자의 정체성 문제나 제보 이후의 세계관에 초점을 맞추진 않았지만 제보를 둘러싼 과정을 잘 그리며, 케이트의 연구는 제보자 정체성 문제를 직접 다루고 있다는 면에서 연구의 가치가 있다. 또한 우스의 연구들2000; 2016도 제보의 다양한 과정과 쟁점을 잘 설명하고 제보자들에 대한 구체적인 분석을 하였다.

언급한 모든 연구는 제보자의 어려움을 부정하거나 가볍게 생각하지 않는다. 모두 조직의 부정적 대응을 자세하게 설명한다. 다만 그 과정이 오히려 그들에게 인간·사회·세계에 대한 새로운 시각을 주었다는 것을 '바로 보았다'. 내부고발자가 어떻게 조직의 부정적 대응을 헤쳐 나가는지, 그 과정에서 어떠한 상호작용, 내·외부와의 관계, 인식의 변화를 거쳐 스스로를 돌보는지 '상상하지' 못하는 것은, 기존의 대중적인 피해자 이미지와 내용 때문인데 그로 인해 많은 사람이 내부고발의 복잡하고 구체적인 성격과 과정을 평면화시켜 버린다. 나는 이 드문 연구들과 결을 같이하며, 제보자 당사자에게는 뚜렷하지만 외부인에게는 비가시적인 경험의 일부분을 드러내고자 한다.

3. 제보자들의 다양한 정치화

조직의 부정적 대응은 제보자가 대처해나가야 할 근본적 문제이자 조건이다. 제보의 시작부터 제보 이후의 소외, 해고, 경제적 어려움 등의 문제들을 해결하는 전 과정에서, 대부분 생각지 못한 관료주의 시스템과 법률주의의 장으로 진입한다. '긴 법적 공방'은 제보자에게 많은 물리적·정신적 에너지를 소모하게 한다. 그렇다면 긴 과정에서의 어려움뿐만 아니라 그 과정을 꾸려가는 제보자의 심리적·물리적 힘을 살펴보는 것 또한 중요하다. 이는 제보 동기와 맞물려 있는 지점이기도 하고, 잠재적 제보자에게 어떻게 제보를 준비하고 실행할 것인가에 시사점을 줄 수도 있다.

제보 과정을 진행하는 동력에 대한 인터뷰이들의 답변으로 가장 빈번하게 '가족(배우자, 자녀)의 지지'가 공통적으로 나왔다. 가족 구성원이 없거나 어려운 조건에서 감정적 분리가 있는 경우도 있었지만, 대부분의 인터뷰이가 가족의 지지를 꼽았다. 그리고 조상으로부터 내려온 기질이나 자신의 도덕적 신념·가치를 중간중간 언급했는데, 이것은 제보의 동기와도 밀접하게 연관되어 있다. 4장에서 살펴본 직업적 소명에서부터 이중적이지 않은 삶, 부끄럽지 않은 삶, 비리에 연루되거나 목격한 것에 대한 수치심, 다 같이 잘 사는 세상, 상식적인 일을 했을 뿐이다, 당연히 (인간으로서) 할 일이다 등의 도덕적 신념을 포함한다. 그리고 조직에 대처하는 과정에서 다른 제보자들의 조언과 실질적 도움(사안을 토론하고 어떻게 해결할 것인가, 어떤 기관에 어떤 수위의 제보가 바람직한가), 대중매체와 유관 단체들과의 연계라는 외부자원의 활용이 있었다. 또한 몇 사례에서 국가기관으로부터의 제도적 구제도 볼 수 있었다. 관료 시스템에 대한 파악, 문서 작업에 대한 숙달 정도, 다른 사람이 알 수 없는 정보를 가진 자신만의 상황과 능력 또한 기존 연구에서는 언급이 없지만 본질적이고 핵심적인 요건이다.

이러한 상황을 통해 제보자들은 정치화된다. 본래 정치적, 정치화라는 개념은 제도정치 영역에서의 활동이나 가시적인 집단 활동을 연상시킨다. 가장 대표적인 형태가 제보자들이 공통의 경험을 바탕으로 단체를 결성하거나 그곳에서 활동하는 것이다. 실제로 몇몇 인터뷰이도 제보 이후 시민단체에서 적극적으로 활동을 하는 경우도 있었다.

　그런데 나는 정치화라는 개념을 그보다 넓은 의미로 사용한다. 제보를 해야겠다는 결정 자체, 처음 조직의 부정적 대응을 목도하면서 한국사회의 구조적 부패를 더욱더 '인식'하게 된다는 점(한 인터뷰이의 표현으로 "2명이 나쁘고 98명이 좋은 사람인 줄 알았는데 겪고 보니 2명이 착하고 98명이 나쁘더라"), 이후의 여러 결정을 포함한다. 그리고 업무로서의 일이 제보가 되어버린 경우 어려운 제보 과정을 헤쳐가면서 점차 내부고발자가 '되어간다'. 구체적으로 다른 내부고발자를 돕는 행위, 제보로 인한 부당함에 놀라고 실망하면서도 사안을 포기하지 않고 법적 수위의 문제를 지속하는 결단, 자신의 보호와 분리, 제보자로서의 경험을 공유하는 강연, 시민단체에서의 활동 등을 포함하고, 제보 전체 과정에서 겪는 자신을 포함한 인간·사회·세계에 대한 인식론적 변화를 포함한다. 그 인식론적 변화는 제보 당시 마음먹었던 의지의 확인, '끊임없는 자신과의 대화'(어쩌다 내게 이런 일이 닥쳤을까, 제보를 할 것인가 말 것인가, 이익이 있을까 없을까, 어떤 기관에 언제 제보를 할까, 익명으로 할까 기명으로 할까, 가족들은 어떻게 해야 하나, 왜 동료들은 저런 반응을 보일까, 이런 일이 또 생기면 어떻게 할까, 지금의 내 결정과 이 일이 과연 나와 내 가족, 혹은 사회에 어떤 의미가 있을까 등), 부패한 사회를 개선하기 위한 노력을 하겠다는 다짐, 어려움을 견디는 자신에 대한 대견스러움이나 보상과 무관하게 할 일을 했다는 자긍심, 반쪽의 승리 혹은 실패라 불릴지라도 최선을 다했다는 판단, 부패가 만연한 사회에 대한 냉소와 그런 사회에서 아무런 일도 일어나지 않은 것처럼 구복口腹을 해결하는 사람들에 대한 언짢음·분노·긍휼심도 포함한다. 당연히 이러한 정치화는 제보 이후의 노출된 폭력의 강도, 직업의 안정성, 심리적 상황, 지지 그룹의 존재 유무, 개인의 성격, 제보가 해결되는 시간 등의 변수에 따라 다양해지고, 아래 예들은 그중 '일부다'.

제구실하기

5장에서 소개한 강형식의 이야기로 시작하려고 한다. 내가 그를 처음 만난 것은 2013년으로 공익신고에 대한 제도적 개선을 위한 한 워크숍에서였다. 당시 그가 어떤 일을 제보한 누구인지 몰랐고, 회의 도중 "개인은 조직을 절대 이길 수 없다"라는 말이 인상 깊어 2015년에 인터뷰를 요청했다. 그는 제보 이후의 어려움과 그것을 견디는 노하우에 대한 '분명한 입장'을 갖고 있었다. 자신의 경험을 바탕으로 국가기관에서 관련 주제 제보를 조사하는 일을 하고 있었고, 개인적으로 다른 제보자들을 돕고 있기도 했다. 다른 제보자들에게 도움을 준 경우는 그와 인터뷰를 할 때는 몰랐는데, 그에게 도움을 받은 다른 제보자들로부터 그의 이름이 가끔씩 등장해 알 수 있었다.

군납비리를 제보한 그는 국가 이익이 자신의 행동과 결정의 기준으로서, 성향은 보수적이라고 했다. 그 제보를 하기 전에도 부대 내에서 여러 번의 문제제기와 위기 상황이 있었지만 '분명히 옳으니까', 즉 명백한 불법을 발견하여 제보하기 때문에 잘 해결될 줄 알았다고 했다. 그러나 전형적인 조직으로부터의 부정적 대응을 겪었고, 시간이 흐르고 이를 다스리는 방법도 익힐 수 있었다. 힘듦 자체는 이렇게 설명되었고, 대응 전략에 대한 입장도 서서히 갖추게 되었다.

정신적으로 파탄이 와요. 죽고 싶은 거예요, 살고 싶지가 않아요. (…중략…)

어, 내가 여태까지 살아왔던 나와 사회라는 게 있잖아요, 자기 개인의 사회 그게 송두리째 뽑히는 거죠. 직업뿐만이 아니라 모든 것들이 다. (예를 들어) 그냥 명절 됐는데 집에 못 가잖아요. 애들하고의 관계도 서먹해지고 친구들하고도 그렇고 직업도 그렇고.

그때 인제 방송 나오기 전에, (그 전 해) 가을에 진급도 떨어지고 그랬을 때 우리 애들 둘이 초등학교 어렸을 때 제 눈앞에서 눈물을 흘렸어요. 제가 그 눈물을 보면서 피눈물을 흘렸죠 속으로. 그래서 결심했어요, 내 절대 가만두지 않는다. 그때부터 더 냉정해지고 차분해졌어요. 그때부터 감정적으로 안 싸웠어요. 왜, 이겨야 할 이유가 생긴 거잖아요. 내 아이들이 그 초등학교 아이들이 '어떤' 심정이었겠어요. 그니까 내가 뭘 잘못했는데, 나는 국가의 이익이 되는 일을 했는데 왜 내가 그렇게 당해야 되고, 나 혼자는 괜찮지만 어린애들이, 그때부터 달라진 거예요. 그날 이후로 세상을 냉정하게 보자, 어떤 권력이라도 뭐 나를 음해하거나 이렇게 하면 내 가만두지 않는다. 항상 무기를, 히든카드를 '항상' 만들었죠. 그거 만드느라고 엄청난 투자를 했어요. 봉급 한 번도 안 갖다줬고 집에 퇴직금도 다 갖다 썼고, 정보라는 게 그냥 얻어지는 게 아녜요. 얼마나 많은 돈과 시간을 투자했는데요. 저도 깜짝깜짝 놀라요. 저도 그렇게 성격이 변한 거에 대해서(웃음).

기존 연구에서 '시간'은 긴 내부고발 과정에서 그것의 부정적 역할이 강조된다. 시간이 흐를수록 대개 제보자들은 직업을 잃고 경제적 상황은 악화되며, 자존감이 하락하는 부작용이 이어지기 때문이다[Kenny 2015]. 그런데 이 경우는 과거 제보 일이 다 정리가 된 상태에서 그의 경험을 숙고할 수 있는 시간의 긍정적 힘을 보여준다. 그는 스스로를 운이 좋은 경우라고 하는데, 이 경우 제보 이후 한 국가기관에서 조사 업무를 하는 당시의 새로운 직업이 제보자의 삶에 결정적 역할을 한 것은 두말할 것이 없었다. 이로 인해 다른 영역을 돌아보거나 살필 수 있는 여력이 생기기 때문이다.

(현재) 일도 만족하고요, 생활도 좀 편안하고 인정할 건 인정하니까. 안 되는 것은 안 되는 거죠, 개인이 뭐 어떻게 그런 걸 다 해요. 나한테 주어진 일 그 범위 내에서 내가 최선을 다하는 것이지.

(내부고발 일을) 잊어버려야죠. 본인이 의식하면 안 돼요. 다른 사람들은요 시간이 지나면 별로 생각 안 해요, 나한테만 심각한 거지. 그 사람들은 그냥 궁금해서 요즘은 그냥 잘 지내지 묻는 게 깊은 마음에서 나온 게 아니에요. 그냥 지나가는 말이에요. 그리고 그 사람들은 자기 삶이 바빠서 이 사람이 어떤지 생각도 안 해요. 근데 굳이 본인만 '막' 확대해서 생각을 하는 거죠. (언제부터 그런 사고를 갖게 되었다고 생각하세요? 본래부터 그런 생각을 갖고 계셨던가요?) 아뇨, 저도 뭐. 그 생각의 틀에서 못 벗어났어요 2년 반은. 자나 깨나 뭘 하나 머릿속에서 그걸 벗어던지는 데 '정말' 힘들었죠. 그러니까 해결책이 없는 거예요. 그걸 꽉 손으로 잡고 있잖아요, 절대 해결 안 돼요. 주먹을 쥐고 있으면 해결할 수 있는 유일한 방법은 주먹을 펴는 거예요, 손을 펴야 되는 거예요. 놔야 되는 거예요. (못 잊으면) 그게 인제 아집이 돼요, 소신이 아집이 돼요. 아집이 되는 순간 주변을 불편하게 해요, 그럼 일이 더 꼬이는 거죠.

나는 그와의 인터뷰에서 내부고발이 모지위가 아니라 그것이 내면화되는 과정이 인상 깊었다. 많은 이에게 모지위로서의 내부고발은 제보 자체가 워낙 트라우마적 경험이어서 긍정적이기보다 부정적이고, 이후 (부정적) 생활의 단초로 인식된다. 그런데 이 경우 제보가 과장되거나 폄훼할 것이 아닌 자신의 전 생애에서 일어난 많은 일 중의 하나로 인식되는 수용acceptance의 미덕이 표현되었다. 당연히 이 또한 시간과 숙고의 힘, 직업이 중요한 역할을 했으며, 도널드 소큰1986이 제보 과정의 마지막 단계라고 한 '해결'에 이른 전형적인 경우라 할 수 있다(2장 참조).

내부고발이라는 것도 인생을 살아가는 데 있어서 여러 가지 일 중의 하나일 뿐이에요. 세상 살다 보면 이런 일 저런 일 많이 일어나잖아요. 그중의 하나가 내부고발 사건이 있었던 거죠. 그중의 하나일 뿐이지 이것이 인생의 전부는 아니거든요. (…중략…) 내가 인생을 사는 데 수많은 일이 일어나잖아요, 좋은 일도 있고 나쁜 일도 있고. 그중에 하나일 뿐이에요. (…중략…) 이게 발목을 잡으면 앞으로 못 가잖아요. 이번에 A사건(군 관련 사건) 갖고 옛날 일, 자꾸 그렇게 했었어요(오라고 했어요). 저는 안 갔거든요, 나한테는 지난 과거예요. 그 사람한테는 지금 하는 수사지만. 내가 왜 앞으로 가다가 다시 돌아가야 하는데, 나한테 얼마나 소중한 40대 후반이고 다시 돌아오지 않는 인생인데, 끝난 일은 끝난 일이죠. 앞으로 해야 할 일이 얼마나 많은데. 뭐 그런 것이 다른 사람 보기에는 이 사람에 대한 (한 사건), 이래서 딱 하나의 이미지로 고정해서 보지만 당사자인 내 입장에서는 많은 일 중의 하나일 뿐이에요. '자꾸' 거기에 고착화시켜서. (…중략…) 그걸 통해서 뭐 제가 느끼고 세상을 배우고 어떤 인생의 과정을 겪어 왔잖아요 그 과정 중의 하나인 거죠. 내가 그 과정을 통해서 많은 것을 배웠고, 많은 도움을 받았고 거기에 사회에 보답을 해야 하는 책임도 있고. 제가 말씀드리고 싶은 것은 소위 말해서 에프엠이나 원칙론자라 해서 일자로만 오는 것이 아니에요. '많은' 경험들을 하잖아요. 사람들이 오해하고 착각하는 것이 그거예요. 그리고 (제보자를) 그렇게 (원칙론자나 도덕적으로 결점이 없다는 것으로) 만들고 가고 싶어, 바라보고 싶은 게 그거예요. 이거를 인제 형상화시키거나 이미지화시키잖아요.

인용문 마지막 부분에 외부에서 제보자를 판단하는 이미지와 그것에 내재된 착각이 표현되어 있다. 그의 사고의 연장선상에서 제보는 자신의 일생과 많은 경험 중 하나로서 영구적으로 자신의 궁극적 정체성을 결정짓지 않는다는 말로도 풀이된다[Kim 2009; 김미덕 2016]. 그는 공익제보의 개선점으로 통합적인 감사의 필요성을 역설하고, 그 와중에 한국사회의 체계적인 부패를 지적했다.

군대에 왜 비리가 많나 하고 나왔는데 그건 아무것도 아니더라고요. (사회가) 그렇게 살지 않으면 살아갈 수 없더라고요. (…중략…) 우리가 생각하는 딱 부러진 비리라고 하는 것이 명확하게 단락이 되어 있는 게 아니에요. 잘 몰라요 뭐가 비리고 뭐가 아닌지. (…중략…) 차라리 (사람들이) 불법을 하면 나아요. 불법은 잡을 수가 있어요 법령 위반이나 형법으로요. 그런데 불법이 아니라 편법이 많아요. 편법은 방법이 없어요. 특히 엘리트 계층은 편법이에요. 그러니까 이런 거잖아요, 검사가 떡값을 받았다 도덕적 비난을 받을 순 있지만 불법은 아니잖아요. 사대강을 했다, 불법이 아니라고 하잖아요. 차라리 높은 사람들은 옛날처럼 주는 뇌물이나 먹고 사는 게 최고예요. 한 10억을 주면 좋아서 그걸로만 먹고 살면 되는데 요즘은 머리가 좋아서 사업을 벌인단 말예요. 지자체를 보세요, K

사업이니 뭐니 하면서 수십억, 수백억짜리 사업을 벌이잖아요, 그렇게 해서 자기가 이득을 얻기 위해서. 차라리 그냥 먹으라는 거예요 그러면 세금이라도 낭비가 안 되잖아요. (…중략…) 그런 인간들이 더 무섭다는 거예요. 그런 인간들 너무 많다는 거예요. 차라리 돈 먹고 입 다물고 잘 살아라 하면 되는데, 세금은 축 안 내니까. 그런 놈 엄청 많아요. 그걸 또 잡아내지도 못해요. 내부에 감사 시스템이 있지만 수많은 감사관들이 있지만 감사라는 것이 기관장의 비호세력인데, 제가 진짜 하고 싶은 것이 있어요. 감사를 통합시켜야 한다고 생각해요. 모든 감사를 통합해서 감사위원회가 되도록. 진정한 감사가 되게. 물론 엄청난 반대가 있겠지만 그래도 해야 한다고 생각을 해요. 감시하는 조직이나 인원이 적은 게 아니에요, 어마어마하게 많아요. 그 조직과 인원이 일을 할 수 없는 여건이라는 거죠, 그래서 사람의 문제가 아니라고 말씀드리는 거예요. 그렇게 하자고 하면 난리 나겠죠. 난리 나더라도 총대를 메야 하는데.

(원칙과 정의에 대한) 그런 생각을 갖고 있는 사람들이 권력을 갖기 어려워요. 권력을 갖는 속성들은 그렇게 고만고만한 애들이 권력을 갖잖아요. (…중략…) 그렇게 생각하지 않는 사람들은 살기 힘들어요. 절대 그 제도권, 기득권으로 에스컬레이트escalate가 안 돼요. 군대에도 그런 말이 (있어요). 진짜 군인다운 군인은 진급을 하지 못한다, 이순신 제독이라도 그분이 만약 지금 현재 군대 생활을 했다면, 제독이 해군이거든요. 현재 군 생활을 한다면 올라갈 수 있는 진급은? 소령 진급도 힘들다, 이렇게 평을 하죠 그게 현실이니까. (…중략…) 그런데 우리는 너무 착해요. 그게 용서가 되나요? 절대 용서가 안 돼요. (…중략…) 제 개인적인 생각이에요. 그래서 그런 분들이 무서워하지를 않는 거예요. 국민을 무서워해야 하거든요. 권력자들은 무서워하지를 않잖아요. 그러니까 마음대

로 갖고 노는 거잖아요. 그래서 분노해서 꼴랑 하는 게 뭐예요. 분노를 어떻게 표출해요? 손가락으로 하잖아요. 그래서 어쨌든 올리면 뭐해요. 그래놓고 손가락으로 엉뚱한 놈 뽑잖아요. 우리나라 노동자가 이천오백만, 삼천만 명이에요. 그런데 노동자를 대변하는 사람이 없고 그 노동자가 자기에게 불리한 당을 뽑는 게 대한민국 현실이에요. 뭘 바꿔요, 바뀌기는 힘들어요 현실적으로. 그래서 기득권자는 애들한테 역사와 철학을 가르치지 않는 거예요. 깨달음이 있어야 하거든요. 그러려면, 역사를 배우고 철학을 배우고 인문학을 배워야 하거든요.

시련을 감사하게, 늘 사회 변화에 힘쓰기

한 공기업에서 8개월가량 감사로 재직하던 중에 목격한 토지보상 비리(땅값 부풀리기) 문제를 제보한 신익호의 경우도, 제보를 자신의 업무의 일환이라고 했다. 그는 감사로 일하기 전에도 사회운동을 해온 사람으로서, 제보 이후 예상치 못한 전개(본인이 감사를 받음, 제보 내용 조사의 어려움, 기관의 부정적 대응과 이어진 법적 투쟁)에 어려움이 있었다. 인터뷰 당시 제보 사안은 다 마무리가 된 상태였고, 사업가로서의 생활과 다른 사회운동에 매진하고 있었다.

제가 이 지역에서 계속 생활을 했고 (…중략…) 감사를 한 목적이 거기서 대접받기 위함이 아니라 도움을 주겠다는 책임감을 갖고 있는 상태였기 때문에 대접받는 만큼 그 이상의 소명의식이 있었던 겁니다. 그래서 처음에는 이사회나 이런 데서 내부적으로 문제제기하면 잘 되리라 생각해서 3개월에 걸쳐서 제가 경영진에게, 너무 부풀려졌다 제대로 해보자 했어요. 제 생각이 객관적이지 않은가 해서 공인중개사라든가 감정평가사 이런 분들께 개별적으로 자문을 구했어요. 그랬더니 제 주장이 맞는 거예요. 그랬는데도 이사회나 경영진들이 계속 밀어붙이는 거예요. 그러니까 너무 어처구니가 없다는 생각이 들어서 건설교통부라든가 이런 데 방문해보고 청와대 ○○○에도 방문해서 이건 문제다, 큰 손실이 예상되니까 나름대로 대책을 세워줘라 그랬어요. 이렇게 이야기하면 다 될 줄 알았죠. 실제로 감사 역할을 한 것이 비리를 사전에 예방하는 것, 우리는 예방 차원으로 생각해서 그렇게 했는데 일이 계속 진행되는 거예요. 저는 어처구니가 없는 거죠. 고민하다가 수수방관을 하는 건 죄를 짓는 느낌이 들고 방법이 없나 고민을 하다가 기자회견을 자청해서 알린 거죠. 그러니까 큰 파장이 일어날 거 아닙니까, 조직에서 아주 술렁거렸죠.

감사기관에서 특별수사팀이 왔지만 제기된 사안이 아니라 되레 재직 기간 동안 제보자에게 비리가 없었는지 조사를 했다. 아무런 문제가 없다는 결과가 나왔지만 그는 내부기밀 유출로 해임되었다. 감사는 월 2백만 원의 법인카드를 사용하고 연봉 1억 2천과 자가용 2대를 운용할 수 있는 특혜를 받는 상황에서 그에 상응하는 책임의식으로 일하려 했기 때문에, 그는 불명예스러운 해임에 맞서 4년에 걸친 법정 투쟁을 했다. 그는 조직을 상대로 해임취소 소송을 했고, 그 과정에서 조직도 그에게 손해배상청구 소송을 했다. 그는 법적 투쟁의 어려움과 만연한 부패를 다음과 같이 지적했다.

저로 말미암아서 (수백억에 달하는) 국고 이익을 봤는데 오히려 사업에 차질이 생겨서 손해를 봤다 해서 1억 소송이 들어온 거예요. 그러니까 이거는요, 참 온전한 정신을 가진 사람은 견뎌낼 수가 없겠더라구요. 저 나름대로는 지역에서 정의로운 생각을 갖고 있다고, 노력에 따라서 할 수 있다는 신념 그런 것이 있었고. 제가 나름대로 그동안 사업하면서 재정적인 것들이 뒷받침이 되니까 소송하는데 비용을 감당할 수가 있어서 견뎌냈다고 생각이 들고요. 직접 소송을 겪어보니까 많은 사람들이 억울한 일이 있음에도 재정적인 문제, 먹고살아야 하는 거 아닙니까, 이런 부분에서 자포자기하는 부분이 많아요. 그런 부분에 안타까움이 있겠더라구요. 직접 겪어보니까.

제가 문제제기하니까 직원들이 서명 받아서 해임시키라고 막 난리 치는 거예요. (…중략…) 다 내 편이 아니에요. 사람들에게 배신감이라는 것이 주변 동료, 여당 정치인, 야당 정치인, 언론인, 감사기관 다 충격받았어요. (…중략…) 그 사람들은 예전에 감사들처럼 대접만 받고 전자결재만 하는 뭐 (그런 식이라 생각했던 거예요). 그때 사외이사로 M교수가 있어요. 그 사람 아주 나쁜 사람이에요. 조직에 생기는 이권들 이분들이 앞장서서, 그 교수가 앞장서서 이사장을 비호하는 세력으로 둔갑하더라고요. 이사회 가기 전에 찻집에서 만나서 이런 부분일 때 이사회의 때 역할을 부탁합니다 이랬는데, 이사회 갔을 땐 (그 사람이) 딴판인 거예요. 나중에 봤더니 저를 해임시킬 때 그 교수가 앞장섰더라고요. 그러니까 (현 정부) 들어와서 ○○실장(정부 고위관료) 된다는 식으로 이야기 나와서 제가 청와대 게시판에 막 썼죠. 이 사람은 공익을 위해서 일할 사람이 절대 아니다. (…중략…) 이권에 이 사람이 달려들어서 공익보다는 사익을 취하는 데 앞장서는 모습을 보니까 한 번이 아니라 몇 번, 이 사람 진짜 나쁜 사람이구나. 그런데 사람들은 모르잖아요. 뭐 영어 잘하겠다, Y대학 교수라 학벌 좋겠다. 제가 한 일들을 보면 (…중략…) 처음엔 외로운 거죠.

그의 해임은 공기업 이사회에서 건의해 이뤄진 것이기 때문에 제보로 인한 부당한 조치가 분명했다. 법원에서는 그가 제보한 내용이 맞아 해임 사유가 되지 않고 절차도 부당했다는 판결이 나왔다. 조직의 손해배상청구도 받아들여지지 않고 그의 최종 승소로 정리되었다.

농촌에서 나고 자라 익힌 도덕적 입장과 경제적 뒷받침이 그가 문제를 헤쳐 나간 동력이었다. 그는 어려서부터 아르바이트를 하면서 자생력을 갖게 되었고, 자생력이 없으면 아무리 뜻이 좋아도 제대로 일을 할 수 없음을 강조했다.

(초반 사업 과정을 이야기 한 후) (…중략…) 그런 것들이 제가 감사하면서도 사실 제가 처자식 먹여 살리기 위해서 비굴하게 타협하지 않는 데 도움이 될 수 있는 거죠. 그러니까 많은 분들이 내부고발을 하고 싶어도 그걸로 인해서, 자기가 가장이면 가장으로서 역할을 못 할지도 모른다는 그런 식의 두려움들이 있어서 못 할 이유도 많겠죠. (…중략…) 내부고발자들을 위한 재단 같은 것들을 만들 기획을 하고 있어요. 제가 그 사람들 심정을 잘 알거든요. 소송하려고 해도 아무리 변호사들이 수임료 없이 한다고 하지만은 한계가 있어요. 재정적인 부분들이 절대 필수적인 거예요.

기본적으로 그의 도덕적 신념은 이러했다.

(제가 한 일은) 철학적인 사고가 바탕이 된 거예요. 왜냐하면 양 같은 경우도 엄마 배 속에서 떨어지자마자 걸어 다녀요 새끼 양이. 그런데 인간은 어때요. 인간은 1년 이상 보호를 받아야 하고 20년, 30년 가까이 가야 제 역할을 하는데,

그만큼 귀한 존재다, 그만큼 이 세상에 태어났으면 세상에 가치 있는 일을 해야 한다. (…중략…) 그걸 그저 먹고 자고 배설하고 생물학적인 삶을 사는 것보다도 알파, 자신의 고유의 가치를 망각하지 말아야 한다, 저는 그렇게 생각해요. (아이들에게도) 아빠가 테러당하고 좋지 못한 일로 죽었다 그러면 슬퍼하지 마라 (그래요). 사는 동안에 사실 불교적으로 이야기하면 나쁜 업보다는 좋은 업을 더 많이 쌓았으니까. 나무가 겨울철이 되면 이파리를 다 떨어뜨리면서 앙상한 것이 죽은 것이 아니다, 자기가 정의로운 일을 한다는 데에 두려움이 없는 거죠. 그래서 생각지도 않게 부자가 된 거예요(20여 년 전 부채를 지면서 토지를 구매해 시작한 C사업으로 큰 재력을 쌓을 수 있었다). (…중략…) 제가 갖고 있는 재력을 혼자 호의호식하면서 쓰게 되면 반사회적인 거다, 사회를 위해서 윤활유 같은 역할을 하는 데 좋은 일을 하는 데 써야 한다, 이런 생각을 갖고 있어요.

그래서 요즘 저는 어떤 생각도 드냐면 제 나름대로 정의다 진실이다 해서 최선을 다했는데, 안 되는 경우가 있는데 운명이에요. 운명으로 받아들이자 해요. 많은 사람들이 그런 걱정을 해요, 소송할 때도 그렇고 주변 사람들이 그런 걱정을 해요. 부질없는 일 하지 마라, 어떻게 국가를 상대로 소송을 하고 이길 생각을 하느냐, 동조하는 사람들보다 만류하는 사람들이 90프로예요. 그렇게 해서 이겼거든요. 이겨서 기부도 필요한 데 천만 원도 하고, 그런 점에서 '야 저런 식으로 의지를 가지고 하면 되는구나, 역사를 만들어 주는 것 아니냐'(그리 생각해요). 돈을 버는 목적을 세 가지로 이야기하는데, 첫 번째 다른 사람들이 실현하지 못한다는 것, 불가능이라 생각하는 것 그것이 사회운동이든 사업이든 그걸 해내는 거예요. 성취감, 성취감이 가장 큰 동기예요. 두 번째 돈을 버는 맛이 또 기가 막혀요. 사람들 막 달려와서 A센터 할 때는 우리 와이프하고 많이 싸웠어요. 왜냐 직원들이 일주일 쉬는데 고객들이 일요일에 와서 물건을 사겠다고 하면 알바생 몇 명이서 문을 열어야 하는 거죠. 행복한 고민이에요. 다른 사람들 입장에서 보면. 그러니까 돈 버는 맛이 대단한 거예요. 세 번째 돈 쓰는 맛, 적절한 데 아무 조건 없이 주는 것. 그러니까 나는 젊은 사람들이 안타까운 것이, 공무원 아니면 생존할 수 없는 것처럼 보면서 5년, 10년 공무원 공부하고 있거든요. 세상을 둘러보면 할 일이 얼마나 많은데.

그는 2019년 인터뷰 당시 개인 사업에 주력하고 그곳에서 2010년대 중반 이래 가시화된 난개발 문제에 집중하고 있었다. 그도 내부고발로 인한 일을 자신이 겪은 많은 일 중의 하나로 수용하고 있었고, 도덕적 신념과 그동안의 사회운동의 연장선인 내부고발로 인한 어려움들을 자연스럽게 이해하고 적극적으로 해결하였다.

무괴아심無愧我心, 내 마음에 부끄러움이 없도록 어질고 의롭고 바르고 착하게 살라

무괴아심은 여러 사람에게서 나온 부끄러움, 의로움, 수치심 등의 언술을 집약한 것인데, 이를 4장 제보자의 동기 부분에서 소개한 김태원의 사례로 설명하려고 한다. 물론 그뿐만이 아니라 대부분의 인터뷰이가 강조를 하든 하지 않았든 인터뷰 중간에 직·간접적으로 도덕적 신념과 철학을 언급했다. 그런데 그를 한 사례로서 든 이유는 '부끄럽고 싶지 않았다', '일관된 삶을 살고 싶었다'라는 표현 등에서 알 수 있듯이, 제보 동기로서의 도덕적 신념을 뚜렷하게 언어화한 사람들 중 한 명이었기 때문이다. 제보자와는 2015, 2019년 두 번의 인터뷰를 가졌고 이후에도 여러 모임에서 만날 수 있었다. 만날 때마다 해고 소식이 들렸고 조직의 부정적 대응과 그에 대한 제보자의 대처가 계속되고 있었다.

김태원은 1990년대 말 이래로 한 사립 고등학교 교사로 재직하고 있다. 제보의 직접적 계기는 행정실장의 비리였지만 그 이전에도 불합리한 근무 환경의 개선을 위해 문제제기를 해왔다. 그 와중에 노동조합의 필요성을 절감하고 몇몇 동료와 함께 가입했다. 당시 노동조합 자체가 그의 표현으로, 상당히 반역적이었지만 동일 재단 소유의 다른 학교들에서 지지하는 동료들이 있어 진행할 수 있었다고 한다. 2015년과 2019년의 인터뷰 연도를 표기하는데 사유의 큰 차이는 없고, 사건의 장기화로 인한 파면과 복직이 반복되고 있었으며 제보자의 가시적인 정치화가 눈에 띄었다. 공익제보 강사로서 활동하고 내부고발 경험자로서 여러 기회를 통해 목소리를 내고 있었다.

먼저 그가 경험한 어려움들을 살펴본다. 학교는 몇 가지 징계사유를 들어 그를 파면했다. 제보자 입장에서 형평성에 어긋나고 이해할 수 없는 징계사유, 그의 표현으로 꼬투리를 잡아 계속 파면을 하고, 이에 그는 행정소송을 통해 사안을 규명하고 복직 과정을 거쳤다. 제보를 하면 조직은 어떻게 해서든 제보자의 흠, 실수, 무능력을 찾으려 한다. 이것은 '제보자도 인간인지라 실수가 있지 않느냐'라는 수준이라기보다 결점과 실수가 나올 때까지 '주시'하여, 결국 실수를 하게 만드는 주류 공간에 들어간 유색인종이나 여성과 같은 소수자의 위치인 공간 침입자[퓨워 2004] 상황과 같다. 교단일기라는 명목으로 일거수일투족을 기록하는데, 1분 교무실에 늦게 들어간 것이 지각으로 기록되어 근무태만의 증거로 제시된다거나, 세월호 집회 참석으로 정치적인 교사로의 인식도 작용했다고 한다. 2015년의 인터뷰 때는 2차 파면에 대해 소청심사위원회에 청구를 한 상태였다.

신고 이후, 제보자는 조직의 부정적 대응만을 준비하는 것이 아니다. 5장에서 살펴본 것처럼 많은 제보자가 그 과정에서 조사·수사 기관의 관료주의적 행태를 마주하게 된다. 그리고 이에 대한 결과는 '문서'로 규격화되고, 과정은 법률적 기준에 의한 것이기 때문에 최종 판단의 질적 느낌은 확인할 수가 없다. 그는 행정심판제도가 재판보다 구속력이 강하게 느껴지면서도 상명하복, 위계의 영향력을 완전히 배제할 수 없는 판단 집단에 대한 불신을 언급했다. 소청심사위원회 구성과 결정에 대한 것이다.

> 행정심판은 어찌 보면 재판보다 더 강력한 제도적 구속력을 갖고 있더라고요. (…중략…) 행정심판은 그걸 안 하면 행정력을 가지고 강제적으로 조치를 할 수 있는, 그래서 오히려 소청이 더 강력한 결정력을 갖고 있는데요. 문제는 소청이라는 것이 E부 산하에 있기 때문에 그곳이 갖는 어떤 색깔, 정치적 판단력, 이런 것들의 영향을 상당히 많이 받는 조직이더라고요. 10명이 소청 거기에 계시면 그중에 법률가는 두 분이고요, 나머지 분들은 퇴임한 교장선생님부터 해서 관료 출신들이 많아서 전체적으로 그런 영향력으로 자유로울 수 없는 구성인 거예요. 그래서 소청이라는 제도가 주는 한계점을 좀 많이 느낍니다. 특히나 이걸(징계사유를) 학교가 정치화시키는 이유는 다 그런 데서, 소청에서의 결과를 좀 정치적인 장치로 만듦으로써 유리하게 자기들 쪽에 편을 들 수 있는 그런 사람으로 소청위원회의 인적 구성이 있다고 저는 보거든요. 그래서 그런 내용을 많이 이끌어내고, 좀 정치적인 문제로 이를 비화했을 때 항상 소청에서는 저희와 반대쪽에 손을 많이 들어주는 그런 상황이었던 것 같아요[2015].

한편 심리적·물리적 어려움에도 불구하고 그가 오랜 기간 일을 진행할 수 있었던 힘은 자신의 도덕적 입장, 가족(아내와 자녀들), 노동조합(구성원들)의 지지("결국 종착점이 이렇게 잘 극복하면서 그나마 지금까지 제가 이렇게 견딜 수 있었던 것은 그때도 노동조합 분회…… 3명이든 어쨌든 분회가 집단으로 항상 같이 고민했던 거, 저는 조직, 그 어떤 집단의 힘이라는 걸 굉장히 많이 뼈저리게 느낀 사람이라")와 대중매체, 시민단체의 조력 등으로 복합적이었다. 노동조합의 경우는 다른 교사들의 인터뷰에서도 중요한 역할을 했으며, 개인 대 조직이 아닌 조직 대 조직의 대결일 때 제보자가 일을 진행하기 수월하다는 것을 보여준다. 노동조합에서 직장이 없을 시에도 생활의 기반이 변하지 않도록 생계비를 제공하고, 예컨대 그의 표현으로 '허황된 생각이 들지 않도록' 해직 경험이 있는 교사들로부터 로드맵("이 시점에서 이런 상황이야. 이후에는 이렇게 될 거야, 당신 이럴 때 이렇게 할 수 있어" 등)을 들을 수 있었다. 유사한 경험을 통한 동료들의 판단이 그가 일을 진행하는 데 큰 도움이 되었을 것은 틀림없다.

그리고 기저에 깔려있던 가장 큰 힘은 가정임을 피력하고 자신의 성격상의 특징도 잠깐 언급했다.

사실 이런 과정을 겪으면서 아내가 굉장히 소중하고 가정이 얼마나 소중한지 더 뼈저리게 느끼고 경험하게 되는 과정이었는데, 마음의 준비나 결심하는 과정에서 아내의 믿음, 제가 이런 활동을 하고 다니는 것에 대한 믿음이라든가, 저를 신뢰할 거라는 그런 강한 확신이 없었다면 (…중략…) 그리고 제 아이들에게 내가 진짜 부끄럽지 않게 살 수 있다는, 그 생각들 이런 것들이 굉장히 저를 좀 강하게 만들어 줬었어요.

또 하나는 성격도 분명히 작용했을 거라는 생각이 들어요. 성격적인 면도 조금은. 다는 아니겠지만 그래도 뭐 다혈질적인 성격, 기질들이 있으신 분들이 좀 더 하지 않았을까 하는 생각도 좀 들고, 또 반대로 굉장히 꼼꼼하신 분들이 했을 거라는 생각도 들어요. 저도 성격이 두 가지가 다 있다고 느껴지는 게, 일하면서 그 다음 준비를 굉장히 많이 했거든요 학교 안에서의 자료나 부분들을. 내 이야기를 하려면 내 근거가 있어야지 이유 없이 함부로 했다가는 그냥 반격당할 수밖에 없으니까…… 그런 면(꼼꼼한 면)들도 가지고 있었을 것 같고 무엇보다도 아까 말씀드린 것처럼 어…… 비판의식? 일정한 또…… 주류로부터의 거리도 뭐, 이런 것들이 공통적이지 않을까 이런 생각을 좀 하게 됩니다.

한편 그는 노동조합 활동을 기반으로 학교 안에서는 불편함과 어려움을 느끼지만 외부 활동에서는 보람을 느낀다고 했다.

저는 그래도 참 행복한 케이스라고 생각하고 다른 사람보다는 잘됐다고 생각하는 게, 학교 안에서 제 직장에서는 '많은' 부분을 잃었어요. 관계도 잃고, 사람들하고 어쨌든, 제가 이런 일 벌이는 바람에 학교 안 분위기 이상해지고 하는 원인과 탓을 사실은 권력자보다는 (제게) 돌아올 수밖에 없고. 그러다 보니까 제 자신은 좀 위축되고 학교 안에서는 사실 잃어버린 관계가 '너무' 많죠, 대부분은 잃어버렸다고 느끼는데 몇몇 소수만 빼고는. 그 이상으로 제가 학교를 딱 벗어나는 공간에서는 '너무나' 좋은 기회, 관계, 아 정말 이렇게까지 나를 위하는 분들도 있구나, 정말 아무런 이해관계 없이 저렇게까지도 하는 사람들도 있구나. 또는 내가 이렇게 헌신하고 도움이 되고 내 삶이 이렇게도 쓰일 수 있구나 하는 것들이 교사로 살았다면 그 삶, '정말' 좁은 그 길밖에 안 보이고 살았을 텐데. 50, 60이 됐어도 그 안에서 살았을 거라는 생각만 딱 들고, 뭔가 내가 변화나 이런 것에 대해서 적응하는 게 두렵고 그랬을 것 같은데, 이런 일들을 겪으면서 그런 변화에 대한 두려움도 좀 괜찮고 뭔가 적응하는 견디는 힘도 좀 생기고, '관계'에 대해서 또 '너무' 고민을 하는 시간이었어요. 관계라는 것이 이렇게 또 소중한 것이구나, 이런 관계를 또 내가 이렇게 만들어가고 내가 또 채워주기도 하고. 어떨 때는 내부고발자분들 많이 만나 보니까 내가 같이 채워줘야 할 부분도 많더라고요. 나라는 사람이 이렇게도 쓰이는구나, 학교 안에서 교사로서의 쓰임의 가치나 그 이상으로 그런 가치나 보람을 많이 느끼다 보니까, 요새는 개인적으로는 '감히' 이런 말 써도 될지 모르겠는데 행복할 때가 많아요[2019].

2019년 다시 만났을 때 학교로의 복직은 미정인 상태였으며 학교 측의 고소로 공방을 준비하고 있었다. 학교의 대응, 제보자의 대응이 시간 흐름에 따라 양측 모두에게 익숙하게 진행되었다. 복직이 되었을 때 수업 배제, 업무 보조하는 직원들이 앉던 입구 쪽에 자리를 주는 등 낙인찍기가 지속되고 다른 교사들과의 소통도 어려웠다. 청소 검사와 급식 줄 세우는 업무가 전부였고, 그 자리에 앉아있지 않으면 근무지 무단이석이 되었다. 그러다 한 방송사와 인터뷰를 진행했는데, 새벽에 사전녹화를 했음에도 방영시간이 근무시간이라는 이유로 다시 직위해제 처분을 받았다.

그리고 2019년 학교 측으로부터 고소를 당한 이유는 개인정보보호법 위반이었다. 행정실장의 급여 문제를 살피면서 회계에서 부적절하게 집행된 예산 관련 증빙자료를 정보공개청구를 했는데, 행정실장이 복귀를 해 이를 신고했다. 그 과정에서 한 법안의 변화가 큰 영향을 끼쳤는데, 2017년 4월 개정된 부패방지 권익위법 대상 범위에 사립학교가 포함되면서 그로 인한 변화를 직접적으로 느낀다고 했다.[1] 사립학교 교사 또한 공직자로서 신고 의무가 발생해, 의무로 정당한 일을 한다는 느낌과 함께 법적 보호를 받는다는 안도감이었다.

당연히 그 부분에 대해서 문제가 있는 것을 확인했고, 교육청하고 S시의회에 이거를 신고하기 위해서 민원 넣으려고 한 건데, 상식으로 한 것인데 법에서는 그런 부분이 충돌이 되는 거예요. 그 사실에 고민을 막 하고 있는데, 부패방지 권익위법이 그 조항이 어떻게 되어 있느냐면 사립학교 교사가 공직자 범주에 들어가는 순간 그 공직자는 부패행위, 부정행위를 보면 신고를 하잖아요. 내가 그걸(비리를) 봤어, 확인을 했으면 저한테는 신고의 의무가 생기는 거예요. 신고의 의무에 따라 제공받은 자료는 법률에 의해서 위반이 아니냐, 이런 걸 개인이 (어떻게) 알겠습니까? 변호사를 찾아서 법적 공방을 벌이는 거죠. 저는 내 상식에서 문제가 있는 것을 성격적으로 집요하게 관심 갖고 파고 있는 거죠. 그러다가 민원이나 신고해보면 아시잖아요. 저거 문제 있을 거예요, 조사해주세요 하면 아무도 안 보잖아요. 그러니까 저는 나름대로 확인하기 위해 증빙자료를 받아가지고 첨부해서 했는데, 자료 받는 과정에서 개인정보위반이

---

[1] 「사립학교·법인 부패 신고자도 법적 보호 받아… 보상금 최고 30억원 지급」, 국민권익위원회, 2017.4.18. 전해철 의원이 대표 발의하여 개정되었다. 구체적인 내용은 이렇다. "○ 이에 따라 사립학교 교직원과 학교법인 임직원도 부패방지권익위법상 부패 신고 및 보호·보상제도가 적용되는 '공공기관'과 '공직자'에 포함된다. ○ 개정 전에는 부패방지권익위법의 대상 범위에 사립학교 교직원과 학교법인 임직원이 포함되지 않아 신고자가 교비횡령이나 예산·회계부정 등을 신고했다가 불이익처분을 받아도 보호받지 못했다. ○ 이번 법 개정에 따라 앞으로 누구든지 사립학교와 관련하여 개정법률 공포 이후부터 발생하는 횡령, 계약부정, 직권남용 등 부패행위를 신고할 수 있고 신고를 이유로 해고·징계 등 불이익을 당했을 경우 신분보장, 신변보호 등 보호조치를 받을 수 있다."
http://www.korea.kr/news/pressReleaseView.do?newsId=156196540&pageIndex=1143&repCodeType=C&repCode=&startDate=2008-02-29&2019-06-05&srchWord=(접속일: 2020.4.30)

라는. (…중략…) 사립학교는 공직자예요 이제는. 그게 정말 법이 참 무섭구나. 2016년 이전에는 사립학교는 공공기관이 아니고 저는 공직자가 아니에요. (…중략…) 공공기관이 되는 순간 공직자 신고의 의무가 발생하는 거예요. 똑같은 세상에서 똑같이 살고 있는데, 법률이 하나 바뀌었다고 저의 의무가 달라지는 거예요[2019].

그는 부패방지 권익위법 개정 시 자신의 기여(개정 발의 토론회 사례 발표)와 법적 보호의 차원에서 S시교육청에의 구조금[2]을 수령하는 상황의 의미도 강조했다. 자신의 조직인 노동조합 이외, 교육청으로부터의 지원은 지원 자체뿐만 아니라 법과 제도 안에서 보호받는 느낌 면에서도 제보자에게 큰 의미라는 것을 상기시킨다.

나도 토론회에서 사례 발표하고 했던 게 제 나름대로는 의미를 '가져요'(웃음). 제가 지금 막 싸워서 얻을 수 있는 것은 복직밖에 없잖아요, 본전치기거든요 복직은. 그리고 그 거대한 사학이 바뀌는 건 없잖아요. 그러면 어디서 존재감을 찾아야 할지, 내 삶의 긴 여정은 뭐지? 이랬을 때, 저는 내가 그래도 '정말 눈곱만큼'이라도 뭔가를 한 게 있구나, 남들은 몰라도 내 스스로의 자존감이라고 해야 할까요. 그게 '굉장히' 큰 것 같아요. 그리고 제 아이들한테도 아빠는 이렇게 살았어, 할 수 있는 말을 하게끔 해주는 그런 거, 그래서 잘난 척할 때 그래요, 저는 법 두 개나 바꿨다고(웃음). 지금 저 같은 경우는 S시교육청 조례가

2　그는 S시교육청 조례-구조금 혜택을 이렇게 받았다. "3년까지, 최장 3년까지 해주고요, 생계비는 제가 이전 받던 급여 수준으로 그대로 보장을 해줘요. 그리고 심지어 법률지원도 변호사비나 이런 것들도 제가 요청하면 심사해가지고 정당하면 해줄 수 있게 돼 있고요. 아직은 변호사비까지는 안 해봤고, 병원비는 해봤어요. 병원비는 지원해줬어요."

있거든요. (…중략…) 조례에 근거해서 보호를 해주는데, 이게 부패방지 권익위법이나 공익신고자 보호법을 준용해서 만들어가지고 사립학교였기 때문에 법률로써는 보호를 못 받았지만 S시교육청 조례에 의한 보호를 저는 받았어요. 학교로부터 '굉장히' 불합리한 직위해제라든가, 이번에 또 해임되고 하는 과정에서 교육청에 보호요청을 했고 지난번에도 제가 9개월 직위해제 기간에 보호를 받았어요. 그래서 금전적으로 어렵지 않게(웃음). 오히려 지금 K위원회에서 보호하는 사람들보다 '훨씬' 더 보호를 잘 받고 있어요. 굉장히 제도가 중요하다는 걸 많이 느꼈고 조례라는 게 법률로 잘 제정되어 있는 것도 중요한데, 사실 그것이 어떻게 실제로 적용되는가도 '굉장히' 중요하더라고요[2019].

한편 사안이 장기화되자 노동조합에서 그의 거취에 대한 의견이 진행되고, 자신 또한 신체적 어려움과 장기적 소모를 정리하면서 과거의 견디는 생활이 아닌 다른 방향의 미래에 대한 고민을 하고 있었다.

제가 한 달 병가도 냈어요. 아무래도 내가 의식하지 않지만 내 몸이 견디고 있구나. (…중략…) 그 전까지는 할 수 있는 데까지 해 볼 거야, 끝이 어딘지는 아직 모르겠어, 그 끝은 생각하지 않을 거야, 이렇게 오다가 작년에 아프고 병원 다니면서 사실 크게 그 마음이 생기더라고요. (…중략…) 애네들의 목적은 나를 쫓아내는 게 아니라 괴롭히는 것. 그러면 나는 견디면서 사는 의미가 있을까, 견디면서 기여하는 것이 있는가, 이런 고민이 안 들 수가 없더라고요. (…중략…) 학교 싸움을 내가 정리를 해도 그렇게 내가 막 비참할 것 같지 않다는 생각이 들어요. 정리해도 또 하고 싶은 일이 있으니까. 학교 아니라도 바깥쪽으로 만들어지는 그런 부분이 있으니까. (…중략…) 그러면 이제는 흐름을 바꿔보는 것도 하나의 방법일 수 있겠다, 그래야 그게 또 나를 살리는 일이겠다, 제가 어느 순간부터 견딘다는 말을 되게 싫어하게 됐어요. 결국 견디고 질기게 사는 것이, 내 삶을 억압하고 견디는 것이 내 삶이면 그게 무슨 의민가로 다가오니까, 또 다른 생각들을 하게 되더라고요. 2016년까지는 잘 싸우면서 견디는 것이 어쨌든 의미 있는 과정들, 성과들을 만들어 냈다면 이제는 그것을 넘어서는 또 다른 차원의 고민이 필요하다. 그러다 보면 조직에서 그런 말을 했을 때 강하게 제가, 절대 부정하지 않게 되더라고요. (…중략…) 3, 4년 지나면서 저도 많이 변하더라고요[2019].

위 인용문에서 사안이 장기화됨에 따라 견디는 것이 나은가, 아니면 새로운 장을 마련하는 것이 더 나은가라는 고민 또한 놀랍지 않다.

기본적으로 그는 다른 몇몇의 인터뷰이와 마찬가지로 전형적인 피해자로서의 제보자의 모습이 아닌 다른 모습, "굉장히 좀 당당하고, 좀 심하게 하면 해직을 즐긴다? 이러면 안 되겠지만, 그래도 충분히 내가 이겨낼 수 있는 모습을 좀 가져가고 싶다"고 강조했다. 또한 삶의 변곡점에서 제보자가 이전과 똑같이 살 수 있게 아무런 표도 나지 않게 보호해줄 수 없지만, 열에 아홉은 그럴 수 없기에 그것을 위한 제도가 절실히 필요하다고도 했다. 그의 경우 장기간의 공방, 노동조합의 여러 방면에서의 지지, 그리고 공익제보자로서 기회가 닿을 때마다 여러 외부 활동을 통해 그것의 사회적 의미를 확인하고 기여할 수 있는 장이 중요함을 확인할 수 있다. 그는 2021년 특별공채로 새 학교에 부임되었다.

조직의 부정적이고 폭력적인 대응과 함께 전개되는 내부고발자의 정치화는 생각하기 어려운데, 내가 이를 주목하는 까닭은 작위적인 저항자로서의 위상에 대한 미련이 남아있어서가 아니다. 사회적 관계에서 비리라고 판단하는 것 자체에서부터, 개인 수준의 결정이든 아니면 집단 수준의 결정이든, 짧은 기간이든 긴 기간이든 제보와 관련된 여러 일을 진행하면서 제보자는 필연적으로 여러 수위의 경험을 하고 그 과정에서 숙고와 많은 결단을 내린다. 그럼에도 이 부분에 대한 논의가 전무한 것은 내부고발을 둘러싼 기존 담론이 갖고 있는, 내부고발을 독려하는 듯하면서도 실제로 행하면 감당 못 할 피해를 본다는 무언의 압력으로 인한 두려움, 관조, (권력 관계에서 절대적 권한이 있다고 여기거나 상사의 구현체인) 조직의 편에서 사고하는 습성의 결과일 것이다.

제보자 당사자가 원하는 성과를 내지 못했더라도 혹은 현재 동일 생업에 종사하지 못할지라도, 내부고발 행위가 '제보자 당사자'에게 갖는 의미가 무엇인가를 생각해 보았다. 제보 내용이 해결되고 제보자에게 아무런 불이익이 일어나지 않는 상황은 두말할 것 없고, 이런 다양한 사례를 통해 제보라는 행위의 사회적 중요성을 상기할 수 있다.

세 사례만을 깊게 살펴보았는데 인터뷰이들의 고발의 상황, 성향, 개인 역사, 제보 과정은 모두 다르다. 개략적 큰 틀은 유사하되 그것을 대처하는 데의 성격, 준비 상황, 대응 방식, 전체 과정에서 타인과 공유될 수 없는 자신만이 느끼는 무수한 감정이 다르다는 말이다.

제보자들은 복잡하고 어려운 상황, 특히 법적 공방에서 그 일을 중단하지 않고 진행했고, 국가기관 담당자들의 극단적 인권침해나 관료주의적 업무 태도를 인지했을 때 공식적·비공식적으로 비판하는 데서도 단련되어가는 정치화를 목격할 수 있었다. 몇몇 인터뷰이는 사안을 정리한 후 (내부에서 직위가 있든 없든) 시민단체에서 활동하며 다른 제보자들에게 도움을 주고 해결을 돕고 있다. 그리고 직업의 특성상 늘 타인을 조사·관리만 하던 한 공무원은, 제보를 하고 고소를 당한 뒤 자신에게 조사받던 사람들의 마음이 이해되더라는 '감정이입'을 언급하기도 했다. 한국사회의 부패, 관련자들에 대한 돌이킬 수 없는 냉소와 불신도 드물지 않았는데, 이 또한 자신의 경험과 목격에서 나온 주관적 앎, 지식이라 할 수 있다.

얼핏 제보의 성공은 제보자에게 해가 없으며 경제적 보상, 긴 법적 공방에서의 승소, 직업의 유지나 복직으로 보인다. 더 나아가면 사회로부터의 인정과 칭찬, 제보자에 대한 사회인식의 긍정적인 변화도 있다. 그러나 그것만이 제보의 성공과 실패를 가늠하는 기준은 아니다. 스스로가 100퍼센트 만족하지 못한다거나 반쪽의 성공이라고 말을 했을 때조차도, 그것을 해결하기 위한 방편을 도모하는 과정에서 그로 인한 자신을 둘러싼 관계, 조직, 한국사회 부패 시스템에 대한 총체적 인식의 변화와 언어화할 수 없는 저력을 갖게 된다. 당연히 개인별로 외현이 다르고 본질적으로 나는 그것을 언어로 표현하는 것은 불가하다고 생각한다. 그 불가능성을 감안하고 굳이 언어로 표현해보면 '냉소', '분노', '전략', '응시', '끈질김', '오기', '응전', '침잠' 등이될 것이다. 당연히 이러한 감각은 제보의 동기 및 전체 과정에서 발휘된다.

4. 부분적 진실partial truths[3]

한 인터뷰이가 말한 것처럼, 제보를 결심했어도 상황이 여의치 못하거나 초기 단계에서 극도의 위협으로 제보 자체가 이뤄지지 않는 경우가

---

3 이 표현은 *Sex at the Margins*(Augustin 2008)의 끝장 제목에서 빌렸다.

더 많다. 그리고 익명이나 대리 신고를 했을 경우 누가 어떤 제보로 어떤 커다란 긍정적 영향을 사회에 끼쳤는지 우리는 알 수 없다. 또 국가기관에서 제보의 성공 사례로 집계된 수치 속에서 제보자들이 매 순간 느껴야 했을 여러 감정을 포착하기도 어렵다.

나는 제보 이후 제보자의 삶, 대처, 그러한 과정을 통한 당사자들의 인식의 변화를 주목하였다. 정치화 개념을 활용하는데, 이는 제도정치나 시민단체에서의 활동에 국한된 것이 아니다. 제보자들은 어쩔 수 없는 여러 상황에서 신고를 한다. 제보 과정이 조직의 대응 문제뿐만이 아니라 조사·수사·소송을 진행하는 국가기관 담당자 등 여러 행위자의 집합적 산물이라는 것을 알아가면서, 대처 방안을 고심하고 문제를 해결해간다. 가족의 지지, 대중매체의 조력, 도덕적 신념, 시민단체의 협조 등을 동력으로 긴 여정에 놓인 제보자들은 물리적·심리적 수위에서 여러 경험을 한다. 무엇보다도 제보 결과와 무관하게, 사안을 진행하면서 할 수밖에 없는 깊은 고민과 심사숙고 속에서 인간·사회·세계에 대한 새로운 앎을 습득한다. 그 앎에는 인간에 대한 회의, 만연한 부패에 대한 당혹스러움, 법률 지식 자체의 습득, 자신의 행위가 갖는 사회적 의미에 대한 해석 등을 포함한다.

강조하건대 이 정치화 개념이 가시적인 (집단) 활동을 하는 제보자에게 한정된 것으로 혹은 그것만이 중요하다고 오해되지 않았으면 한다. 2015년에 인터뷰이들 중 한 사람에게 따로 연락을 했다. 그는 본래 2013년에 인터뷰를 한 제보자로서 자신을 양심선언자라고 하는 표현에는 동의하지만 내부고발자라고는 할 수 없다고 하며, 다음의 인상 깊은 말을 남겼다.

제가 출소하고 이렇게 보니까 옛날에 민주화 운동 한 걸 가지고 스스로 이렇게 공치사 같은 걸 하면서 10년, 20년 지났는데도 그렇게 하는 경우를 제가 좀 봤어요. 예전 것(과거의 경력) 가지고…… 저런 짓은 참 보기 안 좋다, 좀 그렇다는 생각을 했습니다. 그래서 일부러 (외부 활동을) 안 하려고 한 것도 있고요. 그리고 저는 그냥…… 양심선언만 딱 있었던 것은 아니고 그 전에 저의 잘못도 있으니까…… 저는 좀 더 그런 특수한 부분이 있었던 것 같고요…….

그는 남의 이름으로 먹고사는 것보다 자기 이름으로 먹고사는 것이 더 나쁜 행위라는 점을 정확히 지적했다. 즉 그는 과거의 한 성취나 업적으로 지속적인 이득과 명성을 얻고자 하는 무의식과 태도를 꼬집었다. 그는 긍정이든 부정이든 타인의 평가보다 자신의 목소리에 귀를 기울인 것이 분명했고, 나는 그의 인터뷰를 단독으로 구성하기 위해 추가 인터뷰를 요청했다. 그는 추가 인터뷰는 허락하고 자신의 사례가 여러 사례 중 하나로는 괜찮지만 단독으로 구성되는 것은 원치 않는다고 거절했다. 이 책 전체에서 그의 인터뷰와 서사에 대한 기술은 이 단락뿐이다. 그러나 이러한 비가시성에도 불구하고 과거의 사안을 통한 그의 (내게 다 표현하지 않은) 내적 사유와 이러한 '드러내지 않음' 또한 응축된 정치화의 일부분이라고 할 수 있다. 대부분의 우리에게 보이지 않고 자각되지 않지만 틀림없는 '연관성'으로 사회와 세계가 돌아가고 있는 것처럼, 그의 존재와 서사는 이 책에서 매우 제한된 자리를 차지하고 있지만, 그렇게 드러나지 않은 그 상황 또한 많은 제보자가 강요받거나 선택하고 구성하고 있는 그들 삶의 한 국면이라는 점을 강조하고 싶다.

우리는 어떤 집단과 구성원을 현실에서 만나 오랜 관계를 통해 소통

하지 않으면서도 그 집단을 잘 안다고 착각한다. 무차별적으로 노출된 여러 매체로부터 접하게 된 정보를 통해 특정 집단을 둘러싼 일종의 정형화된 앎을 갖고 있기 때문이다. 이 경우도 마찬가지다. 제보자에 대한 많은 표피적 이야기가 있다. 영웅, 배신자, 법적 보호 규정, 제보자들이 감내하는 고통 등이 주제어이다. 한쪽에서는 맹목적 비판과 다른 한쪽에서는 맹목적 옹호와 두둔이 넘친다. 과정과 내용이 없고 제보자가 겪는 피해만 상세하게 전달된다. 공익신고에 대한 정부 차원의 홍보와 격려에도 불구하고 조직 구성원에겐 두려움이 팽배해 있다. 제보하는 사람의 일순간의 용기가 아니라 오랜 기간에 걸친 내부에서의 목격, 판단, 결정, 그것을 헤쳐나가는 과정, 그로 인한 생활과 사고의 전환은 생략된다. 많은 이가 정보를 수집하고 문서를 작성하고 지인, 친구, 법률 전문가, 시민단체 등으로부터 조언을 얻고 해결해가면서 혹은 예측하지 못한 이들로부터 심리적·물리적 배신행위를 목격하면서, 한국사회의 관료주의를 어떻게 다시 한번 체감하는지, 또 그들이 어떻게 정치화되는지는 상상되지 못한다. 이 언술이, 제보자가 제보 이후 겪는 여러 수위의 어려움이 기존에 보도되는 것만큼 크지 않다거나 억울한 상황이 없다는 말이 아니다. 그런데 예컨대 그러한 어려움 중에서도 장기적이며 증거가 필요한 법률주의 등의 특징이 환기되어야 하는데, 이는 제보과정에서 두드러진 특징으로서 잠재적 제보자에게도 중요한 요소가 될 것이기 때문이다.

조직 및 사회의 문제를 드러낼 때 침묵과 공모라는 뿌리 깊은 조직 규범에 대한 문제제기를 하는 사람은 대개 일정한 수순에 따라 희생을 '강요'받는다. 희생의 강도가 너무 깊어서 아예 조명되지 않는 무수한 사례가 있다. 희생의 강도뿐만이 아니라 예컨대 도시와 지방 간 차이, 직업의 차이, 문서 작성 능력 여부, 제보자의 성격, 집단적 해결 대 개인적 해결 차원, 외부 지지 세력의 유무 등에 따라, 사례가 드러날 때도 있고 그렇지 않은 때도 있다. 내가 살핀 사례들의 경우 많은 제보자가 최소한 인터뷰를 통해 자신의 의견을 피력할 만큼 심신이 안정되어 있다는 전제가 있다. 이 말이 놓여있는 상황의 불안함, 걱정, 장애물 등이 부재하다는 의미는 아니지만, 내가 만난 대부분의 인터뷰이는 인터뷰 당시 제보 행위로 인한 '정태적 시간에 사로잡혀 있는'Alford 2001 이들은 드물었다. 몇 인터뷰이가 제보자 모임에서는 자신들의 이야기를 많이 한다는 점을 특징으로 꼽은 것을 보면, 한정된 시간에 자기 이야기를 경청하려는 연구자와의 만남이라는 조건 탓도 있었을 것이다. 다시 말해 내가 만난 제보자들은 상황이 끝났거나 이제 막 시작했거나 일을 잘 진행할 수 있는 (심리적·물리적) 힘이 있거나, 여러 자원을 바탕으로 어려움을 잘 버티거나 혹은 제보의 사회적 의미까지 이미 정리가 되어있는 이들이 많았다. 그들의 표현으로 '절반의 성공', '운이 좋은 경우'에 해당된 사례들이었다.[4]

앞에서 말했듯이 실제 제보의 익명성이 성공해서 드러나지 않은 내부고발, 정반대로 개인이 감당해야 할 부당한 몫이 너무 깊어서 아예 드러나지 않은 내부고발도 많이 있다. 한국사회에 대한 가득한 분노로 자신 및 자신의 행위를 일체 드러내고 싶지 않은 경우, 내부고발로 인한 경험을 그것이 긍정적이든 아니면 부정적이든 온전히 자신의 것으로 간직하고 싶어

---

4 절반의 성공은 절반의 실패가 있기에 온전히 만족하지 않았고, 설혹 결과적으로 운이 좋았다고 하더라도 그 과정이 수월하지 않았음을 부연한다. 그리고 절반의 성공과 운 또한 상대적인 의미로서 더욱 엄혹한 결과를 마주한 제보자들에게 비해 운이 좋다고 할 수 있지만, 그들의 신고가 자연스럽게 해결되었어야 한다고 생각하는 제보를 한 당사자는, 애당초 그 과정이 어이없고 당혹스러움을 느낄 수밖에 없다는 점도 더불어 부연한다.

하는 경우도 있다. 그런 면에서 내가 만난 제보자들의 서사는 수많은 제보자 이야기의 부분적 진실에 해당한다. 그리고 두말할 것 없이 부분적 진실 또한 사회 역사와 정치, 제보자의 생활세계에 대한 한 시기의 중요한 단면이자 사실이다.

후기

1. 수치심을 배울 수 있을까? | 2. 나르시시스트적 분노를 가
늠하며

1. 수치심을 배울 수 있을까?

오늘날 '수치심'만큼 심각하게 오용된 단어도 드물다. 한자로는 부끄러울 수羞, 부끄러울 치恥를 쓴다. 부끄러움을 느끼고 또 느낀다는 뜻으로, 비윤리적 행동을 했을 때의 꺼림칙함, 양심의 가책이라는 말이다. 그런데 한국사회에서 이 단어는 성적이라는 단어와 결합해 많이 쓰이고, 성적 폭력 상황에서 피해자가 느끼는 감정으로 알려져 있다. 법적 용어로도 쓰인다. 그런데 말의 본뜻을 살피면 성적 폭력 문제에서 수치심을 가질 사람은 피해자가 아니라 가해자인 셈이다. 또 수치심은 뻔뻔하고 큰소리부터 치는 정서를 당당함으로 둔갑시켜, 그것을 생존 기법으로 부추기는 문화에서 몹시 값없게 틀리는 단어이기도 하다.

중학교 국어교과서에 수치심에 관한 두 동화가 나온다. 박완서의 「자전거 도둑」1999[1979]과 현덕의 「하늘은 맑건만」2013[1938]이다. 전자는 1970년대 말, 후자는 1930년대 작품이다.[1]

「자전거 도둑」의 주인공 수남은 16살로 청계천 세운 상가 전기용품 도매상의 점원이다. 그는 단골손님들뿐만 아니라 주인 영감에게도 잘 뵈었다. 그는 맨손으로 어린 나이에 서울에 올라와 가게 점원이 되었고 그것에 만족했지만, 또래 고등학생만 보면 가슴이 짜릿짜릿했다. 주인 영감은 이를 알고 "내년 봄에 시험 봐서 들어가야 해. 야학이라도 일류로……"16면라는 말을 하곤 했다. 이 때문에 수남은 혹사당하고 있다는 억울한 생각 같은 것은 전혀 없었다17면. 어느 날 형광램프를 배달하는 일이 생겼다. 만

---

[1] 아래 줄거리는 인용 페이지를 적지 않은 경우에도 작가들의 표현을 재구성한 것이며, 문장을 그대로 인용할 때 쪽수를 기입한다.

원의 수금을 간신히 받고 돌아가려는데 바람 탓이었는지 자전거가 누워 있었다. 일으켜 세워 막 출발하려는데, 몹시 화가 나 있는 양복 입은 신사가 수남을 불러 세웠다. 자전거가 쓰러지면서 자신의 고급차에 생채기를 냈다는 것이다. 수남이 울먹거리자 신사는 반반씩 책임을 지자며 액수를 불렀다. 수남은 용서를 빌라는 주위 사람들의 동정하는 분위기에 힘입어 그에게 잘못했으니 용서를 해달라고 했다. 그는 안 되겠다며, 자물쇠로 자전거를 묶어 두고 오천 원을 가져와서 찾아가라고 운전사에게 지시하고 빌딩 안으로 들어가 버렸다. 수남은 도망가라는 주위 구경꾼들의 부추김에 이상한 용기가 솟아 자전거를 통째로 들고 내달렸다. 주인 영감에게 자초지종을 말하자 그는 "잘 했다, 잘 했어, 맨날 촌놈인 줄 알았더니 제법인데, 제법이야"38면라며 자물쇠를 분해했다. 영감은 머리를 쓰다듬으며 네 놈 오늘 운 텄다고 말한다. 수남은 가게 문을 닫고 혼자만의 시간을 가졌을 때 이런저런 생각이 떠올랐다. "그때의 내 꼴이 어땠으면, 주인 영감님까지 '네 놈 꼴이 꼭 도둑놈 꼴이다'고 하였을까. 그럼 내가 한 짓은 도둑질이었단 말인가. 그럼 나는 도둑질을 하면서 그렇게 기쁨을 느꼈더란 말인가"41면. 수남은 고등학교를 마치고 서울로 올라가 빈손으로 돌아올 수 없어 읍내양품점 물건을 훔쳐 왔다가 다음 날 잡혀간 형을 떠올렸다. 아버지는 앓아누웠고 수남이 서울로 떠나올 때 "무슨 짓을 하든지 그저 도둑질을 하지 말아라, 알았쟈"43면라고 타일렀다. "그런데 도둑질을 하고 만 것이다. 하지만 수남은 스스로 그것을 결코 도둑질이 아니었다고 변명을 한다. 그런데 왜 그때, 그렇게 떨리고 무서우면서도 짜릿하니 기분이 좋았던 것인가? 문제는 그때의 쾌감이었다. 자기 내부에 도사린 부도덕성이었다. 오늘 한 짓이 도둑질이 아닐지 모르지만 앞으로 도둑질을 할지도 모르겠다는 생각이 들었다. (…중략…) 소년은 아버지가 그리웠다. 도덕적으로 자기를 견제해 줄 어른이 그리웠다. 주인 영감님은 자기가 한 짓을 나무라기는커녕 손해 안 난 것만 좋아서 '오늘 운 텄다'고 좋아하지 않았던가. (…중략…) 마침내 결심을 굳힌 수남이의 얼굴은 누런 똥빛이 말끔히 가시고, 소년다운 청순함으로 빛났다"45면. 수남은 주인 영감을 떠난다.

　　소년은 고민하고 성찰하여 끝내 부정한 사람의 곁을 떠난다. 도덕적으로 견제해 줄 어른의 존재가 중요한데, 한국사회에서 그런 사람이 얼마나 적은지 내부고발 현상이 그 단면을 보여준다.

　　「하늘은 맑건만」의 주인공 문기는 작은어머니로부터 고기를 사오라고 지전 한 장을 받아 심부름을 하였다. 그런데 고깃간 주인이 거스름돈으로 지전 아홉 장과 은전을 몇 닢 주었다. 자신이 받은 돈이 일 원짜리로만 알고 있었는데, 잔돈은 십 원 준 것으로 받은 것이다. 쭈빗거리며 나오면서 숙모에게 먼저 물어보리라 생각했다. 돌아가는 길에 동무 수만이를 만났고 그 일을 말했다. 수만이는 잠시 궁리를 하더니 잔돈을 작은어머니에게 주고 아무 말이 없거든 자신에게로 오라고, 좋은 일이 있다고 한다. 숙모가 돈을 받고 아무 말이 없자 그는 수만이 있는 곳으로 갔다. 수만이가 말한 좋은 일이란 다름 아닌 "거리에서 보고 지내던 온갖 가지고 싶고 해보고 싶은 가지가지를 한번 모조리 돈으로 바꾸어 보자는 것이었다"110면. 문기가 "돈을 쓰면 어떻게 되니" 묻자 수만이는 "염려 없어. 나 하는 대로만 해" 하고 걸음을 옮겼다110면. 하긴 문기 역시 돈으로 바꾸고 싶은 것이 없지 않은 터, 그리고 수만이 시키는 대로 하기만 하면 남이 하래서 하는 것이니까 어떻게 자기 책임은 없는 듯싶었다. 그리고 수만이는 수만대로 돈은 문기가 만든 돈, 나중에 무슨 일이 난다 하여도 자기 책임은 없으니까 또 안심이었다. 이래서 두 소년은 마침내 손이 맞고 말았다.

그들은 공, 만년필, 쌍안경, 만화책을 사고 활동사진 구경도 가고 군것질도 했다. 환등기계틀을 사서 아이들에게 일 전씩 받고 구경을 시킨다는 계획을 세우기도 했다. 그런데 해가 저물어 저녁상을 받던 삼촌이 문기를 불렀다. 상 밑에는 문기가 안반 뒤에 숨겨두었던 공이 놓여 있었다. 상을 물릴 즈음 삼촌은 공과 쌍안경을 차례로 꺼내 들며 누구 것인가를 물었다. 문기가 수만이가 사줬다고 말하자 삼촌은 네 말이 그렇다니 그렇겠지 하면서, 남이 준다고 아무것이나 덥적덥적 받는 것은 문제가 있다고 하며 성실치 못한 친구들과 어울리다 나쁜 꼴이 되어선 안 된다고 말해준다. 가책을 느낀 문기는 공과 쌍안경을 내다버리고 잔돈을 고깃간집 안마당에 떨어뜨려놓고 가벼운 마음으로 돌아섰다. 그런데 환등기계틀을 사자고 수만이 기다리고 있었고, 돈을 혼자만 쓸 요량이냐며 잔돈을 두고 왔다는 문기의 말을 믿지 않았다. 다음 날부터 수만이 협박을 하기 시작했다. 문기는 급기야 숙모의 돈을 훔치기까지 했다. 저녁에 풀이 죽어 있는데, 이웃집 심부름하는 점순이가 그 돈을 훔치게 된 꼴로 소문이 나 결국 그 집에서 쫓겨나는 사건이 터지고 만다. "언제나 다름없이 하늘은 맑고 푸르건만 문기는 어쩐지 그 하늘조차 쳐다보기가 두려워졌다. 자기는 감히 떳떳한 얼굴로 그 하늘을 쳐다볼 만한 사람이 못 된다 싶었다. (…중략…) 무엇보다도 문기는 전일처럼 맑은 하늘 아래서 아무 거리낌 없이 즐길 수 있는 마음이 갖고 싶다. 떳떳이 하늘을 쳐다볼 수 있는, 떳떳이 남을 대할 수 있는 마음이 갖고 싶었다"121면. 수신을 가르친 선생님께 사실을 말하려고 찾아갔지만 끝내 아무 말도 못 하고 물러 나왔다. 집으로 돌아오는 길에 문기는 자동차 소리가 들리는 와중에 길에서 쓰러지고 만다. 문기는 자신이 마땅히 받아야 할 벌을 받은 것이라 하며 삼촌에게 이실직고를 한다. "자백을 하자 이때까지 겹겹까지 몸을 쓰고 있던 허물이 한 꺼풀 한 꺼풀 벗어지면서 따라 마음속의 어둠도 차츰 사라지며 맑아지는 것을 문기는 확실히 깨달을 수 있었다. 마음이 맑아지며 따라 몸도 가뿐해진다"123면.

우리는 수남과 문기가 느낀 수치심을 배울 수 있을까? 잘못된 행동에 대한 판단, 부정의를 목격하는 것만으로 갖게 되는 놀라움과 수치심, 부도덕을 교정하고자 하는 결단은 무척 보기 어렵다. 이런 동화들이 중학교 교과서에 실린 것은 부끄러움의 소양을 사회의 바람직한 가치로 내세우고 싶기 때문일 것이다. 그러나 아무리 제도교육의 장에서 이런 내용을 공유한다고 하더라도 대부분의 사람은 그렇지 않은 환경과 인물들에 적지 않게 노출되어 있고, 수치심을 바탕으로 한 행위에 징벌한 평가도 이뤄지지 않음을 이미 체득해 잘 알고 있다.

제보자들이 문제제기한 불법·비리·부정의를 행한 사람이나 주변 동료들의 반응은 이를 확증한다. 서론에서 언급한 유화영이 동료교수의 연구실적을 문제제기했을 때 그 동료는 그녀를 찾아와 사정을 봐달라고 했다. 유화영도 재발 방지가 더 중요하니 그것을 약속하고 관련자들에게 사과하는 것으로 마무리하자고 했다. 그러나 비리 의혹 교수는, 제보자의 표현으로 총장과 보직 교수들의 뒷배를 배경으로 다른 교수들의 논문도 다같이 보자는 요구를 했다. 제보 과정에서 조직 구성원들은 잘못을 정확히 말하고 비리 행위자를 비판하는 사람보다 권한이 많은 사람의 만용蠻勇을 무의식적으로 동경한다. 많은 사람이 제보자를 지지하고 격려하기보다 관용과 이해심이 부족하다는 비평을 서슴지 않고, 그 전에 비리를 같이 비판했던 사람들도 결국 제보자를 비판하는 데 가담한다. 그리고 심리적·물리적 이익을 나눈다.

　그럼에도 내가 이 문제를 연구한 것은 여러 어쩔 수 없는 상황과 이유에서, 세태를 거스르는 이들이 분명 존재하고 새롭게 조명되고 해석되어야 한다고 느꼈기 때문이다.

2. 나르시시스트적 분노를 가늠하며

　연구를 막 시작했을 때의 의문이 지금도 여전하다. 왜 그렇게 '희생자로서의 제보자들의 국면'만 강조될까? 이것은 내부고발이 자신의 일과는 아무런 상관이 없다는 평범하고 보편적인 인식, 내부자가 아니면 무슨 일이 어떻게 진행되고 어떤 결과로 진행되는지 알 수 없지만 객관적이라 생각되는 국가기관 담당자들이 잘 해결하리라는 믿음, 글이나 영상으로 적당한 수위에서 '정해진 패턴'으로 내용을 재생산하는 여러 직군 사람들의 결과물의 영향, 자신에게는 해가 없길 바라면서 타인의 어려움은 안쓰럽게 봐 줄 수 있는 많은 사람의 무감각이 종합하여 만든 결과일 것이다. 그 무감각에는 정확한 말을 하는 사람에 대한 두려움, 아니꼬움, 내부고발하는 사람보다 많은 권한을 가진 비리 행위자에게 더 끌리는 무능력, 자신에게 이득이 된다는 계산의 비겁함도 있다. 소설 『죽은 자로 하여금』편혜영 2018의 해제에서 이 비겁함은 '계몽된 순응주의'황종연 2018라는 말로 표현된다. 순응하기에 얼핏 비굴해보이지만 그럼에도 잇속을 차리고 계몽되었기에 그 순응이 합리적이라는 의미로, 결국 제보의 비판적 기능을 높게 사지 않는 정서를 읽을 수 있다.

제보자들은 제보 이후 일련의 공통된 과정을 겪는 동시에 개인 성향과 일을 해결하는 스타일이 다양한 것도 사실이다. 어떤 이는 내향적이지만 자신의 주장을 피력하는 데 익숙하고, 어떤 이는 한국사회에 냉소를 가득 품은 채 법적 공방의 일을 묵묵히 처리하고, 어떤 이는 영웅으로 내면화하여 자긍심을 뽐내지 않지만 자신이 한 행위에 대한 옳음을 확신하고, 어떤 이는 가는 직장마다 제보를 하고, 또 어떤 이는 과거의 고발행위로 제보자라는 이름 덕을 부당하게 본다. 맨 마지막의 경우는 제보자를 둘러싼 과잉된 도덕성과 정체성을 동일시한 경향의 폐단이 현실에서 어떻게 나타나는가를 단적으로 보여주는 부분이다. 내부고발을 배신행위로 보거나 정반대로 제보자에게 흠 없고 한결같은 도덕성을 기대하는 것은 똑같이 가당치 않다.

한국사회에서 직장을 포함한 여느 형태의 조직에서 생활하는 사람이라면 조직과 개인의 관계, 관계에서 나오는 상명하복의 느낌, 본 것·겪은 것·말하는 것의 차이에 대한 고민을 하지 않을 수 없다. 상명하복이나 질서에 대한 감각이 내재화되어 그 느낌이 원천적으로 부재하거나 합리화로 그것을 부정하는 사람을 제외하면 말이다. 그런데 내부고발의 대체적인 부정적 결과가 보여주는 것처럼, 옳은 말을 하거나 잘못된 문제를 드러내는 것은 금기시되거나 죄악시된다. 보이지 않는 상명하복의 규율과 그것을 체화한 구성원들에 의해, 마치 아무런 어긋남이나 부정의 없이 조직과 사회가 작동하고 있는 것처럼 보인다. 불법·비리·부정의는 피상적인 조직이 아니라 '구체적인 조직 행위자들에' 의해 '봉합되고 미화되거나', 생존이 달렸다거나 제보자들은 흠이 없냐며 핵심을 비껴간다. 그리고 그들의 궤변은 너무 익숙하다. 말 할 자리, 글 쓸 자리, 발표할 자리가 대부분 그들에게 훨씬 더 많이 주어지기 때문이고, 여러 수위의 이익과 연결되어 있기 때문이다. 그렇게 합리화가 재생산된다.

　나는 이 책 전반에 걸쳐 내부고발은 일개인의 양심 자체나 한순간에 행해지는 결단이라기보다 오랜 기간에 걸쳐 여러 주체가 개입되는 과정임을 강조했다. 이 점은 제보자의 입장에서 짧지 않은 기간의 고통의 연장선인 '동시에' 문제를 하나씩 해결하는 방법을 익히는, 대처해가는 과정이기도 하다. 목격한 부정의에 대한 골몰, 자신이 무언가를 해야만 하는 상황과 판단, 제보를 하겠다는 결정, 조직의 반응, 그리고 그것에 다시 대응하는 제보자의 행위는 한국사회 관료제를 관통한다. 신고·제보의 여부를 결정하는 국가기관, 제보 내용을 수사하는 기관들, 제보자와 비리 혐의를 받는 조직이나 구성원들 간의 법적 분쟁이 있을 때 개입되는 사법기관, 그리고 시민단체, 대중매체 모두 중요한 행위자다. 또한 내부고발은 제보자 개인들의 문제라기보다 비리를 행하는 사람들의 문제이기도 하다. 이러한 인식의 변화가 이뤄질 때, 법적인 수위의 제보자 보호에 국한되지 않고 어떻게 제보를 효과적으로 이뤄낼 것인가의 문제로 주류 담론을 전환할 수 있다. 더불어 공익제보가 사람들이 화들짝 놀랄 만한 권위에 대한 고발이나 도전이 아니라, 다 같이 고심해 해결해야 할 시민적 의무로 받아들이는 상황의 출발점도 마련될 것이다.

　제보 과정은, '왜 하필 이런 정보(불법·비리·부도덕)를 내가 알게 되어 고민하게 되었는가'라는, 앨포드의 표현으로 '재앙으로서의 앎'을 넘어서, 우리가 주입받은 익숙한 교육과 사회 시스템, 인간에 대한 믿음이 산산이 부서지는 장면, 장면을 마주하게 된다. 앨포드는 이야기가 경청되기 위한 조건으로 내부고발자가 버려야 할 항목들을 이렇게 나열했다.

- 개인은 중요하다.

- 법과 정의는 믿을 만하다.

- 법의 목적은 권한 있는 이들의 변덕을 제거하는 것이다.

- 정부는 인간이 아닌 법이 지배한다.

- 개인 의지가 집단을 위해 희생되지 않을 것이다.

- 충성은 무리 본능 같은 게 아니다.

- 동료들은 아니더라도 친구들은 믿어줄 것이다.

- 조직이 근본적으로 비도덕적이진 않다.

- 저항해서 옳은 일을 하는 것이 사리에 맞다(이것을 글자 그대로 하면 '사
  리에 맞다'는 이해할 만한 행위라는 것이다).

- 어딘가에 관리자 한 명쯤은 이를 알고 신경 써서 옳은 일을 할 것이다.

- 당신이 옳고 끈질기면 끝내는 일이 잘될 것이다.

- 대부분은 아니더라도 그래도 혹자는 알아주고 이해할 것이다.

- 가족은 냉혹한 세계에서 천국이다. 절실히 필요할 때 배우자와 아이들이
  당신을 버리지 않을 것이다.

- 개인이 이 모든 진실을 알 수 있고 냉소적으로 변하지 않을 것이다. 죽을
  정도로의 냉소까지는 아닐 것이다Alford 2001 : 49.

이 책의 분석 결과와 비교하면 상이한 내용이 몇 가지 있고(특히 가족
부분), 겹치는 부분은 그보다 많다. 그리고 추가될 내용에 '문제제기를 받
은 조직이나 비리 행위자는 잘못을 인정할 것이다'가 있다. 그들은 대부분
신고된 일을 하지 않았다며 거짓말을 하고, 제보자가 본래 이상하다, 저
사람이 불법을 저질렀다고 되레 누명을 씌운다. 문서를 적당히 조절·타협

하고 주변 사람들과 말을 맞추면서 단기적·장기적, 가시적·비가시적 이익과 혜택을 받을 것이라는 무언의 약속을 주고받는다.

따라서 제보자가 제보 이후 주변 동료로부터 지지와 협조를 받는다면 당연한 것이 아니라 큰 행운이고 감사할 일이다. 조사·수사 과정에서 만나는 담당자들의 관료주의적 태도나 제보 내용을 불신하는 전제가 담긴 질문과 언술에 놀랄 필요가 없으며, 만약 국가기관으로부터 신고자 지위를 얻고 보호를 받는다면 이 또한 무척 운이 좋은 경우다. 그리고 행정 처리와 법적 공방을 준비하는 데서 시민단체나 법률 전문가들의 도움을 받는다 하더라도 제보자 혼자만이 할 수 있는, 해야 하는 문서 작업이 있다.

그런데 결과가 어찌 되었든, 현재의 생활을 어떻게 꾸리고 있든, 제보자는 어쩔 수 없는 상황에 대한 판단에서 제보를 시작하고 이후 조직의 폭력을 대처해가는 과정과 결과에서 타인과 공유되지 않는 본인만의 자긍심이 있으며, "천함과 타락에 적개심을 느끼는 인간 정신인Plato 1968 나르시스트적 분노"Alford 2001를 높게 느끼는 경우라면 투명함을 넘는 일종의 정결감integrity을 갖는다. 이 경우 타인이나 사회의 인정은 자신의 행동을 평가하는 기준이 되지 않는다. 애당초 많은 이가, 그리고 사회 전반적으로 그 고결함의 극치를 이해하기 어렵기 때문이다.

대개 나르시시스트들은 자만심이 많고 자기 권력 강화가 심하며 비도덕적이다. 그러나 항상 그런 것만은 아니다. 나르시시즘은 나르시시스트들이 고상한 이념을 위해 그들이 가진 모든 세속적인 것을 희생하는, 깊고 강력한 도덕의 자원이기도 하다. 이것보다 더 도덕적인 것이 어디 있는가? 나르시시스트는 온전하고, 선하며, 순수하고 완벽하기를 원한다. 이를 위한 두 방법이 있다. 자신의

(현재의) 비참한 자아에 기준이 맞춰질 때까지 온전함·선함·순수·완벽에 대한 기준을 낮추거나, 아니면 이상적인 기준에 조금이라도 가깝게 가려고 자신의 비천한 자아를 가능한 높이는 것이다Alford 2001 : 63.

어떤 사람에게는 지배력을 통한 명성과 경제적 이익이 궁극적인 삶의 동력이기도 하지만, 어떤 사람에게는 쓸모없고 비경제적이라고 여겨지는 고결함이 궁극적인 삶의 동력인 경우도 있다. 거짓 없는 사람이 거짓을 체화해 웃으면서 부정의를 행하는 사람을 이해하는 데 '오랜 시간'이 걸리고, 거짓이 몸에 밴 사람은 거짓을 생각조차 못 하는 사람이 있다는 것을 믿지 못하고 이해하지 못하는 맥락과 같다.

책의 말미에 도덕화된 나르시시스트에 대한 내 언급이 제보자를 영웅적인 소수로 이미지화하며 개인의 지나친 주의주의voluntarism를 강화하는 결과를 낳지 않기를 진심으로 바란다. 이 책에서 보이는 내부고발 문제를 둘러싼 윤리적 감각이 과도한 자율성, 개인성, 내부고발자의 선택에 대한 강조로 보여 그들이 평범한 사람과 매우 다른 존재, 조금은 초현실적 인간으로Kenny 2019 : 29 오해되지 않길 바란다는 말이다. 제보는 여러 물리적 상황과 조건이 매 단계에서 하나씩 해결될 때, 개입되는 '여러 주체'가 자신의 전문성과 말 그대로 자신의 일에 대한 소명의식을 '최대한 정확하게' 발휘될 때라야만 효과를 볼 수 있기 때문이다.

내부고발은 개인 수위를 넘어서서 실질적인 부패와 비리 교정의 성과, 즉 사회 구성원 대부분은 모르지만 내부고발이 전 사회에 미치는 긍정적인 영향, 아브라함 맨스바크Abraham Mansbach가 '여분의 정치적 가치political surplus value'라고 부른 결과를 낳는다Mansbach 2007. 그 가치는 당연히 많은 내부고발자로 인해 부패와 비리로부터 복구된 수치화된―그러나 많은 경우 잘 알려지지 않은―경제적 이득만은 아닐 것이다. 이 책이 성공하는 내부고발을 위한 가이드라인을 의도한 것은 아니지만 잠재적 제보자에게 도움이 되길 바란다. 잘못된 담론과 지식 혹은 주류 담론의 위세는 정말 많은 사람의 시간을 낭비하게 만든다.

제보자들이 전하는 메시지와 분위기, 한국사회와 내부고발자라는 상황에 대한 정직한 냉소와 가식 없는 낙담, 자긍심을 포함한 자신의 행위에 대한 숙고에서 나오는 에너지는 인터뷰 당시뿐만 아니라 분석하고 글을 쓰는 단계에서도 큰 힘이 되었다. 조금 더 구체적으로 말하면 그 에너지는 외향적이든 내향적이든, 말이 적든 많든, 자신을 적극적으로 표현하든 아니든, 끝내 일이 잘 해결되었든 그렇지 않든 '끊임없이 자신과의 대화를 해온(하고 있는) 사람들'에게서 나오는 역동力動이었다. 모든 분의 깊은 이야기와 함께 나눠준 시간에 다시 한번 고마운 마음을 전한다.

참고문헌

한국어 자료

강 철(2016), 「내부고발의 핵심적인 특성들과 그 함의」, 『한국부패학회보』 21(2).

국민권익위원회(2019), 「공익신고자 보호, 어떻게 강화할 것인가? 공익신고자 보호제도 발전방안 공개토론회」, 한국프레스센터 국제회의장, 2019.7.24.

김경석(2018), 「내부고발자 보호를 위한 제도개선에 관한 소고」, 『서울법학』 26(3).

김무길(2010), 「퍼스의 실재론적 프래그머티즘과 탐구 논리」, 『교육철학』 48.

김미덕(2014), 「내부고발(자)에 대한 문화적 재현」, 『현상과 인식』 38(4).

_____(2015), 「정치민족지 - 개념, 특징, 양상」, 미발표 논문.

_____(2016), 『페미니즘의 검은 오해들』, 서울 : 현실문화.

_____(2017a), 「특권과 차별에 대한 한 고찰」, 『민주주의와 인권』 17(4).

_____(2017b), 「무지의 인식론」, 『현상과 인식』 41(3).

_____(2019), 「내부고발(자)의 근본적 특징 : 파레시아, 진실 말하기 혹은 비판」, 『민주주의와 인권』 19(4).

_____(2021a), 「내부고발에 대한 조직의 부정적 대응과 가려진 행위자들 - 근본적 불신, 법률주의, 관료주의」, 『한국문화인류학』 54(1).

_____(2021b), 「대학조직과 연구의 원칙」, 『한편 6호 : 권위』.

김세희(2018), 「자기 배려로서의 자기 인식과 파레시아 - 미셸 푸코의 해석을 중심으로」, 『교육철학 연구』 40(1).

김수경(1999), 「『삼국사기』 열전 소재 「검군전」의 고찰」, 『한국고전연구』 15.

김주환(2019), 「사회 비판과 민주주의의 가능성 조건으로서 푸코의 파레시아(parrhesia) 윤리에 대한 비판적 검토」, 『경제와 사회』 121.

박완서(1999[1979]), 『자전거 도둑』, 서울 : 다림.

박준호(2005), 「퍼스의 귀추와 가설의 방법」, 『범한철학논문집』 37.

박흥식(1991), 「내부 고발 - 이론, 실제, 그리고 함축적 의미」, 『한국행정학보』 25(3).

_____(1999), 『내부고발의 논리』, 서울 : 나남.

박흥식·이지문·이재일(2014), 『내부고발자, 그 의로운 도전』, 서울 : 한울.

엄기영(2012), 「『삼국사기(三國史記)』 「검군전(劍君傳)」의 인물 형상과 입전 의도」, 『어문논집』 65.

오태영(2017), 「조작된 간첩, 파레시아의 글쓰기」, 『동악어문학』 73.

윤민재(2018), 「현대사회의 파레시아(parrhesia)의 특징과 그 실현 가능성 탐색」, 『담론 201』 21(2).

이범석(2018), 「내부공익신고제도의 개선방안에 관한 연구 - 공익신고자의 보호를 중심으로」, 동국대 석사논문.

이주희(2014), 「내부고발자 보호의 주요쟁점 및 관련 현행법제의 개선방안」, 『한국사회과학연구』 36(1).

임건태(2017), 「진리의 가치로서 진실성」, 『니체연구』 31.

전혜리(2015), 「미셸 푸코의 철학적 삶으로서의 파레시아」, 이화여대 석사논문.

전희경(2008), 『오빠는 필요 없다』, 서울 : 이매진.

조정래(1996), 『어떤 솔거의 죽음』, 서울 : 해냄.

차병호(2016), 「다큐멘터리 연극 〈검군전, 후(劍君傳), 후(後)〉 연구」, 경기대 석사논문.

편혜영(2018), 『죽은 자로 하여금』, 서울 : 현대문학.

한국형사정책연구원 편(2016), 『공익신고제도의 개선방안에 관한 연구』, 서울 : 한국형상정책연구원.

현 덕(2013[1938]), 「하늘은 맑건만」, 『중1소설 국어교과서 작품읽기』, 서울 : 창비.

호루라기재단(2013), 『내부공익신고자 인권실태조사보고서』, 서울 : 호루라기재단.

황종연(2018), 「신자유주의 시대의 공포와 희망」(해제), 편혜영, 『죽은 자로 하여금』, 서울 : 현대문학.

번역자료

김부식, 정구복·노중국·신동하·김태식·권덕영 역(2012), 『역주 삼국사기』 2(번역편), 성남 : 한국학중앙연구원 출판부.

밀그램, 스탠리, 정태연 역(2009), 『권위에 대한 복종』, 서울 : 에코리브르(Milgram, Stanley, *Obedience to Authority*, NY : HaperCollins Publishers, 1974).

세르반테스 (사아베드라), 미겔 데(Cervantes Saavedra, Miguel de), 박철 역(2004), 「기적의 인형극」, 『이혼 재판관 : 세르반테스의 8편의 막간극』, 서울 : 연극과 인간.

아렌트, 한나, 김선욱 역(2006), 『예루살렘의 아이히만－악의 평범성에 대한 보고서』, 파주 : 한길사 (Arendt, Hannah, *Eichmann in Jerusalem : A Report on the Banality of Evil*, Harmondsworth : Penguin Books, 1977).

안데르센, 한스 크리스티안(Andersen, Hans Christian), 마리아 타타르 주석·이나경 역(2011a), 「황제 폐하의 새 옷」, 『(주석 달린) 안데르센 동화집』, 서울 : 현대문학.

_____(2011b), 「황제의 새 옷」, 페로, 샤를(Perrault, Charles) 외, 원유경·설태수 역, 『고전동화집』, 서울 : 현대문학.

푸코, 미셸, 오르트망·심세광·전혜리 역(2017), 『담론과 진실－파레시아』, 파주 : 동녘(trans. by Graham Burchell, *The Courage of Truth : The Government of Self and Others II*, Basingstoke, Hampshire and New York : Palgrave Macmillan, 2011).

퓨워, 너멀, 김미덕 역(2017), 『공간 침입자－중심을 교란하는 낯선 신체들』, 서울 : 현실문화(Puwar, Nirmal, *Space Invader*, Oxford and New York : Berg Publishers, 2004).

영문자료

Agustín, Laura María(2007), *Sex at the Margins*, Lodon and New York : Zed Books.

Alford, C. Fred(2001), *Whistleblowers : Broken Lives and Organizational Power*, Ithaca : Cornell University Press.

Andrade, Julio(2015), "Reconceptualising Whistleblowing in a Complex World", *Journal of Business Ethics* 128(2).

Baena, Julio(2016), "The Emperor Old and Perennial Clothes : Two Spanish Fine-Tunings to Andersen Received Wisdom", *International Journal of Zizek Studies* 9(2).

Becker, Howard S.(1967), "Whose Side are We On?", *Social Problems* 14.

Bjørkelo, Brita(2013), "Workplace Bullying after Whistleblowing : Future Research and Implications", *Journal of Managerial Psychology* 28(3).

Bjørkelo, Brita, Ryberg, Wenche, Matthiesen, Stig Berge and Einårsen, Stale(2008), "When You Talk and Talk and Nobody Listens", *International Journal of Organizational Behavior*, 13(2).

Brown, A. J.(2017), "Whistleblower as Heroes : Fostering 'Quiet' Heroism in Place of the Heroic Whistleblower Stereotype", in Scott T. Allison, George R. Goethals, and Roderick M. Kramer(eds.), *Handbook of Heroism and Heroic Leadership*, London and New York : Routledge.

Brown, A. J., Lewis, David, Moberly, Richard and Vandekerckhove, Wim(2014), *International Handbook on Whistleblowing Research*, Cheltenham and Northampton : Edward Elgar Publishing.

Ceva, Emanuela and Bocchiola, Michele(2019), *Is Whistleblowing a Duty?*, Cambridge : Polity Press.

Contu, Alessia(2014), "Rationality and Relationality in the Process of Whistleblowing", *Journal of Management Inquiry* 23.

Culiberg, Barbara and Mihelič, Katarina Katja(2017), "The Evolution of Whistlebloing Studies : A Critical Review and Research Agenda", *Journal of Business Ethics* 146.

Culp, David(1995), "Whistleblowers : Corporate Anarchists or Heroes? Towards a Judicial Perspective", *Labor Law Journal* 13.

De Maria, William(2008), "Whistleblowers and Organizational Protesters : Crossing Imaginary Borders", *Current Sociology* 56(6).

Dorasamy, Nirmala and Pillay, Soma(2011), "Institutionalizing a Value Enacted Dominant Organizational Culture : An Impetus for Whistleblowing", *Corporate Ownership and Control* 8(3).

Elliston, Frederick A.(1982), "Civil Disobedience and Whistleblowing : A Comparative Appraisal of Two Forms of Dissent", *Journal of Business Ethics* 1(1).

Foucault, Michel(2001), Pearson, Joseph(ed.), *Fearless Speech*, Los Angels : Semiotext(e).

Foxley, Ian.(2019), "Overcoming Stigma : Whistleblowers as 'Supranormal' Members of

Society?", *Ephemera : Theory & Politics in Organization* 19(4).

Glazer, Penina Migdal and Glazer, Myron(1989), *The Whistleblowers : Exposing Corruption in Government and Industry*, New York : Basic Books.

Grant, Colin(2002), "Whistleblowers : Saints of Secular Culture", *Journal of Business Ethics* 39.

Haglunds, Magnus(2010), *Enemies of the People : Whistle-blowing and the Sociology of Tragedy*, Stockholm : Stockholm University.

Hersh, M. A.(2002), "Whistleblowers—Heroes or Traitors? : Individual and Collective Responsibility for Ethical Behaviour", *Annual Reviews in Control* 26(2).

Huggins, Martha Knisely, Haritos-Fatouros, Mika, and Zimbardo, Philip G.(2002), *Violence Workers : Police Torturers and Murderers Reconstruct Brazilian Atrocities*, Berkeley : University of California Press.

Juan Manuel, Don(2014), "What Happened to the King and the Tricksters Who Made Cloth", in Keller, John E. and Keating, L. Clark(Trans.), *The Book of Count Lucanor and Patronio : A Translation of Don Juan Manuel's El Conde Lucanor*, Lexington : University of Kentucky Press.

Kenny, Kate M.(2015), "Constructing Selves : Whistleblowing and the Role of Time", in David Lewis and Wim Vandekerckhove(eds.), *Developing in Whistleblowing Research*, London : International Whistleblowing Research Network.

_____(2018), "Censored : Whistleblowers and Impossible Speech", *Human Relations* 71(8).

_____(2019), *Whistleblowing : Toward a New Theory*, Cambridge : Harvard University Press.

Kenny, Kate, Fotaki, Marianna and Scriver, Stacey(2018), "Mental Health as a Weapon : Whistleblower Retaliation and Normative Violence", *Journal of Business Ethics, Normative Violence* 160.

Kim, Miduk(2009), "National Narratives and Everyday Subversions : Korean Women and Military Men in U.S. Camptowns", Ph.D. thesis, Rutgers University.

Lewis, David and Vandekerckhove, Wim(eds.)(2013), *Whistleblowing and Democratic Values*, London : International Whistleblowing Research Network.

Luxon, Nancy(2008), "Ethics and Subjectivity : Practices of Self-Governance in the Late Lectures of Michel Foucault", *Political Theory* 36.

Mansbach, Abraham(2007), "The Political Surplus of Whistleblowing : a Case Study", *Business Ethics : A European Review* 16(2).

_____(2009), "Keeping Democracy Vibrant : Whistleblowing as Truth-Telling in the Workplace", *Constellations* 16.

_____(2011), "Whistleblowing as Fearless Speech : The Radical Democratic

Effects of Late-Modern Parrhesia", in Dave Lewis and Wim Vandekerckhove(eds.), *Whistleblowing and Democratic Values*, London : International Whistleblowing Research Network.

Mesmer-Magnus, Jessica R. and Viswesvaran, Chockalingam(2005), "Whistleblowing in Organizations : an Examination of Correlates of Whistleblowing Intentions, Actions and Retaliation", *Journal of Business Ethics* 62(3).

Miceli, Maricia P.(2010), "When do Observer of Organization Wrongdoing Step up? Recent US Research on the Factors Associated with Whistleblowing", in David B. Lewis(eds.), *A Global Approach to Public Interest Disclosure*, Cheltenham and Northampton : Edward Elgar Publishing.

Miceli, Maricia P. and Near, Janet P.(1992), *Blowing the Whistle : The Organizational and Legal Implications for Companies and Employees*, New York : Lexington.

Munro, Iain(2017), "Whistle-Blowing and the Politics of Truth : Mobilizing 'Truth Games' in the WikiLeaks Case", *Human Relations* 70(5).

Near, Janet P. and Miceli, Marcia P.(1985), "Organizational Dissidence : the Case of Whistleblowing", *Journal of Business Ethics* 4(1).

Olesen, Thomas(2018), "The Democratic Drama of Whistleblowing", *European Journal of Social Theory* 21(4).

Plato · Bloom, Allan(trans.)(1968), *The Republic of Plato*, New York : Basic Books.

Plegue, Lorie J.(2014), "A Qualitative Multiple Case Study : Whistleblowers Retaliation", DBA thesis, University of Phoenix.

Rehg, Michael T.(1998), "An Examination of the Retaliator Process against Whistleblowers : A Study of Federal Government Employees", Ph.D. thesis, Indiana University.

Rothschild, Joyce(1994), "Whistleblowing as Resistance in Modern Work Organizations", in John M. Jermier, David Knights, and Walter R. Nord(eds.), *Resistance and Power in Organizations*, Routledge.

_____(2013), "The Fate of Whistleblowers in Nonprofit Organizations", *Nonprofit and Voluntary Sector Quarterly* 42(5).

Rothschild, Joyce and Miethe, Terance D.(1999), "Whistleblower Disclosures and Management Retaliation : The Battle to Control Information about Organizational Corruption", *Work Organizations* 26.

Sanderson, Catherine A.(2020), *Why We Act?*, Cambridge : The Belknap Press of Harvard University Press.

Santoro, Daniele and Kumar, Manohar(2018), *Speaking Truth to Power : A Theory of Whistleblowing*, Cham, Switzerland : Springer.

Scheuerman, William E.(2014), "Whistleblowing as Civil Disobedience : The Case of Edward

Snowden", *Philosophy and Social Criticism* 40.

Smith, Rodney(2014), "Whistleblowers and Suffering", in A. J. Brown, David Lewis, Richard Moberly and Wim Vandekerckhove(eds.), *International Handbook on Whistleblowing Research,* Cheltenham and Northampton : Edward Elgar Publishing.

Soeken, Donald R.(1986), "J' Accuse", *Psychology Today* 20(8).

Tosi, Justin and Warmke, Brandon(2020), *Grandstanding : The Use and Abuse of Moral Talk*, New York : Oxford University Press(김미덕 역(2022), 『그랜드스탠딩』. 서울 : 오월의 봄).

Tran, Chi Kim(2011), "An Ethnographic Analysis of the Current Whistleblowing Landscape in the Canadian Public Service", MA thesis, Carleton University.

Uys, Tina(2000), "The Politicization of Whistleblowers : A Case Study", *Business Ethics* 9(4).

Uys, Tina and Smit, Ria(2016), "Resilience and Whistleblowers : Coping with the Consequences", *South African Review of Sociology* 47(4).

Van Coillie, Jan(2008), "The Translator's New Clothes Translating the Dual Audience in Andersen's 'The Emperor's New Clothes'", *Meta : Journal des Traducteurs* 53(3).

Vandekerckhove, Wim and Langenberg, Suzan(2012), "Can We Organize Courage?", *Electronic Journal of Business Ethics and Organization Studies* 17(2).

Vandekerckhove, Wim and Phillips, Arron(2019), "Whistleblowing as a Protracted Process : A Study of UK Whistleblower Journeys", *Journal of Business Ethics* 159.

Walters, William(2014), "Parrhēsia Today : Drone Strikes, Fearless Speech and the Contentious Politics of Security", *Global Society* 28.

Weiskopf, Richard and Tobias-Miersch, Yvonne(2016), "Whistleblowing, Parrhēsia and the Contestation of Truth in the Workplace", *Organization Studies* 37.

Wortley, Richard, Cassematis, Peter, and Donkin, Marika(2008), "Who Blows the Whistle, Who Doesn't and Why?", in A. J. Brown(ed.), *Whistleblowing in the Australian Public Sector*, Canberra : ANU Press.

연극

극단 유랑선 · 예술감독 송선호 · 작가 김진 · 연출 차병호, 〈검군전(劍君傳), 후(後)〉, 2015.6.29~7.5, 소극장 혜화당.

방송 자료

뉴스타파 〈목격자들〉, "배신자라는 주홍글씨- 공익제보자 이야기", 2017.11.8 방송.
EBS 〈다큐시선〉, "용기 있는 고백, 내부고발", 2017.11.10 방송.
JTBC 〈탐사플러스〉, "침묵하지 않았단 이유로… 공익 제보자, 그 이후의 삶", 2015.12.29 방송.
MBC 〈시사매거진 2580〉, "고발은 짧고 고통은 길다?", 2017.2.6 방송.

YTN 뉴스 〈국민신문고〉, "침묵하는 대한민국 … 내부고발, 그 후", 2016.12.16 방송.

인터넷 자료

국민권익위원회, 「사립학교 · 법인 부패 신고자도 법적 보호 받아 … 보상금 최고 30억원 지급」, 『대한
　　민국 정책브리핑』, 2017.4.18.
　　　　http://www.korea.kr/news/pressReleaseView.do?newsId=156196540&pageIndex=
　　　　1143&repCodeType=C&repCode=&startDate=2008-02-29&2019-06-05&srchWor
　　　　d=(접속일 : 2020.4.30)
김영택 · 최승원, 「고통 속 공익제보, 진실의 대가는 '만신창이 삶'」, 『뉴스토마토』, 2019.4.12.
　　　　http://www.newstomato.com/ReadNews.aspx?no=890779(접속일 : 2019.5.12)
박기묵 · 임진희, 「[팩트체크] 한국의 공익신고자, 제대로 보호받지 못한다?」, 『노컷뉴스』, 2019.3.16.
　　　　https://www.nocutnews.co.kr/news/5119263(접속일 : 2019.5.12)
박혜연, 「권익위, 부패신고 대상자에 사실관계 확인 가능...20년 숙원 풀었다」, 『뉴시스1』, 2021.7.26.
　　　　https://www.news1.kr/articles/?4383357(접속일 : 2022.2.2)
이승윤, 「'공익신고자 보호 강화' … 공익침해행위 대상 법률, '284개→467개' 대폭 확대」, 『법률신
　　문』, 2020.5.12.
　　　　https://m.lawtimes.co.kr/Content/Info?serial=161466&kind=AF01(접속일 :
　　　　2020.12.20)
http://www.law.go.kr/법령/공익신고자보호법(최종 접속일 : 2022.1.31)
http://www.law.go.kr/법령/부패방지및국민권익위원회의설치와운영에관한법률(최종 접속일 : 2022.1.31)

찾아보기

강신일(가명, 공익제보자) 114~117

강형식(가명, 공익제보자) 156, 157, 202~208

개인화(personalization) 과정·현상 59, 60, 74, 99

「검군전」 48~52

〈검군전, 후〉 46, 49~57, 63, 68

공간 침입자 23, 214

공감 22, 187

공익 대 사익의 이분법 48, 74, 79, 80, 95, 107, 117, 141, 142

「공익신고자 보호법」 28, 29, 31, 39, 73, 89, 112, 118, 123, 149, 153, 178, 179, 184, 188, 193, 221

공익제보

    공적 의무로서의 가치 95, 106

    기존 연구에서의 개념 76~78

    내적 제보와 외적 제보 77, 79, 108

    동기 → 제보의 동기와 도덕적 동기를 보라

    (본질적) 특징-'말하다', '드러내다' 36, 75, 78, 79, 96

    비판 혹은 비판적 태도 22, 40, 64, 75, 76, 81, 82, 84, 85, 87, 88, 90, 92, 93, 97, 107, 151, 238

    여섯 가지 신화(니어와 미셸리) 108, 109

    일곱 단계(소큰) 61, 62

    평가-현대의 저항 양식, 비폭력 저항운동, 시민 불복종, 약한 자의 무기 46

공정한 인격 52, 57, 58, 60, 63~65, 68, 78

관료주의 37~39, 94, 123, 150, 151, 166, 180, 187~190, 193, 195, 199, 215, 223, 227, 242

귀추적 방법 81

글레이저, 마이런 페레츠(Glazer, Myron Peretz)와 글레이저, 페니나 미드갈(Glazer, Penina Migal) 196, 199

「기적의 인형극」(세르반테스) 19, 20

김민희(가명, 공익제보자) 120~123, 139, 140, 180~186

김진우(가명, 공익제보자) 138, 139, 144

김태원(가명, 공익제보자) 117, 134, 135, 213~222

나르시시스트적 분노 238

내부고발 → 공익제보를 보라

노지영(가명, 공익제보자) 125~128

니어, 재닛 P.(Near, Janet P.)와 미셸리, 마샤 P.(Miceli, Marcia P.) 77, 108, 109

도덕성 55, 66, 67, 112, 124, 142, 234, 239

도덕적 그랜드스탠딩(moral grandstanding) 66

도덕적 동기

    또 제보의 동기를 보라

    문제점 36, 37, 45, 68, 102, 110

    양상 36, 68, 107~109

    C. 프레드 앨포드를 보라

도덕적 언술 67, 106, 110, 139, 142

로스차일드, 조이스(Rothschild, Joyce)와 미이쓰, 테런스(Miethe, Terance D.) 107, 196, 197

맨스바크, 아브라함(Mansbach, Abraham) 243

머뭇거리는 비순응자(reluctant dissenters) 37

무지 12, 19

밀그램, 스탠리(Milgram, Stanley) 131

박광수(가명, 공익제보자) 133, 134

박상현(가명, 공익제보자) 136~138

박완서 233

박흥식 47, 73, 76, 77

배제의 내면화 161

버틀러, 주디스(Butler, Judith) 154

「벌거벗은 임금님」, 황제의 새 옷(안데르센) 11, 16, 17, 19, 21

법률주의 28~32, 34, 37, 39, 89, 94, 150, 151, 179, 199, 215, 219~221, 225, 227, 242

    고소와 피고소 120, 150, 155, 161~165, 188, 189

법률지상주의   167

보복 → (조직의) 부정적 대응, 폭력을 보라

개념   40

다른 용어들-고통, 직장 내 괴롭힘, 낙인   152

양상/특징   63, 149~152, 155, 188

절차적 부정의(procedural injustice)   156

보편적 부패   12, 15

부분적 진실   224, 229

「부패방지 및 국민권익위원회의 설치와 운영에 관한 법률」(부패방지 권익위법)   28, 29, 31, 111, 112, 115, 143, 185, 218~221

불가능한 언어(impossible speech, 버틀러)   154

브라운, A. J.(Brown, A. J.)   64, 65

(비극적) 영웅 담론   35, 49, 65

비실명대리신고   29, 30

생각없음(아렌트)   39

세르반테스 (사베드라), 미겔 데(Cervantes Saavedra, Miguel de)   19

소크라테스(Socrates)   32, 83, 88, 99

소큰, 도널드(Soeken, Donald)   60~62, 105, 205

수치심   36, 134, 139, 200, 213, 233, 237

숫됨(naive)   102, 156

시간

긍정적 영향   202~205

또 정치화를 보라

부정적 영향   138, 188, 203

애도의 시간(소큰)   62

정태적 시간(앨포드)   228

신뢰성의 위계   97, 98

신익호(가명, 공익제보자)   208~213

아렌트, 한나(Arendt, Hannah)   39

안데르센, 한스 크리스티안(Andersen, Hans Christian)   11, 12, 16

안중수(가명, 공익제보자)   172~179

앨포드, C. 프레드(Alford, C. Fred)   78, 92, 99, 102, 105, 106, 117, 134, 153, 195, 240

내적 대화   78, 102

도덕적 동기   117, 134

「어떤 솔거의 죽음」(조정래)   23~26, 75

어쩔 수 없음   26, 27, 36, 38, 40, 96, 120, 145, 225, 238, 242

여분의 정치적 가치(맨스바크)   243

오홍석(가명, 공익제보자)   128~130

올레슨, 토마스(Olesen Thomas)   78

우스, 티나(Uys Tina)   197, 199

운명주의   101

유형식(가명, 공익제보자)   118~120, 139, 140, 164~172

유화영(가명, 공익제보자)   13, 14, 237

윤리적 저항자(ethical resister)   37

의인 대 배신자   21, 38, 45, 49, 58, 59, 78, 102, 227

「자전거 도둑」(박완서)   233~235

장영환(가명, 공익제보자)   112~114, 162~164

재앙으로서의 앎(앨포드)   240

적법화 담론(legitimation discourse)   29, 30

전문분야의 위반자(Filed transgressor)(올레슨)   78

전문적 지식/전문성   15, 34, 156, 187, 190, 243

정체성   23, 37, 38, 50, 66, 77, 81, 100, 102, 125, 136, 194, 198, 199, 206, 239

정치화

개념   38, 193, 200, 201, 225

모지위   194, 204

삶의 변곡점으로서의 내부고발   194

시간의 역할 → 시간을 보라

양상   37, 38, 193, 195~201, 214, 223, 224, 226, 227

정희원(가명, 공익제보자)   131, 132, 153, 159~161

제도화된 비판(institutionalized critique)   151

제보의 동기

기존 연구에서의 동기   107~110

또 도덕적 동기와 C. 프레드 앨포드를 보라

복합성   36, 60, 79, 80, 95, 102, 106, 111, 123, 141~144

조직

봉건제적 특징(앨포드)   92

부정적 대응 → 보복, 폭력을 보라

『죽은 자로 하여금』(편혜영)　143, 238

지행합일　99

케니, 케이트(Kenny, Kate)　99, 101, 154, 155, 198

파레시아(parrhesia)

　개념과 번역　36, 75, 84

　다른 개념들과의 차이　36, 82, 85

　특징　76, 85~88

　미셸 푸코를 보라

　현대 내부고발과의 차이　90, 91, 97, 98

파레시아스트　36, 84~88, 91, 94, 95, 97, 98

　다른 직업들과의 차이　84, 85

평균적 무능　12, 15

폭력(케니)　40, 154~156, 161, 187, 190, 197, 201, 222

또 보복을 보라

푸코, 미셸(Foucault, Michel)　36, 75, 80~89, 93, 95, 99

　또 파레시아를 보라

피해자(화)　21, 37, 40, 45, 48, 178, 189, 195, 196, 199

「하늘은 맑건만」(현덕)　233, 235~237

후안 마누엘, 돈(Juan Manuel, Don)　11

휘슬블로어(whistleblower)　36, 40, 74

휘슬블로잉(whistleblowing)　36, 73

희생

　〈검군전, 후〉에서의 희생 담론　50, 52, 57, 63, 67

　제보자의 희생　22, 37, 49, 63~65, 96, 101, 106, 110, 145, 149, 152, 153, 228, 238

(재)한국연구원 한국연구총서 목록

1. 김주수, 신혼인법 연구 (1958)
2. 이창열, 한국경제의 구조와 순환 (1958)
3. 홍이섭, 정약용의 정치경제사상 연구 (1959)
4. 박병호, 한국법제사 특수 연구 (1960)
5. 이만갑, 한국농촌의 사회구조 (1960)
6. 남광우, 동국정운식한자음 연구 (1966)
7. 김경탁, 율곡의 연구 (1960)
8. 이광린, 이조수리사 연구 (1961)
9. 김두종, 한국의학발전에 대한 구미 및 서남방의학의 영향 (1960)
10. 이현종, 조선 전기 대일교섭사 연구 (1964)
11. 박동서, 한국관료제도의 역사적 전개 (1961)
12. 김병국, 한국중앙은행 연구(영문) (1965)
13. 곽상수, 한국 조세 연구 (1961)
15. 김동욱, 이조 전기 복식 연구 (1963)
16. 박원선, 부보상 (1965)
17. 최학근, 전라남도방언 연구 (1962)
18. 이기문, 국어표기법의 역사적 연구 (1963)
19. 김은우, 한국여성의 애정갈등의 원인 연구 (1963)
20. 서남원, 외국원조의 이론과 실제 (1963)
21. 이춘령, 이조농업기술사 (1964)
22. 노창섭, 서울주택지역 연구 (1064)
23. 유인호, 한국농업협업화에 관한 연구 (1967)
24. 강신항, 『운해훈민정음』 연구 (1967)
25. 유원동, 이조 후기 상공업사 연구 (1968)
26. 김병하, 이조 전기 대일무역 연구 (1969)
27. 이효재, 도시인의 친족관계 (1971)
28. 최영희, 임진왜란 중의 사회동태 (1975)
29. 원유한, 조선 후기 화폐사 연구 (1975)
30. 최태호, 개항 전기의 한국관세제도 (1976)
31. 김완진, 노걸대의 언해에 대한 비교 연구 (1976)
32. 하현강, 고려지방제도의 연구 (1977)
33. 김태준, 임진란과 조선문화의 동점 (1977)
34. 황패강, 조선왕조소설 연구 (1978)
35. 이기백, 신라시대의 국가불교와 유교 (1978)
36. 김용덕, 향청연구 (1978)
37. 권영철, 병와이형상 연구 (1978)
38. 신용하, 조선토지조사사업 연구 (1979)
39. 강신표, 단산사회와 한국이주민 (1980)
40. 소재영, 임병양란과 문학의식 (1980)
41. 이기동, 신라골품제사회와 화랑도 (1980)
42. 홍승기, 고려시대 노비 연구 (1981)
43. 김두진, 균여화엄사상 연구 (1981)
44. 신동욱, 우리 이야기문학의 아름다움 (1981)
45. 이기준, 한국경제학교육사 연구 (1982)
46. 민현구, 조선 초기의 군사제도와 정치 (1983)
47. 정형우, 조선시대 서지사 연구 (1983)
48. 조희웅, 한국설화의 유형적 연구 (1983)
49. 김용숙, 한중록 연구 (1983)
50. 이배용, 구한말 광산이권과 열강 (1984)
51. 윤근호, 한국회계사 연구 (1984)
52. 김학준, 북한·중공관계 1945-'84(영문) (1985)
53. 이태진, 조선 후기의 정치와 군영제변천 (1985)
54. 박은경, 한국화교의 종족성 (1986)
55. 권병탁, 약령시 연구 (1986)
56. 김용선, 고려음서제도 연구 (1987)
57. 김영자, 한국복식미의 연구 (1987)
58. 양동휘, 한국어의 대용화 (1988)
59. 정두희, 조선 성종대의 대간 연구 (1989)
60. 오두환, 한국근대화폐사 (1991)
61. 윤흥노, 이광수 문학과 삶 (1992)
62. 정규복, 한국고소설사의 연구 (1992)
63. 김동철, 조선 후기 공인 연구 (1993)
64. 이희덕, 한국고대자연관과 왕도정치 (1994)
65. 이호영, 국어 운율론 (1997)
66. 오 성, 조선 후기 상업사 연구 (2000)
67. 우대형, 한국 근대농업사의 구조 (2001)
68. 김철웅, 한국 중세 국가제사의 체제와 잡사 (2003)
69. 오항령, 한국 사관제도 성립사 연구 (2003)
70. 노계현, 간도 영유권 분쟁사 (2006)
71. 백옥경, 조선 전기 역관 연구 (2006)
72. 홍정근, 호락논쟁의 본질과 임성주의 철학사상 (2007)
73. 유헌식, 한국인의 일상행위에 감춰진 의미구조 연구 (2008)
74. 김현숙, 근대 한국의 서양인 고문관들 (2008)
75. 최연식, 17세기 코리쇼와 불교 연구 (2009)
76. 김도형, 일제의 한국농업정책사 연구 (2009)
77. 금지아, 한중 역대 서적교류사 연구 (2010)
78. 이 찬, 한국 현대시론의 담론과 계보학 (2011)
79. 송기한, 서정주 연구 – 근대인의 초상 (2012)
80. 노용필, 한국도작문화 연구 (2012)
81. 엄연석, 조선 전기 역철학사 (2013)
82. 박광연, 신라법화사상사 연구 (2013)
83. 박미선, 신라 점찰법회와 신라인의 업·윤회 인식 (2013)
84. 김병길, 역사문학, 속과 통하다 (2013)
85. 표정옥, 신화적 상상력에 비쳐진 한국 문학 (2014)
86. 허용호, 인형연행의 문화전통 연구 (2014)
87. 문선화, 『삼국사기』와 『삼국유사』의 역사인식과 역사의식 (2015)
88. 이경재, 다문화 시대의 한국소설 읽기 (2015)
89. 김수연, 유(遊)의 미학, 『금오신화』 (2015)
90. 홍성민, 감정과 도덕 – 성리학의 도덕 감정론 (2016)
91. 박해훈, 한국의 팔경도 (2017)
92. 김주연, 궁중의례미술과 십이장 도상 (2018)
93. 박평식, 조선전기 대외무역과 화폐 연구 (2018)
94. 임채우, 한국의 신선 – 그 계보와 전기 (2018)
95. 엄태웅, 대중들과 만난 구운몽 (2018)
96. 허태구, 병자호란과 예, 그리고 중화 (2019)
97. 한성훈, 이산 – 분단과 월남민의 서사 (2020)
98. 한재훈, 퇴계 이황의 예학사상 (2021)
99. 정우진, 몸의 연대기 (2021)
100. 이승종, 우리 역사의 철학적 쟁점 (2021)
101. 홍정완, 한국 사회과학의 기원 (2021)
102. 허 윤, 남성성의 각본들 (2021)
103. 김우형, 한국유학의 철학적 탐구 (2021)
104. 김종수, 의궤로 본 조선시대 궁중연향 문화 (2022)
105. 손증상, 한국 근대 아동극과 아동잡지 (2022)
106. 김미덕, 보편적 부패 평균적 무능 (2022)